开放经济视角下的健康人力资本研究

李汛 著

中国社会科学出版社

图书在版编目（CIP）数据

开放经济视角下的健康人力资本研究 / 李汛著. ──北京：中国社会科学出版社，2024.8
ISBN 978-7-5227-3618-1

Ⅰ.①开… Ⅱ.①李… Ⅲ.①健康—人力资本—研究—中国 Ⅳ.①F241

中国国家版本馆 CIP 数据核字（2024）第 110681 号

出 版 人	赵剑英
责任编辑	戴玉龙
责任校对	周晓东
责任印制	王　超

出　　版	中国社会外景出版社
社　　址	北京鼓楼西大街甲 158 号
邮　　编	100720
网　　址	http://www.csspw.cn
发 行 部	010-84083685
门 市 部	010-84029450
经　　销	新华书店及其他书店
印　　刷	北京明恒达印务有限公司
装　　订	廊坊市广阳区广增装订厂
版　　次	2024 年 8 月第 1 版
印　　次	2024 年 8 月第 1 次印刷
开　　本	710×1000　1/16
印　　张	16.25
字　　数	266 千字
定　　价	128.00 元

凡购买中国社会科学出版社图书，如有质量问题请与本社营销中心联系调换
电话：010-84083683
版权所有　侵权必究

前 言

  人力资本理论研究起步较早，目前已经形成了较完善的研究体系。尽管现代人力资本理论已经讨论了健康在人力资本中的重要性，但不难发现，长期以来学者们主要关注的是教育人力资本，强调教育投资对微观个体和经济增长的重要作用。相对地，健康人力资本研究没有得到足够的重视，相关理论和实证研究起步较晚且相对匮乏。

  实际上，健康人力资本研究具有十分重要的理论意义和现实意义。首先，在理论意义方面，教育、健康人力资本同为人力资本的重要组成部分，各自对经济增长起到不可替代的作用，且两者之间会相互影响、相互促进，一同作用于经济增长。若把人力资本狭义地等同于教育，可能会导致学者们对人力资本经济效应的评估不够准确。与此同时，健康与教育的相互作用还可能带来经济中的多重均衡问题，从而扩大不同经济水平的国家、地区或群体的贫富差距。因此，对健康人力资本理论进行系统性研究，能够完善和深化人力资本理论的内容，对国家经济增长、不平等领域的理论研究具有重大意义。其次，在现实意义方面，健康人力资本不但可以直接给人们带来效用，还可以通过提升个人用于生产活动的有效总时长来促进个人、社会和国家的发展。然而，当一国健康人力资本发展到一定程度之后，健康投资也可能会挤出其他物质投资，从而阻碍国家经济增长。因此，研究健康人力资本的经济外部性及其作用机制，对政府制定更加科学有效的健康政策和干预措施具有重要的意义。

  随着全球的医疗水平、卫生条件和营养状况的不断提高，预期寿命、孕产妇死亡率和儿童死亡率三大健康指标有了非常显著的改善。但是，人类已经完全消除了历史上的健康挑战吗？世界各国都能充分发挥健康人力资本对于个体、社会和国家发展的积极推动作用吗，答案显然是否定的。事实上，在开放经济视角下，世界上大多数国家都需要应对不断变化的国际和国内环境，全球各国的健康人力资本正面临着前所未有的机遇与挑战。

当今时代，蓬勃发展的数字技术如何改变生产生活方式和赋能医疗服务，从而影响人们的健康水平？不断深化的人口老龄化背后是健康寿命的延长，抑或是养老和医疗的重担？频繁发生的全球公共卫生事件导致的健康损失包含哪些方面？各国又该如何应对？持续恶化的全球气候与环境带来了哪些健康挑战，又需要格外注意哪些脆弱群体？飞速增长的国际贸易带来的是更多样的食品和就业，还是更严重的环境污染和物种入侵？日益交融的全球文化给健康消费者和医疗从业者带来了哪些挑战，又该如何将文化转化为医学发展的机遇？随着基因、心理学和脑科学等交叉领域研究的兴起，又给健康人力资本研究带来了哪些全新视角和发展机遇？这些都是与健康人力资本紧密关联的全球新变化和新世界。在此背景下，认识当前健康人力资本面临的机遇和挑战，以广阔的、动态的视角研究健康人力资本具有非常紧迫的时代意义。

本书介绍开放经济视角下的健康人力资本研究，囊括健康人力资本研究的主要前沿领域。本书梳理了各领域的前沿研究成果、热点话题以及未来的研究方向，希望能够通过这本书，帮助读者对健康人力资本研究有一个较全面、深刻的认识。

本书共十五章，具体安排如下：第一章为导论，介绍健康人力资本的内涵、测度方法、全球现状和研究意义。第二章梳理健康人力资本的影响因素。第三章结合前人理论及实证研究，分析健康人力资本的经济外部性。第四章深入探讨了健康人力资本投资的具体形式。第五章介绍健康政策的评估方法、政策类别及其效果。第六章至第十二章结合当今时代背景，依次梳理了数字经济、人口老龄化、公共卫生事件、气候与环境变化、国际贸易、全球文化多样性和跨学科研究给全球健康人力资本带来的机遇和挑战。第十三章介绍全球健康不平等的变化历程、影响因素和应对之策。第十四章将视角聚焦于中国，探究我国城镇化背景下弱势群体的健康问题。第十五章梳理和总结全书内容，并结合当前的时代背景和全球动态，对未来的健康人力资本研究提出展望。

根据作者有限的了解，目前系统介绍开放经济下的健康人力资本前沿研究的专著较少。本书写作过程中参阅了国内外大量的文献和资料，并尽可能在正文中加以注明并在书末参考文献中列出，以此对这些成果的研究者表示诚挚的感谢！需要在此强调的是，由于健康人力资本涉及的研究领域十分广泛,本书仅梳理了笔者认为最重要、最具有时代紧迫性的前沿领域。希望本书的出版能够给读者带来启发,推动全球健康人力资本研究的进一步发展。由于笔者水平有限,书中难免有疏漏之处,敬请广大读者指正。

本书撰写工作得到了国家自然科学基金(72373115)、武汉大学人文社会科学青年学术团队项目、双一流建设经费的资助,特此感谢!同时,对参与本书编写工作的人员,包括李逸朵、李宇航、余诗婕、苏晨雨、崔颖杰、马弟、杨桐、顾苡宁、周奕璇、周彦辰、吴佳怡、袁玥、朱子畅等一并致谢!同时,对李逸朵博士在书稿撰写过程中做出的卓越工作致以特别感谢!

目　录

第一章　导论 ... 1
 第一节　健康人力资本的内涵与测量方法 ... 1
 第二节　健康人力资本的现状 ... 5
 第三节　健康人力资本研究的理论意义 ... 10
 第四节　健康人力资本研究的现实意义 ... 13
 第五节　健康人力资本研究面临的机遇与挑战 ... 14

第二章　健康人力资本的影响因素研究 ... 22
 第一节　个体因素 ... 22
 第二节　群体因素 ... 25
 第三节　社会因素 ... 28
 第四节　自然因素 ... 30

第三章　健康人力资本的经济外部性：理论与实证 ... 32
 第一节　健康人力资本与微观个体决策 ... 32
 第二节　健康人力资本与宏观经济增长 ... 40
 第三节　健康人力资本与社会福利 ... 46
 第四节　健康人力资本的负外部性 ... 49

第四章　健康人力资本投资 ... 53
 第一节　健康产业投资 ... 53
 第二节　企业社会责任 ... 58
 第三节　政府职能 ... 60
 第四节　卫生人才培养 ... 61

第五章　健康政策评估 ... 66
 第一节　健康政策的定义和分类 ... 66

第二节　健康政策的评估方法 …………………………………… 69
　　第三节　健康政策的效果 ………………………………………… 78

第六章　数字经济时代下的健康人力资本研究 ……………………… 81
　　第一节　数字经济的内涵 ………………………………………… 81
　　第二节　数字经济改变生产生活方式 …………………………… 83
　　第三节　数字经济赋能医疗服务 ………………………………… 87
　　第四节　数字经济赋能健康社会治理 …………………………… 90

第七章　全球老龄化背景下的健康人力资本 ………………………… 92
　　第一节　全球老龄化背景 ………………………………………… 92
　　第二节　人口老龄化的微观挑战 ………………………………… 95
　　第三节　人口老龄化的中观后果 ………………………………… 99
　　第四节　人口老龄化的宏观效应 ………………………………… 101
　　第五节　实现健康老龄化 ………………………………………… 103

第八章　全球公共卫生事件下的健康人力资本研究 ………………… 106
　　第一节　全球公共卫生事件对健康人力资本的影响 …………… 106
　　第二节　应对公共卫生事件的历史经验 ………………………… 112
　　第三节　应对公共卫生事件的未来方向 ………………………… 115

第九章　全球气候与环境变化下的健康人力资本研究 ……………… 119
　　第一节　全球气候与环境变化趋势 ……………………………… 119
　　第二节　气候变化对健康人力资本的影响 ……………………… 122
　　第三节　环境变化对健康人力资本的影响 ……………………… 126
　　第四节　气候与环境变化中的脆弱地区和群体 ………………… 130

第十章　国际贸易与健康人力资本研究 ……………………………… 134
　　第一节　卫生健康的国际交流合作 ……………………………… 134
　　第二节　国际贸易对健康人力资本的影响 ……………………… 136
　　第三节　国际贸易对健康不平等的影响 ………………………… 140
　　第四节　贸易健康平衡发展的政策建议 ………………………… 141

第十一章　文化与健康人力资本研究 ………………………………… 143
　　第一节　文化的内涵、特征和现状 ……………………………… 143

第二节　文化对健康的积极影响 …………………………………… 148
　　第三节　全球文化交融背景下健康问题的应对之策 ………………… 151

第十二章　跨学科视角下的健康人力资本研究 …………………………… 155
　　第一节　心理学对健康行为及决策的研究 …………………………… 155
　　第二节　基因及环境对健康影响的研究 ……………………………… 160
　　第三节　脑科学对健康行为及决策的研究 …………………………… 163

第十三章　全球健康不平等 ………………………………………………… 174
　　第一节　健康不平等的定义和研究意义 ……………………………… 175
　　第二节　全球健康不平等的历史和现状 ……………………………… 177
　　第三节　全球健康不平等的影响因素 ………………………………… 180
　　第四节　全球健康不平等的应对之策 ………………………………… 184

第十四章　中国健康人力资本问题研究 …………………………………… 186
　　第一节　外出农民工的健康人力资本研究 …………………………… 187
　　第二节　农村留守儿童的健康人力资本研究 ………………………… 189
　　第三节　农村流动儿童的健康人力资本研究 ………………………… 191
　　第四节　空巢老人的健康人力资本研究 ……………………………… 193

第十五章　结论与展望 ……………………………………………………… 195
　　第一节　历历征程：健康人力资本研究现状 ………………………… 195
　　第二节　共迎挑战：健康人力资本的全球护卫战 …………………… 197
　　第三节　立足中国：构筑中国健康人力资本发展道路 ……………… 202
　　第四节　塑造未来：实现全球健康人力资本可持续发展 …………… 204

参考文献 …………………………………………………………………… 209

第一章 导论

第一章从健康人力资本的内涵和测量方法开始介绍，分析全球健康人力资本的现状与历史变化趋势，总结健康人力资本研究的理论和现实意义。最后，概括当前人力资本研究面临的机遇与挑战。

第一节 健康人力资本的内涵与测量方法

本节将从健康人力资本的内涵开始，对健康以及健康人力资本的概念进行辨析。此外，介绍健康人力资本的测量方法。该节内容是整个健康人力资本研究的起点。

一 健康人力资本的内涵

随着社会不断发展，健康内涵经历了三个阶段，展现出了逐渐深化和不断拓展的特征。第一阶段，人们普遍认为"无病即健康"，这种观点强调的是健康与疾病的二元对立，健康被简单地定义为没有疾病或身体不虚弱，但是，关于健康本身的内容和特征并没有被明确界定。随着人们对健康的研究和认识的不断深入，健康的内涵演变至第二阶段。世界卫生组织（World Health Organization，WHO）于1948年提出健康的定义："健康不仅仅是指身体没有疾病或虚弱现象，还包括身体、精神和社会适应等各个方面都处于完好的状态"（WHO，1948）。这一定义将健康的范围扩展到了更广泛的领域，强调了健康是涉及身体、心理和社会三个维度的综合性概念。这种演变不仅丰富了对健康的理解，也为促进个体和社会的健康提供了更科学和全面的指导。在第三个阶段，健康的内涵进一步深化。1986年，世界卫生组织（WHO）从另一个角度定义了健康，即"健康是每天生活的资源，并非生活的目标。健康是社会和个人的资源，是个人能力的体现"（WHO，1986）。把健康定义为一种"资源"，反映出健康是可以被人们开发和利用的客观存在。身体、心理健康和社会适应的良好状态，使人们能够充分发挥个人能力，参与社会活动，并享受生活的各个方面。

随着健康内涵的不断深化，健康人力资本的内涵也逐渐形成。在现代人力资本理论中，健康被视为人力资本的重要组成部分。Schultz（1961）最早在阐述人力资本理论时就提及了健康的重要性，认为健康决定了人们的寿命、精力和力量，因此是保障人力资本质量的根本。Mushkin（1962）则是首位将健康与教育并列为人力资本的两大支柱的学者，强调医疗保健等健康投资对经济增长的重要性。基于 Schultz 和 Mushkin 等学者的研究，Grossman（1972）构建了健康需求模型，明确了健康资本的概念，他认为个体在某个时刻的健康状况可以被视为健康资本，而健康资本具有双重属性。一方面，健康作为一种消费品，能够提供幸福感，增加人们的生活质量和效用水平；另一方面，健康也是一种投资品，可以用于劳动和服务，从而创造价值和财富。个体的健康存量决定了他们能够投入到各种市场和非市场活动中的全部时间和精力。然而，随着年龄的增长，个体的健康存量会逐渐减少，因此需要通过医疗保健等健康投资行为来弥补健康折旧。

综上所述，健康人力资本综合了现代人力资本理论、卫生学、社会学等多个研究领域的理论和观点，是一个全面、综合、包容的概念。健康人力资本是保障人力资本质量的根本，是人力资本的重要组成部分。健康资本不仅可以直接提高人们的生活质量和效用水平，同时还具有投资收益性，人们可以通过医疗保健等健康投资来提高健康水平，从而创造更多的价值和财富，促进整个经济的增长。

二　健康人力资本的测量方法

教育人力资本可以直接通过受教育年限进行测量，而健康人力资本的测量则困难、复杂得多。这是因为健康人力资本具有复杂、多变和内隐等特征。首先，健康是涉及多个维度的综合性概念，如何将不同维度的因素综合起来进行评估是一个挑战。同时，不同文化背景下的人们对健康的定义也各不相同，因此对健康的测度很难具有普适性。其次，健康人力资本是一个动态的概念，随着时间的推移不断发生着变化，这给测量带来了巨大的挑战。同时，健康通常是内隐的，表现出时间滞后性，这使得学者们很难及时度量其经济价值。再者，健康影响着人类活动的方方面面，对个人、社会和国家产生了各种直接和间接的影响，这就使得学者们的研究范围非常广泛，对健康人力资本的测量目的也各不相同。因此，迄今为止，学术界对健康人力资本的测度还没有产生一套普遍适用的指标体系。常见的做法是，针对不同的研究视角和问题，采取具有针对性的测量指标。

健康人力资本的研究视角可以分为宏观视角和微观视角，因此测量指标也可以大致分为宏观研究常用指标和微观研究常用指标两大类。总的来看，在宏观视角下的健康人力资本研究中，一个国家的健康人力资本主要可以采取投入法和产出法两大类方法进行测量。首先，投入法是从健康投资的角度进行测度，指标包括国家卫生健康投入、食品消费和营养支出等。例如，在王弟海等（2019）的跨国研究中，考虑到各国健康支出的绝对值不具有可比性，因此使用国家健康支出占 GDP 的比重作为健康支出的代理变量，研究健康投资对经济增长的影响。此外，从长期来看，食物消费和营养摄入是影响中低收入发展中国家健康人力资本水平的最主要因素，因此在研究健康和长期经济增长之间的关系时，可以采取食品消费和营养支出作为健康的代理变量。与之不同的是，产出法则从健康结果的角度进行测度。预期寿命是衡量一个地区健康水平的常用指标，但是，也有学者指出，预期寿命指标会高估一个地区的健康水平，而健康预期寿命[①]是更合理的健康代理变量（张颖熙和夏杰长，2020）。此外，婴儿死亡率（Dillender，2023；Okeke，2023；Tapsoba，2023）、孕产妇死亡率（Marein，2023；Rana et al.，2019）和人口死亡率（Fan et al.，2020；Rocha 和 Sant'Anna，2022）也是宏观研究中常用的健康结果指标。由于健康是涉及多个维度的综合性概念，一些学者在研究中综合运用以上多种指标，例如，余静文和苗艳青（2019）在研究中分别用孕产妇死亡率、婴儿死亡率和伤残调整期望寿命测度健康人力资本。

在微观视角下的健康人力资本研究中，主要采用人体测量指标或自评健康状况指标对个体健康水平进行测量。首先，人体测量指标是最常见的测量方法，包括身高、体重、身体质量指数等。但是，在很多情况下，个人健康状况的客观数据往往不可用、不完整或难以解释，尤其是

---

① 健康预期寿命衡量了一代人在健康条件下的平均生存年数。

对于死亡率极低的群体。因此，许多学者转向使用自评健康状况指标。自评健康状况提供了受访者对其自身健康状况的看法，虽然该指标存在一定的主观性，但是有大量证据表明，自评健康数据与其他客观健康指标具有较高的相关性，因此，自评健康数据是客观健康指标的有力预测指标（Appels et al., 1996）。

各国的家庭和个人追踪调查为学者们提供了丰富的自评健康数据来源。例如，美国的 PSID① 数据库和 HRS② 数据库、中国的 CHARLS③ 数据库和 CFPS④ 数据库、英国的 UKHLS⑤ 数据库以及新加坡的 SLP⑥ 数据库中都有自评健康指标。此外，全球还有许多研究机构开发了生活质量量表，旨在用多个维度的自评指标来综合测量个体的健康水平。表 1-1 展示了五种常用的生活质量量表。

表 1-1　　　　　　　　　　常用生活质量量表

量表名称	量表全称	开发单位	包含维度
SF-36 量表	36-Item Short Form Health Survey	美国健康研究院	生理功能、生理职能、躯体疼痛、总体健康、活力、社会功能、情感职能、精神健康
EQ-5D 量表	EuroQol 5-Dimension Questionnaire	欧洲质量生活组织	移动能力、自理能力、日常活动、疼痛/不适感、焦虑/抑郁感
NHP 量表	Nottingham Health Profile	诺丁汉大学	身体功能、疼痛、睡眠、社会孤立状况、情绪反应、活力水平

---

① PSID（The Panel Study of Income Dynamics）：针对美国家庭的个人及其后代的追踪数据，具体内容包含就业、收入、财富、支出、健康、教育、婚姻、生育、儿童发展等诸多方面。

② HRS（Health and Retirement Study）：针对美国 50 岁以上人群的追踪数据，具体包括收入和财富、健康、认知、医疗保健服务的使用、工作和退休、家庭关系等诸多方面。

③ 中国健康与养老追踪调查（China Health and Retirement Longitudinal Study, CHARLS）：针对中国 45 岁及以上中老年人家庭和个人的追踪数据，具体包括个人基本信息、家庭结构和经济支持、健康状况、医疗服务利用和医疗保险、工作和退休、收入和消费等诸多方面。

④ 中国家庭追踪调查（China Family Panel Studies, CFPS）：针对中国家庭和个人的追踪数据，具体包括经济活动、教育成果、家庭关系与家庭动态、健康和人口迁移等诸多方面。

⑤ UKHLS（UK Household Longitudinal Survey）：针对英国家庭和个人的追踪数据，具体包括社会和经济状况、主观观点、生活方式、健康、家庭关系和就业等诸多方面。

⑥ SLP（Singapore Life Panel）：针对新加坡 50 岁到 70 岁中老年人的家庭和个人的月度追踪数据，具体包括个人基本信息、社会和经济状况、健康、主观观点和政策计划接触等诸多方面。

续表

量表名称	量表全称	开发单位	包含维度
WHOQOL 量表	World Health Organization Quality of Life	世界卫生组织	生理健康、心理状态、独立能力、社会关系、个人信仰、与周围环境的关系
HUI 量表	Health Utilities Index	加拿大麦克马斯特大学	视觉、听力、言语、行动、情感、认知、疼痛、生活活动

资料来源：Kaplan, R. M., & Hays, R. D., "Health-related Quality of Life Measurement in Public Health", Annual Review of Public Health, Vol. 43, No. 1, 2022, pp. 355-373.

第二节 健康人力资本的现状

在理解健康人力资本的内涵，掌握健康人力资本的测量方法的基础上，可借助相应指标来观测特定时间、特定地区的健康人力资本情况。本节将利用世界卫生组织报告中常用的三个健康测量指标，即预期寿命、孕产妇死亡率和儿童死亡率，介绍全球健康人力资本的变化趋势和现状，并对中国的健康人力资本现状进行分析，最后指出当前全球健康人力资本面临的主要问题。

一 全球健康人力资本的变化趋势

千禧年以来，随着全球的医疗水平、卫生条件和营养状况的不断改善，全球健康水平也有了显著的提升。根据 2023 年世界卫生组织（WHO）发布的报告，全球的预期寿命持续提升，儿童死亡率和孕产妇死亡率总体上保持下降趋势。同时，艾滋病毒、结核病和疟疾等传染病的发病率下降，非传染性疾病和伤害导致过早死亡的风险也在下降。但是，需要注意的是，自 2015 年以来，许多指标的快速进展出现了明显停滞。

图 1-1 展示了 1950—2048 年全球各地区的预期寿命。回顾过去 70 年，全球人口的预期寿命从 1950 年的 46.5 岁增加到 2019 年的约 73.0 岁，即使考虑到自 2020 年以来新冠疫情对全球健康带来的巨大冲击，预计到 2048 年世界卫生组织成立 100 周年时，全球预期寿命仍将进一步提

升至77.0岁。尽管过去70年来各地区取得了不同的进展,但预计到2048年预期寿命的增长幅度相似,所有地区的预期寿命都将增加4—6岁。其中,欧洲地区的预期寿命最高,可达到82.3岁,而非洲预计仍将是处境最不利的地区,2048年的预期寿命将比西太平洋地区少15年。

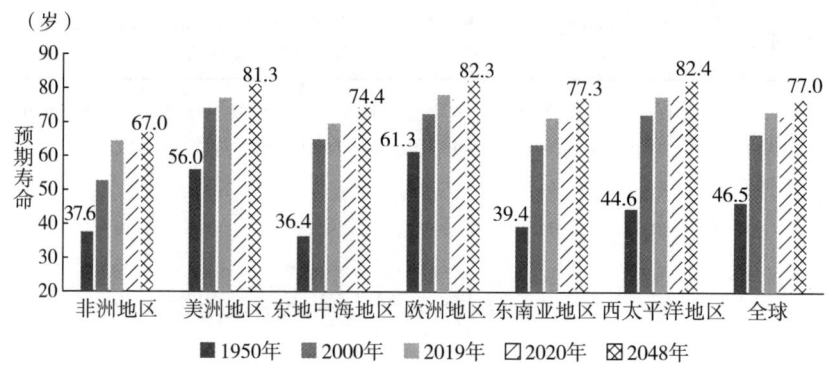

图1-1　全球各地区的预期寿命

资料来源:WHO(2023),Life expectancy at birth(indicator).https://www.who.int/publications/i/item/9789240074323.

图1-2展示了2000年和2020年全球各个地区的孕产妇死亡率(MMR),以及2000—2015年、2016—2020年两个时间段内的年均下降率(ARR)。可以看到,虽然全球孕产妇死亡率在过去的二十年中总体呈现下降趋势,但是这种下降趋势在2016—2020年变缓,甚至在一些地区出现了逆转。具体来看,在东南亚地区,虽然2016—2020年孕产妇死亡率的下降速度变缓,但是该地区始终保持着全球最快的下降速度。而在非洲地区,孕产妇死亡率的年均下降率一直稳定在近2.0%的较低水平上。值得注意的是,美洲地区、西太平洋地区和欧洲地区的孕产妇死亡率在经历了2000—2015年的下降后,在2016—2020年出现逆转,呈现上升趋势。但是,从孕产妇死亡率的绝对值来看,欧洲地区一直处于全球的最低水平,美洲地区和西太平洋地区紧随其后,而非洲地区则一直处于全球最高水平。

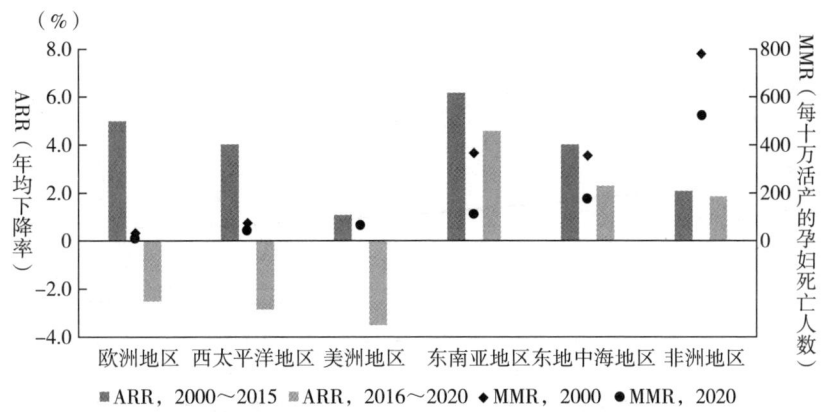

图 1-2　全球各地区的孕产妇死亡率及其年均下降率

资料来源：WHO（2023），MMR & ARR（indicator）. https：//www.who.int/publications/i/item/9789240074323.

儿童生存是人类发展的重要标志，也是全球预期寿命增长的主要驱动因素之一。图 1-3 展示了 2000—2021 年，全球 5 岁以下儿童死亡率（U5MR）、新生儿死亡率（NMR）及其年均下降率（ARR）。可以看到，自 2000 年以来，全球在降低儿童死亡率方面取得了重大进展。在 2000 年，全球每 1000 例活产①中就有 76 个 5 岁以下儿童死亡，而到 2021 年，5 岁以下儿童死亡率减少了一半。相比之下，新生儿死亡率的下降速度则相对较慢。从儿童死亡率下降速度的变化来看，2000—2021 年，5 岁以下儿童死亡率和新生儿死亡率的下降速度均呈现变缓趋势，自 2015 年可持续发展目标时代开始以来，这种放缓尤为明显。5 岁以下儿童死亡率的年均下降率从 2000—2009 年的 4.0% 下降到 2010—2021 年的 2.7%，新生儿死亡率的年均下降率则从 3.2% 下降到 2.2%。

世界部分地区的儿童依然面临着巨大的挑战，尤其是非洲地区。尽管非洲地区的 5 岁以下儿童死亡率在 2000—2021 年下降了 52%，但仍然处于最高水平，几乎是全球的两倍，欧洲地区的九倍（WHO，2023d）。

---

① 活产指的是出生之后有生命体征的婴儿。

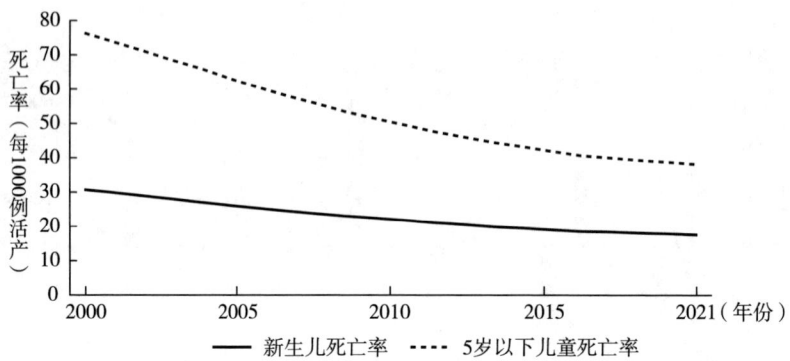

图 1-3　全球 5 岁以下儿童死亡率、新生儿死亡率及其年均下降率

资料来源：WHO（2023），Mortality rate（indicator）. https://www.who.int/publications/i/item/9789240074323.

二　中国健康人力资本的变化趋势

自党的十八大以来，习近平总书记强调把人民健康放在优先发展的战略位置，把提升健康素养作为增进全民健康的前提，作为实施健康中国战略以及推进健康中国行动的重要内容。健康素养是指个人获取和理解基本健康信息和服务，并运用这些信息和服务做出正确决策，以维护和促进自身健康的能力。从 2012 年起，国家卫生健康委对全国居民的健康素养水平实施动态监测，"居民健康素养水平"指标①成为衡量我国人民群众健康水平的重要指标。国家卫健委（2022）的监测结果显示，中国居民的健康素养水平从 2012 年的 8.8% 上升到 2022 年的 27.8%，整体呈现稳步提升的趋势，已经提前实现了《健康中国行动（2019—2030年）》提出的"到 2025 年，达到 25%"的目标。

此外，中国的预期寿命在过去几十年有着非常显著的增长。中国人口的预期寿命在 1949 年时仅为 35 岁，至 2000 年提高为 71.4 岁，到 2020年进一步提高到 77.9 岁，已经超过全球的平均水平 72.6 岁（国家统计局，2023）。国务院办公厅（2022）发布的《"十四五"国民健康规划》

---

① 健康素养水平指具备基本健康素养的人在总人群中所占的比例。调查者的问卷得分达到总分 80% 及以上，即被判定为具备基本健康素养。问卷包括三个部分：一是评价我国城乡居民健康素养的总体水平；二是从基本健康知识和理念素养、健康生活方式与行为素养、基本技能素养三个方面进行评价；三是以公共卫生问题为导向，对科学健康观素养、传染病防治素养、慢性病防治素养、安全与急救素养、基本医疗素养和健康信息素养六类健康问题进行评价。

中提出，到 2025 年，中国的平均预期寿命在 2020 年基础上继续提高 1 岁左右，展望 2035 年，平均预期寿命将达到 80 岁以上。

同全球趋势一样，中国的儿童死亡率和孕产妇死亡率在 2000—2020 年也有显著的下降，各指标的当前水平均优于全球平均水平。其中，中国 5 岁以下儿童死亡率从 2000 年的 39.7‰ 下降到 2020 年的 7.5‰，远低于全球平均水平 38.7‰。中国新生儿死亡率从 2000 年的 22.8‰ 下降到 2020 年的 3.4‰，远低于全球平均水平 17.9‰。中国孕产妇死亡率由 2000 年的 53.0/10 万下降到 2020 年的 16.1/10 万，远低于全球平均水平 223.0/10 万（国家统计局，2023）。

三 全球健康人力资本面临的问题

虽然全球传染病的发病率和死亡率有所下降，但是非传染性疾病的负担在逐步增加。与传染病相比，非传染性疾病（如心血管疾病、癌症和糖尿病）的发病率和死亡率在全球范围内呈上升趋势，这主要是由人口老龄化、不健康的生活方式（如不良饮食、缺乏运动和吸烟）以及慢性疾病治疗问题所导致的。世界卫生组织（WHO）预计，如果过去的趋势持续到 2048 年，全球约 86% 的死亡将归因于非传染性疾病。特别是美洲区域、西太平洋和欧洲地区，非传染性疾病的死亡人数将占所有死亡人数的 90% 以上（WHO，2023d）。

此外，全球还将继续面对健康不平等的挑战。尽管全球在公共卫生方面取得了巨大的进展和成就，但是，不同国家和人群之间仍然存在显著的健康不平等。一些低收入国家和弱势群体依然面临着健康服务的不平等和不足，从而导致健康水平跟不上全球进步的步伐。最脆弱的人群将继续面临更高的死亡和致残风险，具体包括传染病、孕产妇死亡和营养不良等可避免的风险，以及在资源充足的情况下可以预防和控制的风险。

总体而言，自 2000 年以来，全球健康水平呈现积极的变化趋势，具体体现为预期寿命的增加、新生儿和 5 岁以下儿童死亡率的下降、孕产妇死亡率的下降以及传染病发病率的下降。然而，全球健康不平等问题依然存在，且全球非传染性疾病负担增加的问题日渐凸显，这都将对未来全球健康人力资本的发展提出挑战。

第三节　健康人力资本研究的理论意义

人力资本理论研究起步较早,目前已经形成了一个比较完善的研究体系,研究内容也朝着更加综合、深入的方向发展。而健康资本虽然是人力资本的重要内容,有关健康人力资本理论的研究却相对滞后。因此,本节将从人力资本理论开始介绍,再逐步进入健康人力资本理论的研究,探讨健康人力资本同其他人力资本的相互作用,并指出当前健康人力资本理论研究的不足。

一　人力资本理论的发展历程

人力资本的思想起源于 18 世纪。在工业时代背景下,一系列的技术革命使生产方式产生了质的飞跃。机械化生产替代了手工业生产,自然科学与工业生产开始紧密地结合起来,信息技术和自动化生产逐渐替代了传统生产方式。这些变革使得知识、技术和能力在生产中的重要性日渐凸显。在此背景下,William Petty、Adam Smith 和 John S. Mill 等早期西方经济学家指出,人作为知识、技术和能力的载体,是创造财富的首要因素。有关人力资本的思想由此产生,为现代人力资本理论的诞生奠定了基础。

20 世纪 60 年代,在现代人力资本理论逐渐形成的过程中,学者主要探究的问题是"人的素质变化对经济增长的贡献是什么?"对此,现代人力资本理论的重要奠基者 Theodore W. Schultz 和 Gary S. Becker 分别从宏观角度和微观角度提出了自己的理论观点。

Schultz(1961)在美国经济年会上发表了题为 "*Investment in Human Capital*" 的演讲,标志着现代人力资本理论的诞生。Schultz 第一次系统地阐述了人力资本理论,指出资本包括物质资本和人力资本。人力资本是指个体通过教育、培训和健康投资等方式所获得的知识、技能和健康状况,这一概念为后来的研究提供了理论基础。Schultz 的人力资本理论解释了许多传统经济学理论无法解释的经济增长问题,强调了人力资本是经济增长的重要因素之一。值得注意的是,早在 Schultz 的人力资本理论中就指出,健康是保障人力资本质量的根本,健康可以提高劳动生产力,减少劳动力的浪费和损失。

Schultz 仅从宏观视角解释了人力资本对经济增长的重要性，没有形成一个严密的微观人力资本模型。Becker（1964）则从微观视角出发，对人力资本的作用进行了深入研究和建模，极大地推动了现代人力资本理论的发展。Becker 在其著作 Human Capital 中首次从成本和收益的角度对教育投资进行了分析，认为人力资本同物质资本一样，可以通过后天投资获得，并影响未来时期的生产力和收益。因此，用于物质资本的投资收益分析方法也同样适用于人力资本投资。在 Becker 的人力资本模型中，假设个人或家庭追求效用最大化，则人力资本投资的均衡条件为人力资本投资的边际成本的现值等于未来收益的现值。在众多人力资本投资方式中，Becker 强调了正规教育和职业培训对形成人力资本的重要作用，通过正规教育和职业培训获得的技能和知识可以帮助人们获得更好的收入和就业机会。和 Schultz 类似，Becker 的人力资本理论也把健康视为人力资本的一部分，个体可以通过健康投资提高自身的生产力和经济价值。

20 世纪 80 年代中期，随着新经济增长理论的出现，学者将人力资本引入到经济内生增长模型中，用严格的数理方法分析了人力资本在经济增长中的作用机制，揭示了人力资本增长率和国家经济增长率的正相关关系。主要代表人物有 Paul M. Romer 和 Robert E. Lucas。Romer（1986）在索洛模型的基础上引入了知识和创新，提出了内生增长理论。他认为，在劳动投入过程中，教育和培训形成了人力资本，而在资本积累过程中，研发和创新等活动又会形成技术进步。因此，技术进步内生于劳动力和资本要素中。Romer 的内生增长模型强调了技术进步是经济增长的根本动力，因此要重视教育和培训等人力资本投资在促进经济增长中的重要作用。另外一位代表人物 Lucas（1988）则是在 Schultz 和 Becker 的人力资本理论的基础上，构建了专业化人力资本积累的内生增长模型。他认为，人力资本积累是经济增长的源泉，通过教育和培训来积累人力资本，可以提高劳动生产率，促进创新和技术进步，从而推动经济的持续增长。

二 健康人力资本与其他人力资本的相互作用

早在现代人力资本理论中，学者们就讨论了健康同其他人力资本之间的相互作用。Schultz（1961）认为，健康决定了人们的寿命、精力和力量，是保障人力资本质量的根本。Mushkin（1962）指出，人们可以通过改善健康来延长寿命，从而降低教育投资的折旧率，增加教育的回报。同时，人们还通过提高教育水平来提高生产效率，从而增加健康投资的回报。此外，Becker（2007）通过构建一个两期模型，探究健康和教育的相互关系。一方面，受教育水平高的个体会更加关注自身的健康状况，从而进行更多的健康投资。另一方面，健康的个体会更多地进行教育投资以降低未来效用的折现率。

但是，也有一些学者指出，教育人力资本和健康人力资本的相互作用可能会导致经济中存在多重均衡，从而导致贫困陷阱的存在（Blackburn 和 Cipriani，2002）。当初始经济水平位于门槛水平之上时，较高的健康水平和预期寿命会促使人们增加教育投资，从而提高教育人力资本。而更高的教育人力资本又会带来更高的生产率和收入水平，从而进一步提高人们的健康水平，构成良性循环。反过来，当初始经济水平位于门槛水平之下时，则存在恶性循环的可能。

三 健康人力资本理论研究的不足

纵观人力资本理论研究的发展历程，尽管现代人力资本理论就讨论了健康在人力资本中的重要性，但是不难发现，长期以来学者们主要是从教育人力资本角度进行研究，强调教育投资对经济增长的重要作用。但是，对健康人力资本的研究起步较晚，相关研究仍然比较匮乏。健康人力资本理论研究的不足将不利于实证研究的发展，这是因为在实证研究中把人力资本狭义地等同于教育，可能会低估人力资本对增长的影响，也可能把健康以及人力资本的其他形成因素对增长的影响都归功于教育，从而高估教育对增长的作用（杨建芳等，2006）。

综上所述，健康是人力资本的重要组成部分，健康人力资本可以通过同教育人力资本的相互作用促进经济增长。但同时，这种相互作用也会带来经济中的多重均衡，导致贫困性陷阱，从而扩大不同初始经济水平的人群、国家间的贫富差距。长期以来，学者们主要关注教育人力资本的理论研究，对健康人力资本的理论研究还相对匮乏，这可能会导致学者们对人力资本经济效应的评估不够准确。因此，对健康人力资本理论进行系统性的研究，能够弥补当前对健康人力资本研究的不足，完善和深化人力资本理论的内容。

第四节 健康人力资本研究的现实意义

健康人力资本研究除了具有深远的理论意义外,对于个人、社会和国家的发展都具有非常重要的现实意义,包括提高人们的生活质量、促进社会和经济发展等。此外,通过研究健康人力资本的经济外部性及其作用机制,可以更有效地指导健康政策制定。本节将从微观和宏观两个视角,阐述健康人力资本研究的现实意义。

一 健康人力资本研究的微观意义

健康是人类生活中最基本的需求之一,也是人类永恒的追求和福祉(Mushkin, 1962)。良好的健康状况可以直接提高个体的效用水平和幸福感。Grossman(1972)的健康人力资本理论中就将健康视为一种消费品,同其他消费品和服务类似,个体可以通过健康投资来提高自身的效用水平。此外,还有学者发现,心理健康和身体健康是影响幸福感的重要因素之一(Helliwell et al., 2012; Oswald 和 Powdthavee, 2008)。

健康除了可以直接影响个体的效用水平和幸福感外,还影响着微观个体决策的许多方面。其一,健康可以影响个体的劳动结果和劳动市场决策。良好的健康水平可以提高劳动者的劳动生产率和收入水平(于大川和潘光辉,2013),而一些慢性疾病会显著降低个体进入劳动力市场的概率(Zhang et al., 2009),因此,通过健康的改善可以使得个体更有可能进入劳动力市场(Cai 和 Kalb, 2006);其二,健康可以影响个体的教育成就和教育决策。不良的健康状况会导致人们的成绩和毕业率降低(Rees 和 Sabia, 2011; Webbink et al., 2012),而健康的改善可能促进个体接受更多的教育(Becker, 2007);其三,健康可能会影响个体的消费储蓄决策,对老年人福祉具有重要意义。如果只考虑增加寿命的纯效应,更长的寿命将带来更高的储蓄率。如果考虑寿命延长同时还会改善年老时的健康状况,那么健康对储蓄率的影响是不确定的(Bloom et al., 2003);其四,年幼个体在胎儿或儿童时期遭受的健康冲击还会对个体产生长期的影响。例如,子宫内的胎儿遭受营养冲击后,成年后残疾的概率提升、未来的财富减少(Almond 和 Mazumder, 2011),且教育成就也会有所下降(Almond 等, 2015)。同时,怀孕时母亲的不良心理状况也可能会导致孩子较差的心理健康（Persson 和 Rossin-Slater，2014）。此外，幼年时期患病也可能对成年后的健康状况、受教育年限、收入水平和社会地位产生不利影响（Beach 等，2016）。

二 健康人力资本研究的宏观意义

健康人力资本的宏观研究主要集中于探究健康与经济增长之间的关系。目前已经有大量研究证明，健康对国民经济发展起到了重要的保障和助推作用（杨建芳等，2006；王弟海等，2008；Bloom 等，2022）。其中，杨建芳等（2006）基于中国经济背景的研究发现，健康人力资本对于经济增长的贡献率为4.6%，小于教育人力资本（12.1%）和物质资本（58.2%）对于经济增长的贡献。但是，也有许多基于跨国数据的研究发现，当健康水平发展到一定程度之后，健康和经济增长可能会出现负的关系，即经济不发达时期呈正相关性，随着经济发展水平的提高，正相关性减弱甚至变为负相关性（Acemoglu，2007 和 Johnson，2014；Ashraf 等，2008）。

综上所述，从微观角度来看，健康人力资本一方面能够直接提高人们的效用水平和幸福感；另一方面也影响着人们的劳动生产率、收入水平、教育成果等许多方面，且幼年时期的健康冲击可能会对个体产生长期的影响。从宏观角度来看，健康人力资本可以促进经济增长，但是当健康水平发展到一定程度之后，健康投资也可能会挤出其他物质投资，从而阻碍经济增长。因此，无论是健康人力资本的微观研究还是宏观研究，都对个体、社会和国家的发展具有重要的现实意义。通过研究健康人力资本的经济外部性及其作用机制，可以帮助政府制定更加科学的健康政策和干预措施，以提高人们的健康水平和人力资本积累，从而推动地区和国家的经济增长和社会进步。

第五节 健康人力资本研究面临的机遇与挑战

影响健康的因素有很多，涉及个体、群体、社会和自然等多个维度，而不断变化的外部环境使得这些影响因素以更加复杂、多维的方式影响着人们的健康行为和健康结果。因此，学者们需要认识到当前全球环境下健康面临的机遇和挑战，以广阔的、动态的视角研究健康人力资本。

本节将介绍当今时代背景下，全球健康人力资本研究面临的机遇与挑战，并探讨基于中国情景的健康人力资本研究问题。本节为第六章到第十四章的整体概述，有助于读者初步构建更广阔和更前沿的健康人力资本研究视野。

一　全球面临的机遇与挑战

当今时代，全球健康人力资本面临多方面的机遇与挑战，包括数字经济的蓬勃发展、全球老龄化的不断深化、公共卫生事件的频繁发生、全球气候与环境的持续恶化、国际贸易的飞速增长和全球健康不平等问题。此外，健康同文化、基因、心理学和脑科学等交叉领域研究的兴起，为学者们研究健康人力资本提供了更广阔的研究视角。

（一）数字经济的蓬勃发展

现代社会已经进入了数字化经济时代，大数据、物联网、云计算和人工智能等数字技术迅猛发展，逐步应用到经济社会的各个领域，改变了人们的生产生活方式，同时也赋能医疗服务和健康社会治理。首先，在生活方式方面，数字设备的长时间使用可能会导致眼睛疲劳、颈椎疼痛和睡眠障碍等身体疾病，也可能通过减少睡眠、户外活动和面对面的社交等方式降低生活幸福感，甚至导致焦虑和抑郁等心理疾病。但是，使用互联网可以降低信息搜寻成本和获取成本，从而提高健康信息的可获得性。以互联网为媒介，人们可以广泛、快速地获取健康信息，从而改善其健康行为和结果；其次，生产方式方面，虽然数字技术使劳动者的就业时间更加灵活，但也在一定程度上延长了劳动者的工作时间，从而挤压了睡眠和锻炼时间。此外，数字平台催生了外卖骑手和滴滴司机等灵活就业方式，但是这类群体无法得到劳动法的保护和规制，也不属于正式的雇用劳动关系，因此，容易因为高强度的工作和不稳定的收入影响身体和精神健康；再次，在医疗服务方面，数字医疗为患者、医疗机构和其他利益相关方提供了连接，能够加强以患者为中心的医疗供给、节省药物成本和提高治疗有效性。但是，弱势群体和落后地区的数字鸿沟带来了数字医疗资源利用上的不平等，从而加剧了健康不平等现象；最后，在健康社会治理方面，数字技术可以帮助人们监测流行病、快速识别病例、阻断社区传播和进行公共交流，从而降低公共卫生事件的发病率和死亡率。但是，需要注意的是，数字技术在公共卫生事件或自然灾害中的应用也可能会加剧数字不平等现象、传播错误信息和造成公众恐慌，从而带来健康风险。

（二）全球老龄化的不断深化

人口老龄化是当今时代最受学者关注的全球趋势之一，世界人口目前已经进入了老龄化阶段，2021年，65岁以上人口占比达9.62%。虽然世界人口的寿命在不断延长，但是更长的寿命并不意味着更长的健康寿命，因此，人口老龄化对微观个体、社区养老机构和国家医疗体系都带来了巨大挑战。首先，从个体和家庭角度来看，人口老龄化不仅导致老年人患慢性疾病、心理疾病和认知障碍的风险增大，也意味着有更多老年人处于失能和依赖的状态。因此，家庭中更多的人处于需要护理的年龄，而更少的人处于提供护理的年龄，加重了家庭养老负担，对照料者的身心健康产生不利影响；其次，随着老龄化的加深，家庭养老功能已不足以负担起照料老人的任务，因此对社区的公共养老服务提出了更高的要求。同时，社区层面的年龄歧视问题也亟须解决；最后，从国家医疗体系角度来看，患病老年人的增加加大了医疗机构的就诊压力，同时老年人慢性疾病治疗费用的增加，给医保基金的收支平衡带来了风险和挑战。

（三）公共卫生事件的频繁发生

近年来，公共卫生事件呈现出多样化、复杂化和全球化的趋势。从2003年的非典疫情，到2009年的甲型H1N1流感大流行，再到2020年的新冠疫情等，公共卫生事件对全球范围的健康人力资本构成了巨大冲击。全球性的公共卫生事件既对人们的健康产生短期的、直接的影响，同时也会持续地、间接地影响人们的一生。首先，从短期的、直接的影响来看，公共卫生事件会直接影响人们的身体健康和心理健康。同时，大范围的公共卫生事件也会造成医疗资源的挤兑，从而进一步加剧疾病对健康人力资本的威胁。此外，公共卫生事件还可能导致原材料生产停摆，从而通过全球供应链影响药品的供应；其次，从长期的、间接的影响来看，公共卫生事件可能导致预期寿命的缩短，也可能对胎儿的健康产生持续的不利影响。同时，公共卫生事件带来的创伤体验可能对幸存患者的心理健康产生持续的负面影响，容易忽视的是，医护人员的心理健康也同样会受到事件的冲击。此外，由于不同国家和不同人群在卫生服务的获取上存在不平等，因此，全球公共卫生事件可能进一步加剧这种健康不平等。换一种角度来看，公共卫生事件对人们健康的影响也存在积极的一面，例如传染源的减少、良好卫生习惯的养成以及群体免疫的形成。

(四) 全球气候与环境的持续恶化

当前，全球正面临来自气候变化与环境变化的双重挑战。随着全球气候变暖，热浪、洪水、风暴、干旱和野火等极端事件更加频繁和严重，与此同时，人类活动也伴随着空气污染、水土污染和森林面积减少等环境问题的出现，对全球的健康人力资本构成了严重威胁。大量研究显示，气候变暖会引发心血管和呼吸系统疾病，加剧登革热等传染病的传播，提高死亡率。同时，极端天气带来的人员伤亡、财产损失和农业收入下降还可能导致人们的心理健康受损，包括引发焦虑、抑郁、创伤后应激障碍、睡眠质量降低、自杀意念提高以及自我意识和认同感缺失。此外，空气污染、水土重金属污染、森林破坏等环境问题导致复杂多样的污染物通过空气、水源和土壤等介质接触人体，对人类健康构成了巨大威胁。需要特别注意的是，气候与环境变化给不同国家、地区和人群造成了不同程度的影响。在全球气候与环境变化的背景下，需要特别关注经济欠发达或者沿海的国家和地区，以及贫困人群、婴幼儿和老年人等脆弱群体的健康问题。

(五) 国际贸易的飞速增长

自1995年世界贸易组织成立以来，经济全球化进入了全新的发展阶段，国际间的贸易交流呈现蓬勃发展的态势。在此背景下，人们更应该重视国际贸易对健康产生的直接和间接影响，以及可能导致的国家间健康不平等的恶化。首先，贸易自由化可以直接对健康产生积极的和消极的影响。一方面，贸易自由化可以通过增加食品数量和类型促进居民营养摄入，且贸易规模的扩大和贸易体系的完善使得食品安全标准更加严格，从而保障了居民的食品安全。另一方面，国际贸易可以通过传播不健康的饮食方式和危害健康的贸易产品，提高中低收入国家的慢性疾病发生率，也可以通过动物贸易增加病毒传播的风险，或加速食品中的潜在污染物的传播，引发区域性食品中毒暴发事件；其次，国际贸易还可以间接地给人们的健康带来积极和消极的影响。一方面，贸易规模扩大有利于增加社会劳动力的需求，从而提高就业率，且公平的贸易开放有利于居民实现收入增长和食品支出增长，同时，国际贸易带来的技术创新还能通过提高环境治理能力来改善环境质量，这些影响都能够间接地改善人们的健康水平。另一方面，贸易开放会增加高技能工人的就业比例，从而扩大不同技能工人之间的工资差距，不利于低收入群体健康水平的改善。同时，贸易活动的增加也可能导致企业的标准工时延长，从而不利于员工的身体健康。贸易活动还会产生大量的污染物，危害居民健康。此外，需要注意的是，贸易自由化还可能导致不健康食品在低收入国家的供应增加，地区获取药品的机会不均等，以及医疗专业人才和医疗服务投资流向高收入国家，从而加剧国家间的健康不平等。

（六）全球健康不平等

尽管全球总体健康状况和健康不平等问题获得了持续改善，但近年来接踵而至的公共卫生危机仍然暴露了卫生健康系统的不少隐患。全球不同国家的健康水平和医疗卫生条件差异，以及国内不同收入水平、职业、地区的人群之间的长期健康差距，构成了当前全球健康不平等的全貌。本节的其他部分也提及了数字经济、公共卫生事件和国际贸易可能对健康不平等产生的影响。本书第十三章将因素进一步划分为了经济收入因素、社会生活因素、医疗系统因素和其他因素。

首先，健康不平等问题在不同收入群体中最为突出，经济收入上的不平等可以通过营养条件差异导致健康不平等；其次，社会生活的许多方面也会影响健康不平等，例如，教育是良好健康的根本原因，教育不平等是导致健康不平等的重要因素。数字鸿沟会加剧城乡间老年人的健康水平差异；此外，由医疗服务体系的差异导致的健康不平等问题，可以通过城乡医保统筹政策和分级诊疗政策得到有效的缓解；最后，其他因素也会影响健康不平等。例如，不同人群对环境污染的暴露程度不同，因此遭受的健康冲击具有差异性，从而引发健康不平等问题。生产医疗保健用品的工厂对工人的剥削会进一步恶化健康不平等。一方面，欠发达地区工厂对工人的剥削会损害工人的健康水平；另一方面，剥削获得的医疗保健用品可以通过国际贸易改善进口国的健康状况。

（七）健康同文化、基因、心理学和脑科学等交叉领域研究的兴起

除了不断变化的外部环境和因素外，还有学者将目光聚焦于影响人们健康行为和结果的内部因素上，健康同文化、基因、心理学和脑科学等交叉领域的研究正在蓬勃发展。

其中，文化和基因的传承性质可以对相应群体的健康行为和结果产生长期而深远的影响。文化可以通过社会传承塑造一个社会群体的价值

观念、生活方式和宗教信仰，不同文化背景的人们对疾病和健康的认知不同，从而导致不同的健康行为和结果。例如，部分地区文化中存在精神疾病污名化的现象，导致精神疾病患者遭受社会排斥，从而加重心理疾病、逃避或延迟接受治疗。而基因则是通过生物遗传的方式决定一个家族群体的生理特征、患疾风险和行为偏好。例如，肥胖、慢性疾病和认知功能障碍等都存在与其相对应的易感基因。同时，基因也可以影响人们的风险偏好，如吸烟和酗酒等不健康行为的倾向。

心理学和脑科学则从心理机制和神经机制解释了人们的健康行为。不少学者将心理学中的理论模型运用于健康行为分析，例如，拟双曲贴现模型可以解释人们的成瘾行为、肥胖以及跑步等锻炼行为，相较于低贴现率的个体，高贴现率的个体更容易吸烟、肥胖和不运动。除了拟双曲贴现模型外，利他主义也可以解释家庭中的吸烟行为，对家人健康的考虑会减少人们的吸烟量。除了利用心理学解释健康行为的心理机制外，融合心理学理论的助推政策还可以广泛地应用于戒烟、减肥、免疫接种、医疗保险参与和器官捐献等领域。不同地，脑科学领域学者则是采取功能性磁共振技术，通过观测大脑相应区域的活跃程度来研究人们的延迟贴现，从而对成瘾行为和肥胖做出解释。此外，脑科学还基于强化学习模型，通过构建价值评估模型来分析预测误差是如何影响人们的成瘾行为的。

二 中国面临的主要挑战

城镇化是国家现代化的必经之路，也是未来中国经济发展的重要动力。1978年改革开放后，我国城镇化进程开始快速推进，大量人口从农村地区向城市地区转移。2012年，党的十八大提出了"走中国特色新型城镇化道路"，中国城镇化开始进入以人为本、规模和质量并重的高质量发展阶段。2020年，城镇化率已经达到63.89%，流动人口为3.76亿人，10年增长了近70%（冯奎，2021）。高速的城镇化推动了中国前所未有的社会变革和经济转型，呈现城市规模不断扩大、城市经济持续发展、城市建设逐步完善的良好发展态势。但是，需要注意的是，在城镇化快速推进的过程中也产生了大量空巢老人、留守儿童、流动儿童和农民工，他们的健康人力资本正面临着巨大的挑战。

其中，空巢老人的健康问题受到社会和学术界的广泛关注。虽然部分学者认为空巢老人具有更强的自我实现意识和健康责任意识，且拥有充分的时间和空间进行娱乐和社交活动,因此具有更高的身体和心理健康水平。但是,大部分学者主要还是关注空巢对老年人健康的负面影响。一方面,空巢老人无法得到足够的日常照料和经济支持,因此身体健康受损。另一方面,空巢老人由于缺乏社会参与度和休闲体育活动,因此难以保持健康的心理状态,容易产生孤独感、焦虑、抑郁等负面情绪。此外,社会还需特别关注无配偶的空巢老人和农村空巢老人。这是因为无配偶的空巢老人在照料资源和精神陪伴上的缺失更为严重,而农村空巢老人由于社会保障较低、养老服务资源供给不足、安全教育和安全设施缺乏等,更容易产生健康问题。

农村留守儿童的健康问题也同样值得关注。学术界将留守状态对农村儿童健康的影响分为收入效应和分离效应两个方面,总体影响的方向取决于收入效应和分离效应的相对强度大小。从收入效应来看,父母在外务工时寄回家乡的汇款可用于改善儿童的生活环境、提高饮食标准和增加自费医疗能力,从而有益于儿童身体健康的发展。但是,从分离效应来看,隔代抚养过程中的饮食不均衡、生活不规律和溺爱等问题会恶化儿童的营养状况。同时,在儿童早期发育过程中,父母照顾和关怀的缺失不利于儿童的心理健康,且这种不利影响将伴随终身,留守越早则影响越大。

农村流动儿童是社会各界关注和重视的另一类特殊的弱势群体。农村儿童随父母外出务工能够避免分离效应的产生,同时,父母收入增加和父母健康照料的正向效应可以与城市发展效应叠加,促进儿童健康发展。因此,农村流动儿童的健康水平通常高于农村留守儿童。但是,农村流动儿童的身体和心理健康状况比城市本地儿童差。流动儿童对公共卫生服务的利用率偏低,定期体检率、医疗保险参与率、免费疫苗接种率等都大大低于户籍儿童,这都不利于流动儿童保持良好的身体健康水平。相较于城市儿童,流动儿童心理健康水平总体上处于弱势,显现出各种心理健康问题。其背后原因包括家园感丧失、环境适应不足、社会经济地位较低以及"外来人口"标签带来的歧视知觉。

在我国城镇化进程中,大量农村富余劳动力以移民方式进城务工,形成了庞大的农民工群体。研究农民工的健康问题不仅有利于提高该类群体的福利水平,同时也对我国城乡的经济发展和社会公平具有重要的意义。现有研究结果显示,农民工的身体健康水平明显低于当地城市居民水平，这是因为农民工的生活和居住条件较差，且主要从事高强度、高风险的劳动密集型工作。此外，我国户籍分割的医保制度也在一定程度上阻碍了农民工就医。迁移导致的社会适应不足和经济压力增大，也会对农民工的心理健康产生负面影响，导致更高的抑郁倾向和心理疾病患病率，以及更低的幸福感和生活热情。需要特别注意的是，迁移对健康的不利影响在农民工群体内部存在较大的异质性，长期迁移的农民工、远距离迁移的农民工、老一代农民工以及普通话水平低的农民工，其身体和心理健康受损更加严重。

第二章　健康人力资本的影响因素研究

本章探讨健康人力资本的影响因素，从个体、群体、社会和自然四个维度出发，对国内外代表性研究成果进行梳理和总结。其中，个体因素涉及人口学基本特征和行为特征，群体因素涉及家庭特征、社区特征和工作特征，社会因素涉及医疗卫生服务特征和社会福利特征，自然因素涉及当前的一系列环境危机。需要指出的是，影响健康人力资本的因素不胜枚举，相关文献也浩如烟海。本章仅选取了一部分最常见、最具有代表性的影响因素进行探讨，希望能够对读者起到抛砖引玉的作用。

第一节　个体因素

一　人口学基本特征

（一）年龄

英国机构 Onepoll 在最近的一项社会调查中发现，人迈入 45 岁后将普遍面临身体机能的严重退化，包括但不限于膝关节频繁弹响、腕关节疼痛、脚踝力量变弱、背部疼痛、听力下降、嗅觉迟钝等，其中视力最早在 20 余岁便开始恶化（StudyFinds，2019）。75 岁后，人的认知能力也会加速衰退，表现为反应能力迟缓、记忆力衰退等，这可能预示着老年痴呆症乃至死亡的发生。大量临床研究同样证实，年龄增长是导致疾病发生率和严重程度提高的主要危险因素之一。

有趣的是，尽管生理年龄增长会恶化健康状况，主观上的年龄认知却会在其中起到重要的调节作用，觉得自己比实际年龄年轻的人往往身体机能更好、免疫能力更强、记忆力下降速度更慢、患抑郁症和老年痴呆症的可能性更小，综合表现出的死亡风险也更低。在这个意义上，远离社会上对衰老的悲观看法，乐观看待未来的自我防御机制对于健康有着长远益处。

(二) 性别

男性与女性在生长发育、新陈代谢、生殖周期、性激素分泌和衰老历程等生理学层面都存在较大差异,或将导致相同健康风险对不同性别个体的影响存在差异(Manandhar 等,2018)。例如,在性激素调节下,男性通常更偏好咸味食物(肉、鱼、鸡蛋等),女性则对甜食(巧克力、糕点、冰淇淋等)有强烈渴望,且女性相对更难控制自己的进食欲望,在月经来潮前的黄体期表现尤甚,这会使得女性摄入热量过剩,进而引发肥胖以及糖尿病、心血管疾病和高血压等多种相关疾病,面临更高的死亡风险(Hallam 等,2016)。

除此之外,男性和女性的健康差异更多是与当地的性别文化密切相关的,包括性别不平等、歧视、边缘化和社会排斥等。例如,在家庭内部,更多数量、更有营养的食物通常会被分配给男性。这种基于性别的食物分配使得面临粮食不安全状况的女性比重比男性高出 11%,女性的正常生长发育和健康生活需求无法得到满足(Manandhar 等,2018)。再如,吸烟行为对女性产生的消极心理影响远超过男性,有些男性往往不认为吸烟是一种不良习惯,女性却会因为担心吸烟对自我形象的影响而产生自卑感,并担心自己丧失了行为控制能力。

(三) 受教育水平

受教育水平较高的个体会生活得更健康、更长寿,影响机制主要包括经济条件、健康行为和社会关系等多个方面。其一,受教育水平较高的个体更可能从事收入高、稳定性强的工作,从而积累更多财富用于医疗保健,并能获得更优质的医疗救助机会等。其二,他们可能养成更健康的生活方式,例如少吸烟、饮食习惯良好、勤于锻炼等。其三,他们面临的生活压力和负担更小,例如经济拮据、工作和住房不如意、"我不及人"的自卑感等,且拥有丰富的人际资源来帮助自己应对困难,这些都有利于其维持较高的心理健康水平。

二 行为特征

(一) 体育锻炼

体育锻炼能够促进心肺健康,缓解肥胖症状,预防中风、糖尿病、心血管疾病等多种疾病,有效降低全因死亡率。同时,进行体育锻炼还能减轻焦虑、压力和抑郁症状,改善睡眠质量,减少自杀和自残行为,提高心理健康水平。但也有研究指出，长期进行高强度运动（例如马拉松长跑）可能对心血管健康产生负面影响（Nystoriak 和 Bhatnagar, 2018）。此外，若对有规律的锻炼生活方式产生了心理和生理依赖（"运动成瘾"），那么一旦有规律的运动活动暂时中止，人们就会表现出焦躁不安、内疚、紧张等一系列不健康的心理戒断反应。

（二）睡眠情况

睡眠健康包括睡眠时长、睡眠质量和睡眠时间规律性等多种衡量标准。睡眠时长和个人身体健康存在"U"形相关关系，睡眠时间过长或过短都会提高心血管疾病、冠心病、中风和糖尿病等疾病的发病风险。睡眠质量则与心理健康状况密切相关。改善睡眠质量能够有效减少抑郁、焦虑、压力、思维反刍和创伤后应激障碍等心理问题。此外，不规律的入睡或起床时间不仅会直接降低主观幸福感，还可能导致昼夜节律紊乱，危害内分泌和代谢系统健康，提高死亡率。

（三）饮食质量

全球疾病负担研究（GBD）的评估报告表明，不健康的饮食习惯造成全球每年1100万人过早死亡，相当于全球死亡总人数的1/5。大量研究证明，不良饮食会增加肥胖及其合并症的患病风险，包括高血压、糖尿病、癌症和心血管疾病等。良好饮食则会促进人体健康，例如降低身高体重指数和腰围身高比，减少疾病发生率和全因死亡率。此外，均衡饮食可以为大脑提供维持乐观情绪所需的营养，提高主观幸福感，从而极大地改善心理健康。

（四）抽烟习惯

"吸烟有害健康"已经成为人们的共识。抽烟会降低男性的生育能力，提高癌症、心血管疾病、抑郁症和精神分裂症的患病风险。若母亲在孕期或哺乳期抽烟，容易导致新生儿的身体或大脑发育不佳，甚至导致新生儿猝死，且对孩子的影响将伴其终生，例如患肥胖、哮喘、心血管疾病和学习障碍的可能性大大提高（Banderali et al., 2015）。特别需要注意的是，抽烟还会产生负外部性，使得不抽烟的家庭成员因吸入二手烟而损害身心健康。此外，"电子烟比传统香烟安全"是常见的认知误区，电子烟中同样含有尼古丁、羰基化合物和亚硝胺多种极强致癌物，不仅会增加支气管哮喘和肺部疾病的患病风险，而且比传统香烟更容易形成瘾性，吸电子烟成瘾在青少年中尤为明显。

(五) 就医选择

就医选择对健康的影响至关重要，高质量的医疗诊断和治疗技术能够提高人们的康复和生存率。其中，很多慢性疾病都可以通过早期筛查、诊断和及时治疗，有效降低发病率、残疾率和死亡率（人民网，2019）。然而，就医行为差异将进一步扩大贫穷与富裕人口、农村与城市人口的健康不平等现象。其一，弱势人群可能因为健康素养不足，担心遭遇羞耻、歧视或病情信息泄露而拒绝就医，从而转向使用本土偏方或民间治疗诊所，因而错过最佳治疗时机。例如，加纳农村地区的孕妇会频繁大量地使用草药，认为现代处方药中存在对胎儿不利的化学物质，天然草药却是绝对安全的，这大大提高了当地不良妊娠结局的发生率和严重程度。其二，弱势人群更可能居住在公共资源缺乏的地区，面临卫生基础设施投资差、管理不善、医疗卫生人员频繁缺勤及能力不足等障碍，因此难以获得所需的医疗服务，就医意愿普遍偏低。其三，医疗资源可达性也是制约就医选择的关键因素，与医疗机构的距离越远、交通便利性越差，个体越倾向于选择较低级别的医院就诊或进行自我治疗，无法利用更优质的医疗资源进行健康改善。

第二节　群体因素

一　家庭特征

（一）家庭经济状况

生命历程理论认为，生命可划分为童年期、成年期和老年期，应当从人的一生去了解其发展过程，将未来的结果追溯到生命历程的"上游"决定因素。基于健康累积劣势理论，儿童期的社会经济劣势可能与成年后的健康劣势密切相关。儿童期不利的家庭社会经济地位（SES），如家庭收入、父母受教育水平和职业地位较低，不仅会增加成年期肥胖、哮喘等多种疾病的患病率和工作致残风险，还会造成认知能力差、焦虑和抑郁等心理问题，晚年也更容易出现认知功能障碍、生活无法自理、身体机能障碍和抑郁等问题。

（二）父母教养方式

发展心理学通常从"要求"（父母是否对孩子的行为建立适当的标

准）和"反应性"（父母对孩子接受和爱的程度以及对其需求的敏感程度）出发，将教养方式分为权威型、专制型、溺爱型和忽视型四类，分别代表高要求与高反应性、高要求与低反应性、低要求与高反应性、低要求与低反应性（张皓辰和秦雪征，2019）。研究普遍认为，权威型教养方式宽严并济，比过度保护或过度放纵的教养方式更有利于儿童健康成长。而专制型和忽视型教养方式可能导致儿童暴饮暴食或营养不均衡，大幅提高肥胖率，还可能损害自尊水平，使儿童产生焦虑、抑郁、敏感、敌视等情绪障碍，提高问题行为发生率。

（三）兄弟姐妹数量

兄弟姐妹数量对个体健康状况的影响尚未达成一致结论。资源稀释理论由 Blake（1981）正式提出，认为随着家庭子女数量的增多，分配给每个子女的各种家庭内部资源就会减少，这种资源分摊对孩子的未来发展产生不利影响。Zhong（2017）的研究为资源稀释理论提供了经验证据，研究结果显示，兄弟姐妹数量对儿童生长发育存在消极影响，且这种影响会随着家庭收入的提高而下降。更进一步地，Dhamrait 等（2022）的研究发现，若兄弟姐妹出生的间隔时间较短，年长的兄、姐面临的早期发育障碍尤甚。不同于资源稀释理论，交流互动理论则认为，兄弟姐妹之间可以经常交流合作、玩耍娱乐，在成长过程中获得更多社交经历，促进心智健康发展（Perner 等，1994）。聂景春等（2016）指出，兄弟姐妹数量对儿童健康的影响是先上升后下降的。当只有一个兄弟姐妹时，交流互动效应超过资源稀释效应，儿童的健康状况优于独生子女；当兄弟姐妹较多时，资源稀释的影响更突出，儿童健康状况差于前者。

二 社区特征

（一）居住环境

社区周围的绿色空间（如公园、树林、花园等）能够通过减少有害环境暴露、促进户外锻炼、增加社会参与等方式，提高个体的心理健康状况，降低全因死亡率。相反，若社区附近有工厂在运营，其排放物会导致空气或水源污染，显著降低新生儿出生体重。居住在交通滋扰、人口密集、治安不佳的社区，也会严重损害居民的身心健康。需要注意的是，弱势群体更可能聚集在居住环境差的社区，例如中低收入国家中普遍存在大规模的贫民窟，长期营养不良和疾病多发容易导致贫民窟的儿童生长发育迟缓，这进一步加大了健康不平等现象。

（二）集体社会资本

集体社会资本是指社会、社区或者群体中，公民之间的关系网络以及体现这些网络中的规范，包括人与人之间的信任、情感、互惠、社会关系、合作网络等（张力文和高博，2022），可将其视为社区组织集体活动和推动社会规范的能力，或用社区基本公共服务水平来衡量。集体社会资本对居民健康具有促进作用。例如，集体社会资本能实现医疗保健信息的交换与共享，提高慢性病患者的健康知识水平并促进其健康行为，且对健康差异的改善有间接贡献。邻里间的互相帮助、互相关心、互惠往来，也能有效缓解农村老年人的孤独和抑郁症状，对其心理健康状况产生正向影响。特别地，在新冠疫情期间，城市社区通过组织和鼓励老年人积极参与志愿服务活动，能够帮助老年人更好地应对心理健康风险（Sun 和 Lu，2020）。

三 工作特征

（一）工作时长

工作时长的增加会对劳动者身心健康造成严重损害。在身体健康方面，长时间工作会导致劳动者压力过大、精神紧张，增加其抽烟、酗酒、饮食不规律等不健康行为，同时挤占劳动者锻炼身体、睡眠和进行休闲活动的时间，抑制疲劳恢复，最终提高冠心病、中风等心血管疾病的发病率和猝死风险。世界卫生组织（2021）指出，与每周工作 35 小时至 40 小时相比，每周工作超过 55 小时会导致中风的风险增加 35%，死于缺血性心脏病的风险增加 17%。在心理健康方面，长时间工作会提升劳动者的心理厌恶和倦怠水平，产生焦虑、抑郁等负面情绪和自杀意念，恶化心理健康状况。也有研究发现，工作时长和个人健康之间存在明显的阈值效应，只有当工作时长提高到一定量后才会对健康产生损耗（王广慧和苏彦昭，2021）。

（二）工作不安全感

工作不安全感这一概念最早由 Greenhalgh 和 Rosenblatt（1984）提出，是指劳动者在工作受到威胁的情境中，对于工作能否持续而产生的无助感。作为个体主观体验到的一种压力源，工作不安全感会严重影响心理健康，引发对个人财务状况的担忧，增加焦虑、抑郁和创伤性应激障碍，并降低生活满意度。此外，因担忧自己因病缺勤会给雇主释放健康状况不佳或工作态度不端的信号，劳动者可能会减少对医疗卫生服务的利用率,从而导致慢性疾病无法得到及时有效的治疗,不利于其身体健康。与实际的失业相比,对未来丧失工作的担忧对劳动者健康的伤害程度同样是不容小觑的。

第三节 社会因素

一 医疗卫生服务特征

（一）医疗保险

基本医疗保险制度是转移健康风险的重要工具,对于保障医疗服务公平性、促进居民健康起到重要作用。基本医疗保险能够提高个体对正规医疗卫生服务的利用率,降低大病的自负医疗支出,从而提高居民的身体健康水平。其风险分担机制还有利于降低个体的焦虑和抑郁情绪,增强对未来的信心,提高生活满意度和幸福感。但医疗保险也可能加剧健康不平等现象。一方面,低收入群体通常选择低缴费门槛的保险档次,在患病后也只能享受较低的报销水平,医疗负担仍十分沉重;另一方面,低收入群体对医疗资源的利用水平偏低,更倾向于不住院或少花销,使得政府对医疗保险的补贴更多地流向高收入群体。

（二）药品价格

过高的药品价格阻碍了药品的可及性,加重患者的经济负担,严重损害其健康权益。例如,慢粒白血病患者需长期服用一种名为格列宁药物才能维持生命,该药每盒定价约4万元,患者每年仅药费就高达40万元,绝大多数患者难堪重负（申秋红和刘鸿雁,2019）。为了提高药品的可及性,沃尔玛公司2006年在美国推出"4美元处方药"项目,数百种常见仿制药可被低价购买,其线下零售店附近的居民对降压药的使用率增加了7%,住院风险下降6.2%（Borrescio-Higa,2015）,预计该项目可使每人每年减少药物支出115美元（Zhang et al.,2011）。这意味着,随着慢性病药物价格下降,患者面临的财务约束得以缓解,可长期维持药物治疗,促进健康状况改善。

二 社会福利特征

（一）最低工资标准

最低工资标准是指在劳动者提供正常劳动的前提下，用人单位依法应当支付的最低劳动报酬，这对于保障低收入者的基本生活需要、减少收入差距和促进分配公平具有重要意义。最低工资标准对劳动者的身心健康具有一定的积极影响。例如，最低工资政策能够缓解低收入群体的财务约束，提高其对医疗服务的获取能力，同时改善个人的生活方式、锻炼习惯、饮食和居住条件等，从而促进身体健康。最低工资标准还能够减少因经济压力和生活压力导致的焦虑和抑郁等心理问题。此外，因该政策有效保障了家庭收入，孕妇能获得更有效的产前护理，使得新生儿的出生体重提高、死亡率降低。但也有研究发现，最低工资标准与工人健康之间不存在显著关联（Buszkiewicz et al., 2023），甚至会对工人（特别是失业人员）的身心健康产生消极影响（Horn et al., 2017）。

（二）养老保险

在全球人口老龄化的时代背景下，要想实现"老有所养"的蓝图，养老保险体系不可或缺。不同国家的养老保险体系存在一定的差异，其中，中国推行多层次养老保险体系，包括社会基本养老保险、企业补充养老保险、以个人养老金为代表的商业养老保险三大支柱，以实现收入平滑、保险、减贫、再分配等多个政策目标。养老保险对于促进居民身心健康具有积极影响。退休前，居民缴纳养老保险能够平抑未来不确定性的影响，放松其预算约束或弱化预防性储蓄动机，从而改善消费和健康投资决策（如增加消费、均衡膳食），提高生活幸福感和营养水平。退休后，领取养老金能够部分缓解老年人健康消费的困难，提高其对正规医疗保健服务的采纳率；还能减少老年人劳动参与，使其获得更多闲暇娱乐和锻炼时间；或者弱化代际联系，降低老年人隔代抚养参与率，这都将改善老年人的健康绩效。但是，Abruquah 等（2019）指出，高收入人口和城镇人口获取养老金的额度通常更高，使得养老保险进一步扩大了健康不平等现象，与其政策初衷不符。

第四节　自然因素

一　空气污染

空气污染是指由于人类活动或自然过程引起某些物质进入大气中，达到足够时间和足够浓度，危害人类的舒适、健康、福利或环境的现象（生态环境部，2021）。常见的空气污染物包括 SO_2、NO_2、PM10、PM2.5、CO、O_3、粉烟尘等。空气污染会导致儿童发育障碍，提高流感、慢性支气管炎、哮喘等呼吸系统疾病的患病率，造成居民健康损失，加大医疗支出负担，提高城市的人口死亡率，且上述消极影响会存在长期累计效应。在东亚和南亚，因空气污染导致劳动力早亡所产生的福祉损失相当于 GDP 的 7.5%（世界银行，2016）。此外，空气污染还会降低主观幸福感，加重紧张、无力、烦躁、抑郁等不良精神状态，给居民心理健康带来消极影响。

二　水污染

对工业和农业废水管理不当可能导致数亿人受到水体化学污染的威胁。中国是水污染最严重的国家之一，其快速工业化和城镇化伴随着相当数量的工业废水和城市生活废水未经任何处理直接排入地面水体，造成大规模的水体有机污染、有毒污染和富营养化问题。由于广泛使用未经处理的污水进行农业灌溉，中国土壤中汞、铅、镉等重金属含量严重超标，这带来严峻的食品安全挑战（Lu et al.，2015）。直接饮用被污染的地表水或地下水也将导致消化道肿瘤的发病率和死亡率大大提高，甚至产生"癌症村"等群体疾病现象。其中，低龄儿童面临的健康风险尤为严重。

三　噪声污染

噪声污染是指来自道路交通、铁路、建筑、商业或休闲活动的刺耳、长时间、高强度的声音，短期或长期暴露在噪声下都会损害人体健康和福祉。世界卫生组织将噪声污染视为继空气污染和水污染之后的第三大危害性污染。以欧盟为例，噪声污染导致每年约 1.2 万人过早死亡，造成五分之一公民的健康损失（联合国，2022）。在身体健康方面，经常接触噪声可能会导致耳鸣甚至听力丧失，以及睡眠碎片化、应激激素异常升高和大脑氧化应激增加等问题，增加心血管疾病的患病风险和死亡率。在心理健康方面，噪声污染会导致焦虑、压力、疲劳、心烦等一系列精神问题。特别地，社会经济地位较低的个体和种族更可能生活在噪声污染严重的地方，从而进一步加剧健康不平等现象。

四 气候变暖

伴随工业化进程，化石燃料大量燃烧增加了温室气体排放，地球表面温度迅速升高，极端热浪频繁出现，给人类带来极大的健康挑战。暴露在高温环境下将会导致热痉挛、热衰竭、心血管栓塞等相关疾病风险，其中，儿童、老年人、贫困人口和慢性病患者等弱势群体首当其冲。例如，在2009年极端热浪期间，墨尔本连续三天最高温度超过43°C，造成374人死亡（Hanna 和 Tait，2015）。极端天气还易引发山火、洪水、干旱、山体滑坡等自然灾害，不仅直接造成大量人口伤亡，还可能加剧食源性和水源性疾病的传播，威胁粮食安全。此外，高温也与焦虑、失智、精神分裂和抑郁症等精神疾病的发生密切相关，对个人心理健康产生不利影响。

第三章 健康人力资本的经济外部性：理论与实证

本章将从理论和实证考察健康人力资本的经济外部性。从微观个体决策、宏观经济增长、社会福利三个方面探讨健康如何对各个经济指标产生正向影响，并在本章的最后一个部分单独探讨健康人力资本的负外部性。

第一节 健康人力资本与微观个体决策

健康人力资本会影响微观个体的行为和决策。首先，在劳动力市场中，劳动者的健康状况会影响其生产率、劳动参与率和退休决策。其次，教育作为人力资本的另一种形式，也会和健康人力资本产生交互的影响。本节将从理论模型出发，推导出两种最常见的人力资本的相互影响机制。再次，个体消费储蓄决策也可能受到自身健康状况的影响，本节将健康人力资本结合到生命周期模型（Life-cycle Model）中，介绍健康和储蓄的关系。最后，除即期影响外，健康人力资本还会对个体产生长期影响，本节也将考察这种跨期影响。

一 健康人力资本与劳动力市场

（一）健康与劳动生产率

劳动生产率指的是在一定时间内，劳动力所能创造的产品或服务的价值量，用于评估效率和生产力。生产率降低主要有两个原因：旷工（absenteeism）和假性出勤（presenteeism）。旷工可以用员工不在工作岗位的时间衡量，包括因疾病或伤残导致的短期和长期请假。假性出勤则指员工虽出现身体状况但仍然在岗的情况。

Boonen 等（2010）评估强直性脊柱炎对于员工请假和假性出勤的影

响及其带来的产出损失。通过对健康与劳动调查问卷（Health 和 Labor Questionnaire，HLQ）的数据进行逻辑回归发现，相较于正常工作者，患有强直性脊柱炎的工人的病假率显著更高，并且其在正常工作和进行无薪义务工作时的表现会显著更差。此外，作者估计个人因病休假带来的生产损失约为 1451 欧元，带病工作的假性出勤成本高达 967 欧元。Goetzel 等（2010）将看医生次数、急诊科就诊次数、住院次数、缺勤天数和到岗率作为生产率的近似刻画，发现与正常体重员工相比，肥胖员工的就医次数高出 20%，急诊科就诊次数高出 26%，到岗率下降 12%。综合而言，肥胖员工给雇主带来的经济成本约为 644 欧元。

以上文献均利用员工的患病情况衡量劳动生产率，这种方法存在两个局限性。其一，很少有企业时刻追踪员工的健康状况及其带来的劳动生产率损失，因此相关数据比较难获得；其二，这类文献衡量健康与劳动生产率的相关性，而非因果性。由于健康与劳动生产率之间互为因果，即健康水平的提升会直接带来劳动生产率的提升，而劳动生产率的提升反过来会增加收入，从而增加健康人力资本投资①，进而改善健康水平。这种互为因果会带来内生性问题，导致结果产生偏误。因此，更多学者使用个体工资或收入来衡量劳动生产率，并用因果推断方法研究健康对劳动生产率的影响。

Thomas 和 Strauss（1997）构建了一个健康、生产力和劳动力参与三个内生变量的模型。然后，运用该模型评估健康对工资的影响。结果显示，身高更高的员工其工资水平更高；体重指数（BMI）更大的员工其工资水平更高，尤其对于低教育程度男性而言这种关系更为显著。这表明体力可能会给他们带来更高的工资回报。于大川和潘光辉（2013）同样意识到 OLS（Ordinary Least Sqaure）估计结果的有偏性。他们采用固定效应模型消除不随时间变化的个体异质性对健康的影响，从而减少甚至消除了内生性偏误，提高了估计结果的准确性。结果表明，近乎所有的健康测量指标都对农户的农业收入产生影响，不同健康指标的影响程度各异，其中自评健康的影响效果最为显著。

（二）健康与劳动参与率

个体进出劳动力市场的决策也与健康息息相关。同上一小节，此处

---

① 比如将更多的钱投入到运动以改善自身的健康状况。

也存在由双向因果关系带来的内生性问题。但与上一小节的处理方式不同，本小节介绍运用联立方程（Simultaneous equations）模型解决内生性。

Stern（1989）首次使用联立方程组模型解决内生性问题。Cai 和 Kalb（2006）在此基础上提出了一个用全信息极大似然估计（Full-information maximum likelihood estimation）方法，使得估计结果更有效。根据 Cai 和 Kalb（2006）的模型，第一个等式用来刻画真实健康水平（h^{**}）的决定因素：

$$h^{**} = \gamma_1 l^* + x_1\beta_1 + \epsilon_1 \tag{1}$$

其中，l^* 是潜在劳动参与意向，x_1 是外生变量的集合。

劳动参与则由下面的等式进行刻画：

$$l^* = \gamma_2 h^{**} + x_2\beta_2 + \epsilon_2 \tag{2}$$

该等式表示潜在劳动参与意向由真实的健康水平（h^{**}）和一组外生变量 x_2 共同决定，x_1 和 x_2 可能具有一些共同变量。

由于真实的健康水平无法被观测到，因此需要另一个等式来建立真实健康水平和能被观测到的、由受访者个体报告的健康水平之间的联系：

$$h^* = h^{**} + \alpha l^* + \omega \tag{3}$$

其中，h^* 表示自我报告健康的潜在测量，取决于真实的健康和劳动力参与。自我评估健康对劳动力状况的依赖性反映了自我评估健康的内生性，若 α 为正，意味着劳动力中的个体会夸大自己的健康水平。假设扰动项 ϵ_1，ϵ_2 和 ω 是联合正态分布的。

将式（1）代入式（3）中，得到：

$$h^* = \theta_1 l^* + x_1\beta_1 + \epsilon_h \tag{4}$$

其中，$\theta_1 = \gamma_1 + \alpha$，$\epsilon_h = \epsilon_1 + \omega$。在该模型中，只有 θ_1 可以被识别，而 γ_1 和 α 不能单独估计，这意味着只能估计总的内生性。

式（2）和式（3）可得到：

$$l^* = \theta_2 h^* + x_2\beta_L + \epsilon_L \tag{5}$$

$\theta_2 = \gamma_2/(1+\gamma_2\alpha)$，$\beta_L = \beta_2/(1+\gamma_2\alpha)$，$\epsilon_L = (\epsilon_2 - \gamma_2\omega)/(1+\gamma_2\alpha)$

即使假设 ϵ_h 和 ϵ_L 是独立的，h^* 和 ϵ_L 很可能相关，因为可能有一些不可观察的因素同时影响健康和劳动力参与。

内生变量相应的观测值为：

$$h = \begin{cases} 4\ (\text{非常非常好}) & \text{若}\ m_3 < h^* < m_4 \\ 3\ (\text{非常好}) & \text{若}\ m_2 < h^* \leq m_3 \\ 2\ (\text{好}) & \text{若}\ m_1 < h^* \leq m_2 \\ 1\ (\text{一般}) & \text{若}\ m_0 < h^* \leq m_1 \\ 0\ (\text{差}) & \text{若}\ m_{-1} < h^* \leq m_0 \end{cases} \quad (6)$$

其中，(m_0, m_1, m_2, m_3) 是无法观测的临界点，且

$$l = \begin{cases} 1\ (\text{在劳动力市场}) & \text{若}\ l^* > 0 \\ 0\ (\text{不在劳动力市场}) & \text{若}\ l^* \leq 0 \end{cases} \quad (7)$$

因此，式（4）至式（7）构成联立方程系统，可通过极大似然估计（Maximum Likelihood Estimation，MLE）的方法得到 $(\theta_1, \theta_2, \beta_1, \beta_L, m_0, m_1, m_2, m_3)$ 的估计值，从而测算健康人力资本对劳动参与的贡献。研究结果发现，健康的改善会导致个体更有可能进入劳动力市场，这个结论适用于年轻男性、年老男性、年轻女性和年老女性，且这种效应对于老年人和女性更为明显。

更进一步地，Cai（2010）运用改进的两阶段、全信息极大似然估计（Full-information maximum likelihood estimation）对上述模型进行改进，得到了类似的结论。Zhang 等（2009）采用类似的方法发现，在发达国家，一些慢性疾病（例如糖尿病、心血管疾病和精神疾病）会显著降低个体进入劳动力市场的概率。且这种抑制效应对于老年人来说更加明显，患有糖尿病的青年工人劳动参与率降低 3.91%，而患有糖尿病的老年工人劳动参与率下降高达 11.47%。

（三）健康与退休决策

连续性理论可以很好地解释健康对于退休时间选择的影响。该理论指出个体在整个生命周期中寻求维持稳定性（Von Bonsdorff et al.，2009），健康状况变差可能导致工作上的不连续性。换句话说，身体健康状况下降可能会阻止一个人继续工作。实证研究同样表明，较低健康水平是导致提前退休的主要原因（McGarry，2004）。

McGarry（2004）研究健康变化对退休决策的影响，发现自我报告的健康状况对工人预期退休时间有很大影响，甚至大于收入或财富变化的影响。根据 McGarry（2004）的模型，H^* 表示不可观测的、真实的、用作退休决策的健康水平，Z 表示个体特征的集合，R^* 表示由于退休给个

体带来的、无法被外界观测的净收益①。那么，在某一特定时间点，对于某一个体来说：

$$R^* = \beta_1 w + \beta_2 H^* + \beta_3 Z + u_r$$

外界无法观测到 R^*，而只能观测到：

$$R = \begin{cases} 1, & R^* > 0 \\ 0, & R^* \leq 0 \end{cases}$$

H^* 也无法观测，只能看到自报的健康水平 H：

$$H = H^* + u_h$$

其中误差项 u_r 和 u_h 独立同分布，它们可能彼此相关或与各回归因子相关。

对上述模型进行估计，可以得到健康对退休概率的影响。作者发现，如果把"非常非常好"的健康状态设为基准组，"非常好""好"以及"一般/差"的健康状态下在62岁退休的概率比"非常非常好"的健康状态下的退休概率分别高1.1%、3.2%和8.2%，即更健康的工作者退休的概率更低。

然而，笔者指出，该模型估计的 β_2 存在以下三个问题：首先，与退休决定相关的健康指标 H^* 无法直接观测，因此常使用自我报告的健康状况，而退休个体可能会对自己的健康状况做出过于负面的评估，这就导致 u_r 和 u_h 之间呈负相关。退休且 u_r 值较高的个体更有可能报告更差的健康状况，并且其 u_h 较低。因此，用 H 代替 H^* 时，等式右侧变量和误差项之间存在相关性；其次，健康和劳动力状况可能互为因果，即存在内生性问题。在这种情况下，H^*（或 H）是 R 的函数，即 $H^* = H^*（R, \eta）$（η 为影响健康而不影响就业状况的因素），这种关系同样也导致误差项与右侧变量之间的相关性；最后，u_r 项中可能存在其他未观察到的个体特定效应，这些效应也会导致估计方程中的偏差。

二 健康人力资本与教育决策

教育作为人力资本的一种形式，是否会受到健康的影响？健康对教育决策具有挤出作用还是促进作用？它们的交互关系又是怎样的？本小节将用 Becker（2007）的理论模型来解释以上问题。

Becker（2007）构建了一个两期模型，其中两期分别用第0期和第1

---

① 注意 R^* 是一个连续变量。

期表示。在两期里,消费者做出消费 x_i 和闲暇 l_i 的决策①,获得工资 w_i。教育决策只在第 0 期做出,教育投资用 E 表示。由于教育会提高工资水平,所以第 1 期的工资水平 $w_1(E)$ 是一个与第 0 期教育投资相关的函数,且 $w'_1>0$。

从第 0 期存活到第 1 期的概率为 S_1。一方面,存活率受到健康人力资本 h 的影响②,越健康的个体存活率越高,即 $\partial S_1\partial h>0$。另一方面,教育也会提高个体存活率,大量文献表明,受过教育的人会通过看更好的医生、更经常地服用处方药、吃更有营养的饮食等方式更好地保持健康,即 $\partial S_1\partial E>0$。因此,此两期模型的预期效用函数可写作:

$V=u_0+\beta S_1(h,E)u_1$

其中,u_i 表示第 i 期由消费 x_i 和闲暇 l_i 所带来的效用,β 表示效用的贴现率。

两期总的预算约束为:

$x_0+S_1x_1/(1+r)+E+g(h)=w_0(1-l_0)+S_1w_1(E)(1-l_1)/(1+r)$

其中,$g(h)$ 表示健康支出,且 g 是一个凸函数:$g'>0$,$g''\geq 0$。

解此最优化问题,得到关于 x_i,l_i,h 和 E 的一阶条件。此处重点考察关于教育投资 E 的一阶条件:

$$\frac{S_1w'_1(E)(1-l_1)}{1+r}+\frac{\beta\partial S_1/\partial E u_1/u_{1x}}{1+r}=1+\frac{\partial S_1/\partial E[x_1-w_1(1-l_1)]}{1+r} \quad (8)$$

等式 (8) 的左边表示教育投资带来的收益。其中,第一项表示教育提高工资水平带来的收益,第二项表示教育通过提高第二期存活率带来的效用。右边表示教育投资的成本,第一项是一单位教育投资所需的金钱成本,第二项是由于投资教育增加了第二期存活率从而增加第二期支出所需的额外资源。该等式表明,教育水平可以通过两个渠道提高个体的预期寿命,其一,教育支出产生的财富效应可以提高个体的医疗支出,从而提高其生存率;其二,教育还通过提高个体在健康方面的投资效率(看更好的医生、拥有更好的生活习惯和健康相关信息),从而提高其生存率。

不少实证研究证明了健康对教育的影响。例如,Sabia(2007)基于 14—17 岁青少年样本的研究发现,较高的体重指数与白人女性较低的

---

① 另外,此模型还将个体在每一期拥有的时间规范化为 1。
② 可将 h 看作是看医生的次数、在医疗保健上的消费等。

GPA 相关，但这个结果不适用于非白人女性或男性。Rees 和 Sabia（2011）发现，偏头痛会导致 GPA、高中毕业和大学入学下降。Webbink 等（2012）使用 1964—1971 年澳大利亚双胞胎登记册的数据进行研究，发现儿童行为障碍导致高中毕业可能性下降 5%—16%，被逮捕可能性增加 100%—228%。

近年来，遗传经济学的创建为经济学家提供了更多研究方法。例如，Ding 等（2009）率先采用遗传信息作为特定健康障碍的工具变量进行研究。他们收集了弗吉尼亚州北部约 2000 名学生九年级至高中毕业的纵向数据，并使用口腔拭子提取学生的遗传标记。通过将注意力缺陷多动障碍、抑郁症和肥胖症等遗传标记作为健康状况的工具变量，发现抑郁症和肥胖症均导致女性 GPA 下降 0.45 分（相当于一个标准差），而男性结果则没有显著影响。

三 健康人力资本与储蓄决策

储蓄率决定一个人当前的消费水平和年老时的消费水平，其对老年人福利、经济增长和消费量的最优配置有着重要意义。经济学家常用生命周期模型（Life-cycle Model）来刻画个体的储蓄决策。本小节基于 Bloom 等（2003）的生命周期模型解释健康在储蓄决策中的作用。

假设个体最大化其终生效用：

$$\int_0^T e^{-\delta t} U(c_t, l_t, h_t) \mathrm{d}t,$$

其中 c 为消费，l 为闲暇，h 为健康，δ 为贴现率，t 为年龄。

假设健康的时间路径是外生给定的，消费和闲暇的路径满足以下限制：

$$c_t \geq 0,\ 1 \geq l_t \geq 0,\ W_T \geq 0$$

其中，W_T 是财富存量。其满足：

$$\frac{\mathrm{d}W_t}{\mathrm{d}t} = rW_t + (1-l_t)w_t - c_t,$$

其中，工资 w_t、利率 r、初始财富存量 W_0 外生给定。

假设效用函数 U 在每个自变量都是递增且严格凹的，结合汉密尔顿方程和最大值原理，可以解得上述最优化问题所对应的消费和闲暇的最优路径为：

$$\frac{dc}{dt} = \frac{(r-\delta)\frac{dU}{dc} + \frac{d^2U}{dcdl}\frac{dl}{dt} + \frac{d^2U}{dcdh}\frac{dh}{dt}}{-\frac{d^2U}{dc^2}} \tag{9}$$

$$\frac{dU}{dl_t} = w_t \frac{dU}{dc_t} \quad \text{当 } 0<l<1; \quad \frac{dU}{dl_t} \geq w_t \frac{dU}{dc_t} \quad \text{当 } l=1; \quad \text{则} \frac{dU}{dl_t} \leq w_t \frac{dU}{dc_t} \quad \text{当 } l=0 \tag{10}$$

由式（9）和式（10）决定的最优消费—闲暇路径为 (c_t^*, l_t^*)，则净财富的时间路径为 W_t^*。假设满足：$W_t^* \geq 0$，即假定个体永远不会为了消费而欠债。此外，$\frac{dc_t^*}{dW_0} \geq 0$，$\frac{dl_t^*}{dW_0} \geq 0$，即假定消费和闲暇都是正常品（normal goods），初始财富的增加在任何时候都会增加消费和闲暇。X 可以证明，若 $W_0 = 0$，且两个假设都成立时，寿命延长会提高每个年龄段的储蓄率①。其中储蓄率的定义如下：

$$s_t = \frac{y_t - c_t}{y_t}, \text{ 其中 } y_t = rW_t + (1-l_t)w_t \tag{11}$$

四 健康的长期影响

首先，年幼个体受到的营养冲击会对其产生长期的影响。Almond 和 Mazumder（2011）用双重差分法发现，由斋戒月带来的营养冲击会使得成年后残疾的概率提升 22%，未来的财富减少 2.6%；Almond 等（2015）同样运用双重差分法，发现这种营养冲击会使得成年后的数学成绩、阅读能力和写作能力显著下降。其次，母亲怀孕时受到的精神压力也有可能影响腹中胎儿长大后的表现。Aizer 等（2016）利用同一母亲生下的不同孩子来控制家庭固定效应，研究发现，接触过皮质醇的个体至少会比其兄弟姐妹晚 1 年开始接受学校教育。Persson 和 Rossin-Slater（2014）研究母亲在怀孕时经历家人过世对孩子的影响，发现相较于其他孩子，这类孩子的精神健康更差，成年后的收入也更低。

此外，幼年患病可能也会对成年的状况产生影响。Bhalotra 和 Venkataramani（2015）的研究发现，婴儿时期没有得过肺炎的个体比得过肺炎的个体在成年后的受教育年限平均高 0.1 年，完成大学学业的概率

---

① 具体证明过程见 Bloom 等（2003）。

平均高 1.2%，就业率平均高 1.5%，收入平均高 1.5%。Baird 等（2011）基于肯尼亚 8—15 岁儿童样本的研究发现，如果一个孩子除掉寄生虫，其成年后报告健康状态为"好"的概率将增加 4.1%，受教育年限增加 0.3 年，工作时长增加 12%，工资平均上涨 3.8%。Beach 等（2016）研究年幼时因水中病菌感染伤寒对成年后教育和工资的影响，结果发现，避免这种伤寒能使成年后收入平均增加 9%，而对受教育水平则无显著影响。

最后，幼年时由环境污染造成的健康恶化会对个体产生长期影响。Black 等（2014）研究胎儿时期受到核辐射对智商、收入和教育的影响，发现地面辐射接受量每增加一单位，男性智商测试的分数下降 0.04（2%）、男性受教育年限下降 0.08 年（1%），而对成年后收入和身高的影响比较微弱。Isen 等（2017）发现幼年早期受到 1970 年《清洁空气法案》（Clean Air Acts，CAA）影响的个体，其成年后的终生收入比未受到法案影响的个体平均高出 4300 美元（以 2008 年美元为基准）。

第二节　健康人力资本与宏观经济增长

本节探讨健康人力资本与宏观经济增长的关系，分为理论和实证两个方面。在理论部分，通过将健康作为人力资本的一种形式融入新古典增长模型中，考察健康对于经济增长的作用。在实证部分，则会较为广泛地介绍当前学术界的相关实证研究。

一　理论研究

Barro（1996）是将健康人力资本融入新古典增长模型中的开创性研究之一。该研究的关键点在于探讨健康人力资本与经济增长之间的双向因果关系，即健康在多方面促进经济增长，而反过来，经济增长也进一步促进了健康资本积累。

在这个基本模型中，健康被视为一种私人物品（private good）[①]，由个人自行投资，健康支出包括医院就医费用、未受补贴的药品购买、投

[①] Barro（1996）还讨论了当健康是私人物品时政府的作用，也讨论了当健康是公共品（public good）时等多种拓展情形，此处只对基础的情形予以介绍，更多的拓展详见该文献。

入于锻炼和营养的时间和金钱等。该模型考虑了健康对生产率的直接影响，即在固定的劳动时间、物质资本、学历和工作经验下，健康的改善如何提高工人的生产率。此外，模型还考虑健康的间接影响，即健康的改善通过降低死亡率和疾病率减缓人力资本的有效折旧速度，增加人力资本需求，从而间接提高生产率。

产出 Y 由物质资本 K、受教育程度 S、健康状态 H、工作时长 L 决定。假设生产函数为柯布-道格拉斯生产函数：

$$Y = A \cdot K^\alpha S^\beta H^\gamma (Le^{xt})^{1-\alpha-\beta-\gamma}$$

其中，$\alpha>0$，$\beta>0$，$\gamma>0$，$0<\alpha+\beta+\gamma<1$。假设四个投入的规模报酬是恒定的，且要素投入的收益递减。参数 $A>0$ 是外生给定的技术水平，$x \geq 0$ 是外生决定的劳动增强型技术进步。特别地，此处除了常规的投入——物质资本、劳动力、教育人力资本之外，还引入了劳动者的健康 H，这种健康人力资本会影响劳动者的精力、努力程度和可靠性等。

将上式两边同时除以有效劳动力投入量 Le^{xt}，得到：

$$\hat{y} = A \cdot \hat{k}^\alpha \cdot \hat{s}^\beta \cdot \hat{h}^\gamma$$

其中 $\hat{y} \equiv Y/Le^{xt}$，$\hat{k} \equiv K/Le^{xt}$，$\hat{s} \equiv S/Le^{xt}$，$\hat{h} \equiv H/Le^{xt}$。人均产出和人均资本分别用 y、k、s、h 来表示。假设代表性消费者在无限期内最大化自己的效用，最优化目标由下面的函数给出：

$$U = \int_0^\infty \left(\frac{c^{1-\theta}-1}{1-\theta}\right) \cdot e^{nt} e^{-\rho t} dt$$

其中，c 是个人消费，$\rho>0$ 是恒定的时间偏好，$\theta>0$ 是恒定的边际效用弹性，$n>0$ 代表外生且恒定的家庭人口增长率。

三种资本的投资量由下面三个式子分别给出：

$$\dot{\hat{k}} = \hat{\iota}_k - (\delta+x+n) \cdot \hat{k}$$

$$\dot{\hat{s}} = \hat{\iota}_s - (d+x+n) \cdot \hat{s}$$

$$\dot{\hat{h}} = \hat{\iota}_h - (d+x+n) \cdot \hat{h}$$

其中变量上面打点表示该变量对时间的微分。$\delta>0$ 为外生给定的物质资本的折旧率，$d>0$ 是健康和教育人力资本的折旧率。消费者的预算约束为：

$$\hat{y} = \hat{c} + \hat{\iota}_k + \hat{\iota}_s + \hat{\iota}_h$$

一个重要的假设是人力资本所对应的折旧率 d 是一个关于健康人力

资本 h 的减函数：

$$d=d(h) \tag{12}$$

也就是说，更好的健康状况会降低未来人力资本的折旧率，这是符合直觉的。进一步假设，折旧率 d 关于 h 的二阶导为正，即 $\partial d/\partial h$ 是关于 h 的增函数。此外，还假设 d 有一个正的下界 d_0。由于一个人死亡或疾病不会直接影响工厂里的机器和建筑，因此物质资本的折旧率 δ 和健康人力资本 h 无关。消费路径由下面的等式给出，此式也常被称作欧拉等式：

$$g_c \equiv \frac{\dot{c}}{c} = \frac{1}{\theta} \cdot (\alpha A \cdot \hat{k}^{\alpha-1} \cdot \hat{s}^{\beta} \cdot \hat{h}^{\gamma} - \delta - \rho)$$

在给定了消费者效用函数的情况下，上式说明消费的跨期替代率应该和回报率相等。用来刻画三种资本之间关系的一阶条件可写作：

$$\alpha A \cdot \hat{k}^{\alpha-1} \cdot \hat{s}^{\beta} \cdot \hat{h}^{\gamma} - \delta = \beta A \cdot \hat{k}^{\alpha} \cdot \hat{s}^{\beta-1} \cdot \hat{h}^{\gamma} - d$$

$$= \gamma A \cdot \hat{k}^{\alpha} \cdot \hat{s}^{\beta} \cdot \hat{h}^{\gamma-1} - (s+h) \cdot \frac{\partial d}{\partial h} - d \tag{13}$$

该等式说明，在最优决策下，物质资本的边际回报率、教育的边际回报率和健康的边际回报率相等。对教育的边际回报率来说，由式（12）可知，健康水平 h 提高会导致人力资本折旧率 d 下降，从而提高投资教育的边际回报率。对健康的边际回报率来说，健康可以通过影响人力资本折旧率来影响回报率，即提高 h 会导致 d 减小，从而提高健康的边际回报率。但是，健康人力资本投资存在边际效应递减[①]，即随着 h 的提高，健康的边际回报率的增长速度会有所减缓。另外一个很有趣的结论是，由于 h 的增加会导致 d 减小，从而使得教育人力资本与物质资本之比，以及健康人力资本与物质资本之比同时增加，即 s/k 和 h/k 会随着经济发展而上升。同时，当经济体变得更加富裕时，s/y 和 h/y 也将增加，意味着教育和健康在收入更高的地区会变得相对更重要。考虑整个系统的稳态，如果人力资本折旧率 d 确实如上述变化，那么这个模型最终将渐进地接近稳态。此时，d 向 d_0 趋近，$\hat{y}$、$\hat{k}$、$\hat{s}$ 和 $\hat{h}$ 都稳定为常数，人均变量 y、k、s 和 c 都将以恒定的增长率 x 增长。

还有许多学者对健康人力资本和经济增长的关系进行了拓展性研究。例如，张芬等（2012）使用 OLG 理论框架进行分析，发现在经济发展过

[①] 通过（13）式最后一部分的 $\hat{h}^{\gamma-1}$，且 $0<\gamma<1$ 可以看出。

程中，存在资本"门槛效应"，即只有当人均资本量突破了某个最低限制后，经济体才有可能达到平衡增长路径（Balanced Growth Path，BGP）。因此，在经济发展的初期，政府应当加大健康投资力度，从而尽早突破人均资本量的门槛限制。此后，政府应当减少健康投资，转而通过引导人们储蓄和私人健康投资来促进经济发展。

二 实证研究

宏观经济学家不仅在理论上分析了健康人力资本对于经济增长的重要作用，同时，也实证证明了健康在宏观经济增长中的正向促进作用[①]。

（一）从计量模型出发：约简型

有学者直接通过计量模型来验证健康人力资本和经济增长的关系。如王弟海等（2008）[②] 用一组回归模型对健康人力资本与经济增长的理论进行验证：

$$g_{it}^y = a + a_1 h_{it} + a_4 g_{it}^p + u_{it}$$

$$g_{it}^y = a + a_1 h_{it} + a_2 x_{it} + a_4 g_{it}^p + u_{it}$$

$$g_{it}^y = a + a_1 h_{it} + a_3 g_{it}^h + a_4 g_{it}^p + u_{it}$$

$$g_{it}^y = a + a_1 h_{it} + a_2 x_{it} + a_3 g_{it}^h + a_4 g_{it}^p + u_{it}$$

其中，g_{it}^y 表示人均 GDP 增长率，h_{it} 表示人均健康投资水平，x_{it} 表示健康人力资本存量同物质资本存量之比，g_{it}^h 表示健康投资增长率，g_{it}^p 表示人均物质资本增长率。回归结果表明，健康投资增长率（g_{it}^h）同经济增长率（g_{it}^y）存在显著的正相关关系；健康投资（h_{it}）同经济增长率（g_{it}^y）的关系有时显著为正，有时为负但不显著，说明健康投资对经济增长存在正效应；健康人力资本和物质资本之比（x_{it}）同经济增长率（g_{it}^y）的关系显著为负，说明当健康人力资本积累到一定程度后，健康投资对经济增长存在负效应。总的来说，健康投资对经济增长是否有促进作用取决于以上两种效应的加总。

（二）从理论模型出发：结构型

有的学者从理论模型的预测结果出发，对融入了健康人力资本的宏观经济增长模型进行验证。例如，Mankiw 等（1992）首次在索洛增长模

---

① 有关健康对宏观经济增长的负向影响和弱影响，会在第四节中单独介绍。
② 该文献先基于具有 Arrow-Romer 生产函数和 Grossman（1972）效用函数的内生增长模型，讨论健康人力资本和健康投资对物质资本积累和经济增长的影响，然后进行实证检验。

型（Solow Model）的基础上引入人力资本，提出了著名的 MRW 增长模型[①]。Knowles 和 Owen（1995）在此基础上，首次将健康人力资本和教育人力资本区分开来，并将寿命作为健康人力资本的近似变量融入 MRW 模型中，结果发现，健康人力资本和人均收入之间存在稳健的正向关系，且当教育和健康同时作为人力资本时，教育人力资本对经济增长的正向贡献明显减弱。但是，由于无法获得相关跨国变量的工具变量，因此无法推断健康人力资本和经济增长的因果关系。尽管如此，该研究依然为后续学者的实证研究奠定了基础。

杨建芳等（2006）采用类似于 Knowles 和 Owen（1995）和 Barro（1996）的方法，构建了一个内生增长模型，研究包括健康人力资本和教育人力资本在内的生产要素对经济增长的影响。结果发现：健康人力资本对经济增长的贡献率为 4.6%，小于教育人力资本（12.1%）和物质资本（58.2%）对经济增长的贡献率。该研究对于探究健康人力资本对中国经济增长的影响具有开创性意义。

（三）从加总生产函数出发

另有学者从加总生产函数的角度出发，探究健康人力资本通过影响生产部门中的各种生产要素从而影响产出。例如，Bloom 等（2004）从一个融入了健康人力资本的加总生产函数入手，尝试衡量健康对劳动生产力的加总影响。加总生产函数由生产效率（全要素生产率）和生产要素投入（物质资本、劳动力、健康人力资本、教育人力资本和工作经验）构成。具体形式如下：

$$Y = AK^{\alpha}L^{\beta}e^{\Phi_1 s + \Phi_2 exp + \Phi_3 exp^2 + \Phi_4 h}$$

其中，Y 是产出，A 是全要素生产率（TFP），K 是物质资本，L 是劳动力，人力资本由三个部分组成：受教育年限 s，工作经验 exp 及其平方项，健康水平 h（用预期寿命表示）。该总生产函数形式的优点在于，能够刻画取对数后的工资水平和教育年限、经验及其平方项、健康状态的关系，这与微观研究中通常估计的关系是一致的。等式两边同时取自然对数可得：

$$y_{it} = a_{it} + \alpha k_{it} + \beta l_{it} + \Phi_1 s_{it} + \Phi_2 exp_{it} + \Phi_3 exp^2 + \Phi_4 h_{it} \tag{14}$$

---

① 也称作拓展的索洛模型——MRW augment Solow's (1956) neoclassical growth model。

其中，y_{it}，k_{it}，l_{it} 分别为 Y_{it}，K_{it}，L_{it} 的对数形式。

由于实际全要素生产率 a_{it} 无法被直接观察，因此用下式对其进行估计：

$$a_{it} = a_i^* + a_t^* + v_{it} \tag{15}$$

$$v_{it} = \rho v_{i,t-1} + \epsilon_{it} \tag{16}$$

其中，$0<\rho<1$，ϵ_{it} 是随机冲击。当给定国家特定水平 a_i^* 和世界技术前沿水平 a_t^* 时，每个国家都有全要素生产率的稳态水平。实际全要素生产率 a_{it} 与稳态水平的偏差为 v_{it}，这种偏差可能是持续的，但随着时间的推移，全要素生产率 a_{it} 将以 $1-\rho$ 的速度收敛到稳态。

将（14）式对时间取一阶差分，并将式（15）和式（16）代入，得到：

$$\Delta y_{it} = \Delta a_t + \alpha \Delta k_{it} + \beta \Delta l_{it} + \Phi_1 \Delta s_{it} + \Phi_2 \Delta exp_{it} + \Phi_3 \Delta exp_{it}^2 + \Phi_4 \Delta h_{it} + (1-\rho)$$
$$(a_{i,t-1} + \alpha k_{i,t-1} + \beta l_{i,t-1} + \Phi_1 s_{i,t-1} + \Phi_2 exp_{i,t-1} + \Phi_3 exp_{i,t-1}^2 +$$
$$\Phi_4 h_{i,t-1} - y_{i,t}) + \epsilon_{it}$$

该式表明，产出的增长可以分解为四个组成部分：世界全要素生产率 a_t 的增长、投入的增长、追赶项（国家全要素生产率以 $1-\rho$ 的速度收敛到稳态）以及对该国全要素生产率的特殊冲击。基于该式的估计结果显示，如果假设每个国家全要素生产率的稳态水平相等，那么平均来看，寿命每增加一年，产出将增加 1%。

Cole 和 Neumayer（2006）同样运用生产函数进行研究，但与上篇文献的区别在于，作者认为健康通过影响全要素生产率从而影响产出。首先，作者运用柯布-道格拉斯生产函数对全要素生产率进行估计：

$$Y = AK^\alpha H^\delta L^\beta$$

$0<\alpha<1$，$0<\delta<1$，$0<\beta<1$

其中，Y 是实际 GDP，A 是全要素生产率（TFP），K 是物质资本，H 是健康人力资本，L 代表劳动力。

将上式两边同时除以 L，用对应的小写字母表示人均变量，再取对数可得：

$$lny = lnA + \alpha lnk + \delta lnh + (\alpha + \beta + \delta - 1) lnL$$

将其转化为可进行回归估计的方程：

$$lny_{it} = \Phi_i + \alpha lnk_{it} + \delta lnh_{it} + (\alpha + \beta + \delta - 1) lnL_{it} + \epsilon_{it} \tag{17}$$

其中，$\Phi_i + \epsilon_{it}$ 同上式中的 lnA，可以用来估计全要素生产率。

下一步，用下式估计全要素生产率的决定因素：

$$lnTFP_{it} = \gamma_i + \delta_t + \theta_1 lnX_{it} + \theta_2 lnTRAD_{it} + \theta_3 lnINFL_{it} + \theta_4 lnAGR_{it} + \epsilon_{it} \qquad (18)$$

其中，X 是健康指标[①]，TRAD 是贸易开放程度，INFL 是通货膨胀率，AGR 是农业占 GNP 的比重，下标 i 和 t 分别表示国家和年份。

利用式（17）和式（18）进行估计发现，其他因素相同时，营养不良率每增加 1%，TFP 会下降 17%—21%；疟疾感染率每增加 1%，TFP 下降 58%—106%；卫生饮用水的使用每下降 1%，TFP 会下降 9%—63%。

第三节　健康人力资本与社会福利

上一节介绍了健康人力资本如何影响宏观经济增长。然而宏观经济增长，即 GDP、人均收入等指数的改善，并不意味着社会福利的改善。例如，经济增长可能仅仅是由少部分具有较高教育水平、高劳动生产率的个体带动的，如果底层群众对经济增长的贡献几乎为零，则意味着经济增长可能会进一步加大贫富差距。其次，犯罪率作为社会和谐安定的一个重要考量因素，是否会受到健康人力资本的影响？此外，由于 GDP 的衡量标准所限，客观数据所反映的 GDP 的持续增长并不能代表个体的主观幸福感提升，那么健康人力资本到底能否提升人们的幸福感呢？本节将从贫困问题、犯罪率与幸福感三个维度探讨社会福利与健康人力资本的关系。

一　健康与贫困

诺贝尔经济学奖获得者 Amartya Sen 强调，贫困的主要原因在于贫困人群的人力资本不足。由于健康水平低下，他们的收入创造能力和机会受到剥夺。《1990 年世界发展报告》发布的数据表明，在发展中国家，投资教育、医疗卫生以及营养健康领域取得了显著效果。健康人力资本作为人力资本的一个重要组成部分，对于经济增长的作用可能大于教育人力资本（Mankiw et al., 1992）。因此，提高健康人力资本被认为是长期反贫困战略的关键举措，同时也是世界银行推崇的重要减贫手段。

有学者探究了健康对收入不平等的影响。例如，Bloom 和 Canning（2000）观察到疾病与贫困常常相互关联，通过向低收入人群提供医疗卫

[①] 在 Cole 和 Neumayer（2006）中，作者用疟疾、营养不良和健康饮用水作为健康指标。

生公共服务，可以改善收入结构，减少贫困，有助于低收入人群走出贫困陷阱。通过对31个国家数据的实证分析，他们发现国家预期寿命的提升将在未来25年内促进经济增长，降低收入不平等程度。

大量研究结果已经证实，身体和心理健康问题都可能导致贫困。例如，Bleakley（2010）的研究发现，较差的身体健康和贫困强相关。而心理健康也对贫困起到重要的决定作用，抑郁、焦虑等心理疾病会降低人们的收入和就业。同时，大量实验研究显示，治疗心理疾病对于解决贫困问题起到重要作用。Lund等（2019）将31项发展中国家的随机对照试验结果进行综合分析，结果表明，药物治疗和心理治疗对劳动供给产生了积极效应（0.1至0.15个标准差），而将这两种治疗方法结合使用将产生更大效果（0.34个标准差）。在印度进行的一项廉价且可扩展的认知行为疗法试验中，与对照组相比，处理组的抑郁症减少了25个百分点，进而使每月报告的工作日增加了2.3天。尽管这些研究并未直接表明心理疾病治疗降低了贫困率，但更高的劳动供给和收入显然会降低陷入贫困的可能性。

根据中国国家卫生服务调查的数据显示，疾病或受伤是导致农村地区人口陷入贫困的重要原因之一。因病致贫风险比例在1998年为23.1%，在2003年上升至33.4%，随后在2008年飙升至37.8%。特别值得关注的是西部地区，诸如陕西、云南、青海和甘肃等省份，因病致贫风险或因病返贫风险的比例高达50%甚至更高。更令人忧虑的是，健康人力资本的缺少可能会导致贫困进一步恶化，从而造成贫困代际传递的恶性循环。

刘生龙和李军（2012）对中国农村贫困现象进行了深入探究，发现随着健康状况的改善，居民的劳动参与显著增加，贫困情况明显减少。同时，相较于城镇居民和青壮年农村居民，健康对农村老年居民的贫困影响更加显著。此外，研究还表明，健康状况的改善能够提高农村老年居民的福利比率。基于这些发现，研究者强调，加强农村地区健康基础设施和医疗保障的投资，是减轻农村老年贫困问题、应对中国未来人口老龄化的重要策略之一。刘欢（2017）利用中国农村贫困家庭的相关数据进行实证分析，发现养老保险、受教育年限、"新农合"以及其他医疗保险与家庭人均年收入呈显著正相关，说明医疗保险政策的实施能够有效缓解农村家庭的贫困问题。

二 健康与犯罪率

大量的研究探讨了精神障碍与暴力和犯罪行为之间的关系。其中，一项重要的研究，麦克阿瑟暴力风险评估研究（The MacArthur Violence Risk Assessment Study），比较了出院的精神疾病患者与同社区人群的暴力发生率（Monahan et al.，2001）。研究发现，患有精神疾病且伴有物质滥用障碍的人群更容易发生暴力行为，这表明精神疾病通过增加物质滥用的可能性间接影响了暴力行为。Swanson 等（2006）分析了来自 24 个州 57 个临床点的 1400 多名成年精神分裂症患者数据，发现约有 19% 的人在过去 6 个月中发生过暴力行为，这一比率远高于普通人口的预期水平。

此外，健康相关行为也可能与犯罪产生关联。其中，特别引人关注的是饮酒行为。Toomey 等（2012）发现，酒类销售点密度与各种暴力犯罪结果之间存在显著正相关。根据作者估计，在社区总销售点密度增加 20% 的情况下，各类犯罪可能会增加 3.9% 至 4.3%；细分酒类销售点的结果显示，酒吧等消费场所密度与暴力犯罪结果之间也都是显著正相关的，且其强度与总销售点密度的关联相当。

除饮酒行为外，毒品使用也是与犯罪紧密关联的健康行为。Hucklesby 等（2007）在 2004 年 5 月至 2005 年 7 月，针对 1828 名特定甲类药物[①]检测呈阳性的样本进行研究，发现除 18 人外，其余均有犯罪记录。其中 1089 人有超过 50 次的犯罪记录，平均犯罪次数为 170 次，首次犯罪和研究时间的平均间隔为 14 年。Bennett 等（2008）发现，与非吸毒者相比，吸毒者的犯罪率高出 2.8 倍至 3.8 倍。此外，还有学者评估禁毒政策对短期和长期犯罪率的影响。如 Dobkin 和 Nicosia（2009）评估了 20 世纪 50 年代美国政府控制冰毒政策的效果，发现政策实施后，冰毒的价格翻了两番，纯度从 90% 下降到 20%，被捕者中的冰毒使用减少了 55%，重罪级别的冰毒逮捕减少了 50%。但是，没有证据表明暴力和犯罪有实质性的减少。并且，该政策仅带来了短期效果，而长期效果并不显著——冰毒价格在四个月内恢复到原始水平，纯度、治疗入院和逮捕在十八个月内恢复至干预前的水平。

三 健康与幸福感

幸福感涵盖了日常生活的方方面面，是社会福利的重要指标。高收

---

① 主要为鸦片类、可卡因类药物。

入、和谐的家庭和社会关系、较小的工作压力等都是幸福感的重要来源。健康也是影响幸福感的主要因素之一。良好的心理和身体健康有助于提高幸福感，而心理和身体疾病则会降低幸福感。

大量的研究证实，心理健康会影响人们的幸福感。有的学者运用受访个体的自评生活满意度作为幸福感的代理变量。例如，Helliwell 等（2012）研究了生活满意度的影响因素，发现在所有影响因素中，最重要的三个因素分别是八年前的病态水平（估计系数为-0.23）、八年前的一般健康状况（估计系数为 0.10）和当前收入（估计系数为 0.10），即使将心理健康数据更改为 16 岁时的测量结果，其对 34 岁时生活满意度的影响也几乎与当前收入一样大。心理健康除了可以直接影响幸福感外，还会通过影响个体当前的其他指标间接地影响幸福感。Dunn 和 Layard（2009）研究发现，青少年时期患有心理疾病的人更有可能经历低收入、失业、犯罪、青少年怀孕、身体疾病和教育成绩不佳等情况。而这些情况又将进一步降低他们的幸福感，甚至影响社区其他成员的幸福感。

另一方面，身体健康状况对幸福感也会有非常大的影响。Helliwell 等（2012）基于面板数据的研究发现，自我报告的身体健康状况和生活满意度有着非常显著的正向关系。还有一些学者使用更客观的指标，例如就医次数、住院天数或残疾来度量健康水平。Oswald 和 Powdthavee（2008）运用面板数据比较个体在残疾前后的生活满意度差异。在 1—7 分的生活满意度尺度上，严重残疾导致生活满意度下降 0.6 分，中度残疾导致生活满意度下降 0.4 分。该研究还发现，残疾人能够逐渐适应残疾状态，这意味着在过去三年中一直残疾的人在生活满意度方面受到的影响比最近残疾的人小。

第四节　健康人力资本的负外部性

从上文的介绍中可以知道，健康人力资本无论对个体决策、宏观经济增长还是社会福利都起到一定的正向促进作用。但从另一方面来看，健康人力资本也可能带来经济负外部性。这一节的经典理论研究显示，健康人力资本会通过挤出物质资本积累从而抑制经济增长，且健康投资还可能带来多重均衡，从而使得初始资本存量较少的经济体陷入贫困陷阱。在一些实证研究中，宏观经济学家也从多个角度、多种方式说明健康人力资本可能对经济增长没有显著的正向促进作用，甚至在一些情况下会产生阻碍作用。

一 理论研究

Van Zon 和 Muysken（2001）在 Lucas（1988）内生增长模型的基础上，假设好的健康能够保证劳动力，并将健康人力资本纳入宏观经济增长模型的基本框架。研究发现：好的健康能够保证人力资本和劳动力的有效供给，从而通过提高生产效率促进经济增长；同时，人均产出的增加意味着人均收入的增加，个体会增加在医疗健康部门上的投资，从而挤出部分物质资本投资，进而抑制经济增长；此外，健康水平提升也意味着个体寿命增长带来人口老龄化问题，即老年人口比例增加，有效劳动力比例下降，从而抑制经济增长。

健康人力资本的引入可能伴随着多重均衡和贫困陷阱问题，许多学者对此进行了深入探究。例如，Chakraborty（2004）采用 OLG 模型，把死亡率作为健康水平的近似将其内生化，从而证实了包含健康人力资本的经济增长模型中存在多重均衡。Hemmi 等（2007）发现个体的初始收入会极大地影响其预防性储蓄决策：当个体收入水平在某个临界点以下时，个体不会选择为老年阶段进行健康相关的储蓄；而当个体收入在此临界点之上时个体会选择储蓄，这种健康储蓄决策和收入的关系也印证了多重均衡和贫困陷阱的存在。王弟海等（2010）在传统的拉姆齐模型（Ramsey Model）中纳入健康人力资本后发现：健康对经济增长的影响以及健康人力资本和物质资本的关系对健康部门生产函数的具体形式及其参数选取非常敏感，在一些函数形式和参数下，经济体可能存在多重均衡，即不同初始资本存量的经济体可能拥有不同的发展路径，收敛于完全不同的稳态，导致落后地区和发达地区之间的差异会稳定地扩大。王弟海（2012）引入健康消费水平的最低限制[①]，说明福格尔型（Fogel）健康人力资本在影响经济发展的过程中存在多重均衡。具体来说，初始健康水平较低的经济体会陷入低水平均衡，并且会陷入"低产出——低消费——低健康人力资本——低劳动生产力"的恶性循环。这一发现具有很强的政策指导意义：对于陷入贫困陷阱的国家或者地区，想要挣脱

---

① 即当个人在食物和营养方面的消费达到门槛限制时，个体才具有一定的劳动能力。

此陷阱，需要外界进行持续的经济援助，或者对物质资本、消费和健康人力资本进行针对性援助，直到其走出贫困陷阱为止。

二 实证研究

Acemoglu 和 Johnson（2007）用实证的方法研究了健康和经济增长的关系，其回归方程如下：

$$y_{it+k} = \pi x_{it} + Z'_{it}\theta + \xi_i + \mu_t + \epsilon_{it+k}$$

其中，i 表示国家，t 表示年份，y 是人均 GDP 的对数，x 是预期寿命的对数，Z_{it} 是一组控制变量，ξ_i 和 μ_t 分别是国家和时间固定效应。

20 世纪 40 年代以前，世界各国的疾病流行率存在很大差异。20 世纪 40 年代的全球干预措施［例如，青霉素和链霉素的大规模生产、DDT（双对氯苯基三氯乙烷）的广泛使用等］推动了国际流行病学转变，全球特别是相对贫困国家的预期寿命大幅提高。国际流行病学的转变提供了一种解决健康和经济增长内生关系的方式，根据干预前各国疾病死亡率和全球干预时间，作者构造了一个预期寿命的工具变量：

$$M^I_{it} = \sum_{d \in D} \left[(1 - I_{dt})M_{di40} + I_{dt}M_{dFt} \right]$$

其中，M_{dit} 表示 i 国在时间 t 由疾病 d 引发的死亡率，I_{dt} 为虚拟变量，表示是否在时间 t 对疾病 d 进行干预（干预后的所有期数都为 1），D 包含了 15 种感染性疾病，M_{di40} 指疾病 d 的干预前死亡率，M_{dFt} 是在时间 t 时世界卫生最发达地区的疾病 d 死亡率[①]。因此，M^I_{it} 仅由干预前死亡率和全球干预时间决定，而与各国的任何行动或经济事件无关。作者利用 1940—1980 年 59 个国家面板数据进行分析，结果显示：预期寿命对 GDP 的积极影响很小，这种影响在 40 年里有所增大，但不足以弥补其带来的人口增长。换句话说，预期寿命的增加（以及相关的人口增长）最初降低了人均 GDP，但这种负面影响在 40 年里逐渐消失。

随后，Hansen 和 Lønstrup（2015）基于 Acemoglu 和 Johnson（2007）的工具变量和回归模型，进一步研究预期寿命增速和人均 GDP 增速的关系。通过将数据扩展到 1900 年，作者获得了两期寿命和人均 GDP 增长率数据。结果显示，由于 20 世纪 40 年代的死亡率冲击（即流行病学转变），预期寿命增长率较高的国家在 20 世纪下半叶的人均 GDP 增长率较低。此外，初始预期寿命水平与随后的人均 GDP 增长率之间存在负相关

---

① 使用最富裕国家在时间 t 时疾病 d 的平均死亡率进行计算，结果接近于零。

关系。

值得注意的是，许多研究发现经济合作与发展组织国家（OECD）的健康对经济增长的正向促进作用明显更弱。其中，Aghion 等（2010）提出了一个统一的框架，涵盖了健康改善速度和健康水平对经济增长的影响。计量模型如下：

$\Delta \log y_i = a + b\Delta \log LE_{i,0} + c\log LE_{i,0} + d\log y_{i,0} + u_i$

其中，$\Delta \log y_i$ 是国家 i 人均 GDP 对数的变化，$\Delta \log LE_{i,0}$ 是初始时期国家 i 人均寿命对数的变化，$\log LE_{i,0}$ 是人均寿命的对数，$\log y_{i,0}$ 是初始时期人均 GDP。通过对 1960—2000 年跨国数据进行工具变量回归发现，寿命及其改善速度对人均 GDP 增长产生正向影响。但是，针对经济合作与发展组织国家的研究结果显示，四十岁以上死亡率的下降对于经济增长几乎没有任何贡献，这可以解释为何自 1960 年以来，跨 OECD 国家样本中健康与经济增长之间的正相关关系有所减弱。

考虑健康人力资本对经济增长在更长期内的影响，Ashraf 等（2008）就外生健康改善对人均产出的影响进行定量评估。其模型考虑了健康对工人生产率的直接影响，以及通过教育、人口规模和年龄结构、资本积累和有限自然资源分配等产生的间接影响。研究结果显示，健康改善对人均收入的影响明显低于政策制定者参考的影响，并且这种健康改善对于经济增长的微弱促进作用最终会消失。因此，发展中国家在制定和实施相关政策时，应更多地从人道主义的角度出发，而非从经济利益方面考虑。

此外，学者发现健康人力资本的积累可能并不会对教育水平和生育率产生积极影响。例如，Hazan 和 Zoabi（2006）从理论角度假设父母对子女的偏好完全来自于子女的终生收入情况，那么子女的寿命增加会伴随着收入的等比例增加，这种收入的增加与受教育程度无关。从质量—数量权衡（Quality-Quantity tradeoff）的角度来说，儿女寿命的增加不会改变教育（质量）和生育（数量）之间的相对回报，从而不会改变父母为子女选择的受教育年限。Cervellati 和 Sunde（2015）实证研究发现，寿命延长可能并不会导致受教育年限和生育率发生显著变化，尽管在人口结构转变之后，更高的人均受教育年限和更低的生育率是由更长的寿命带来的；但在人口结构转变之前，寿命的增加同教育水平和生育率之间没有显著的因果关系。

第四章 健康人力资本投资

上一章介绍了健康人力资本的外部性，通过梳理前人所做的理论和实证研究，可以看到健康人力资本投资能够从多个方面带来经济效益。因此，有必要深入探讨健康人力资本投资有哪些具体表现形式，从而将理论模型运用到实际中。本章将从健康人力资本投资较为常见的四种表现形式来梳理本领域研究——健康产业投资、企业社会责任、政府职能和卫生人才培养。

第一节 健康产业投资

随着人们对健康和福祉的重视不断增加，健康产业迅速崛起并成为全球经济增长的重要引擎。本节将主要探讨数字化（信息技术）医疗、医疗保险两个方面的健康产业投资。

一 数字化医疗

（一）探索历程

数字化手段在多个领域中都有十分广泛的应用，随着科技的迅猛发展，数字化也在潜移默化地影响着健康产业的面貌，为投资者带来前所未有的机遇。在医疗行业中，信息技术（Information Technology，IT）的广泛应用可以追溯到20世纪末至21世纪初。20世纪八九十年代，学者对于信息技术在医疗行业中的影响的看法并不一致。

Devaraj 和 Kohli（2000）研究了关于信息技术在医疗保健行业中的回报，指出过去对于信息技术回报的研究结论不一致可能存在两点原因。其一，学者们在研究时很难将信息技术与其他可能对绩效产生影响的因素分离；其二，技术投资生效可能有一定的时滞性。综合上述两点，该研究考虑了重要控制变量并跨时间段收集数据。作者创新性地提出了业务流程再造（Business Progress Reengineering，BPR）作为一个影响信息技术回报的因素，通过对近三年内收集的八家医院的月度数据进行分析发现，仅仅进行信息技术投资可能不足以实现预期的绩效提升，只有将信息技术与业务流程再造等管理措施相结合才能实现其相应的回报。

Menon 等（2000）使用了随机生产前沿（stochastic production frontiers）的方法分析了信息技术在医疗保健行业中的生产力。作者将生产要素分为劳动力和资本两个类别，其中，资本又分为医疗信息技术资本、医疗资本和信息技术资本三个组成部分，而劳动力则分为医疗劳动力和信息技术劳动力。研究结果表明：信息技术对医疗保健行业的服务生产起到了积极的贡献，特别是信息技术资本和医疗信息技术资本的投资与增长对生产力的提高有着显著的关联，而信息技术人员数量的增加与盈利能力的增长没有显著相关性。Thouin 等（2008）研究了三个不同的企业层面信息技术特征对医疗保健行业的财务绩效产生的影响，即信息技术预算（IT budget）、信息技术外包（IT outsourcing）以及信息技术人员数量（number of IT personnel）。研究结果显示，信息技术预算支出和信息技术服务外包与综合医疗保健交付系统的盈利能力呈正相关，而增加信息技术人员数量与盈利能力之间没有显著的关联，这与 Menon 等（2000）所得到的结论类似。具体而言，IT 支出每增加 0.1%，综合医疗保健交付系统的平均利润就增加约 95 万美元。信息技术人员数量与健康产业盈利能力之间不显著的关系预示着在决策 IT 投资时，企业应更加注重 IT 预算支出和 IT 服务外包等因素，而不是盲目地增加 IT 人员数量（此处可以考虑"比较优势"的概念）。

（二）智慧医疗

自 21 世纪以来，智慧医疗（smart healthcare）作为备受关注的领域，发展十分迅速。智慧医疗利用新一代信息技术，如物联网（internet of things，IoT）、大数据、云计算和人工智能等，全面改变传统医疗系统，使医疗过程更加高效、便捷和个性化。智慧医疗不仅是一种简单的技术进步，而且是一种全面、多层次的变革，涵盖了医疗模式、信息化建设、医疗管理和预防治疗等多个方面。智慧医疗旨在满足人们的个性化需求，同时提高医疗保健的效率，极大地增强了医疗和健康服务体验，代表了现代医学的未来发展方向。智慧医疗的服务对象大致分为三个类别：临床/科研机构、地区卫生决策机构、个人/家庭用户。而根据需求的不同，智慧医疗的应用也可以分为：辅助诊断和治疗、健康管理、医院管理、个性化医疗和医学研究等。在辅助诊断和治疗方面，人工智能在诊断结果的准确性上都超过了人类医生，基于机器学习的系统在病理学和影像学等领域往往比经验丰富的医生更准确。

1. 健康管理

在进入 21 世纪之后，慢性病逐渐占据了人类疾病谱，成为了新的流行病。基于其病程长、不可治愈、治疗费用高的特点，对于该类型疾病的质量重点就落到了健康管理上。然而，传统的以医院和医生为中心的健康管理模式似乎不足以应对日益增多的疾病和疾病患者。因此，人们开始使用以智慧医疗为基础的健康管理模式来缓解管理问题。例如，可穿戴智能设备能实时监测患者各种生理指标，降低了患者恶化的风险，方便医疗机构监测病情；智能手机和手表集成生物传感器，方便监测身体和检测环境；智能家居能为老年人和残疾人提供帮助，实现家居自动化和健康监测。

许多学者通过实证研究证明了慢性病管理计划的成本远小于其所带来的回报。Ding 等（2021）研究了中国农村地区慢性病管理在初级卫生保健（primary health care，PHC）中的效果，通过对五年的农村县级面板数据进行回归分析，发现相较于中等管理强度的县，高管理强度的县其患者初级医疗接诊（PHC visits）次数增加了 4.8%，专科就诊（specialist visits）次数减少了 5.2%，住院可能性降低了 11.7%，医疗支出降低了 3.6%。

2. 疾病风险预测

传统的疾病风险预测流程是先由相关卫生部门收集患者信息，然后将收集到的信息与权威组织提供的参考水平进行比对，最终发布预测结果。然而，这种方法存在一定的时滞性，并不能为公众提供十分准确的建议。在智慧医疗的背景下，患者能够积极主动地检测自身各种疾病风险，并根据对应的检测结果进行针对性的预防工作。例如，许多文献都证实，通过可穿戴设备和智能应用程序收集数据并上传到云端，然后运用大数据算法分析结果，并通过短信实时向用户反馈预测结果的疾病风险预测流程是有效的（Redfern，2017）。

3. 医院内部管理

智慧医疗在医院内部管理中也发挥着十分重要的作用，其中，最典型的形式是智慧医院（smart hospital）。智慧医院诞生于信息和通信技术盛行的环境中，基于物联网优化和自动化流程，改进现有的医患护理流程，并引入了新的便捷功能。基于物联网的信息化环境能对患者、医疗材料进行识别和监控，从而提高资源利用效率和患者体验。集成管理平台的建立可以实现资源分配、质量分析、绩效分析等功能，有助于医院降低医疗成本，帮助其选择正确的、有前景的发展道路。

4. 远程医疗

2020 年暴发的新冠疫情（COVID-19）传染性极强，出于对病毒传播的担忧，人们倾向于减少与外界人群的接触，这给需要医生与患者面对面接触的"预约—人工检查—提供治疗方案"的传统医疗流程带来了极大的挑战。一些非紧急的患者往往无法及时获得相应的医疗援助，从而极可能造成长期的负面影响。在此背景下，医疗 4.0（Healthcare 4.0）时代应运而生。医疗机构只需使用专用软件与患者远程连线并实现流程自动化，这意味着医生可以分配更多时间用于需要面对面互动的临床工作，同时也不会忽视非紧急患者的需求。在病毒流行时期，许多人无法亲自去医院，远程医疗成为解决问题的最好选择，而远程医疗软件则成为这一医疗流程不可或缺的组成部分。

5. 我国数字化医疗现状

目前，智慧医院建设也是中国政府部门的一项重要任务。2019 年，国家卫生健康委办公厅发布了《国家卫生健康委办公厅关于进一步完善预约诊疗制度　加强智慧医院建设的通知》，指出医院智慧服务需要进行分级管理（分为 0—5 级），让医院各个智慧系统互联互通，形成一个有机整体。同年，《人民日报》发布的《我国加快智慧医院建设，进行分级管理》指出智慧医院主要包括三大领域。第一个是面向广大医务人员的"智慧医疗"，即以电子病历为核心的信息系统；第二个是面向疾病患者的"智慧服务"；第三个是面向医院管理的"智慧管理"。随着 5G 时代的来临，中国也在积极开展 5G 医疗，旨在优化产业结构，缓解国内医疗服务事业发展城乡不平衡的矛盾。

6. 存在的问题

信息化医疗的盛行同样也会引发一系列的问题，这其中最重要的就是关于消费者隐私（信息）泄露的问题。Chen 等（2022）使用标准霍特林（Hotelling）模型研究了 Google 公司与 Fitbit① 公司发生的数据驱动的合并问题，研究指出：通过合并获取的消费者信息使得合并厂商可以进行价格歧视，从而损害消费者剩余；当消费协同效应（Consumption Synergy）足够大时，合并厂商能够实现对应市场的垄断，从而严重影响经济效率，损害消费者权益。因此，在实施智慧医疗相关政策时，需要相关部门制定监管机制。

二　医疗保险

医疗保险作为健康产业的重要组成部分，同样受到了学术界广泛的关注。许多文献对医疗保险是否能够真正促进居民健康进行了探究。潘杰等（2013）发现，医疗保险对参保人的自评健康水平有正向促进作用，特别是对社会经济状态较差的人群。此外，医保的推广使得人们使用卫生服务的频率提高，而并未给个人增加经济上的负担。Chen 和 Jin（2012）探讨了新型农村合作医疗制度（NCMS）的引入是否对 6 岁至 16 岁儿童死亡率、孕产妇死亡率和入学率产生影响，通过使用差异性倾向得分匹配法去除内生影响。研究结果表明，虽然 NCMS 对儿童死亡率和孕产妇死亡率没有影响，但有助于提高儿童的入学率②。Fan 等（2019）采用内生处理效应模型来推断公共医疗保险对健康的因果效应。研究结果表明，在控制其他协变量的情况下，公共医疗保险显著改善了医疗保险受益者的身体和心理健康状况。在两种自愿参与的公共医疗保险中，城镇居民基本医疗保险（URBMI）的健康效应优于新型农村合作医疗制度（NCMS），且这种健康效应在中老年人和低收入人群中似乎更为明显。

此外，也有不少学者研究医疗保险对人们经济状况的影响。健康风险可能会导致严重的家庭经济损失，是导致贫困边缘家庭陷入贫困或重新陷入贫困的重要风险来源，不容忽视。岳崴等（2021）指出，家庭健康风险等级越高，其处于财务脆弱状态的可能性就越高，而购买商业医疗保险能够显著降低家庭的财务风险。当然，由于信息不对称问题的存在，可能会导致经济资源无法达到最有效的配置，这将在第三节政府职能中进行深入的探讨。

---

① Fitbit 公司是一家总部位于美国加利福尼亚州旧金山的健康科技公司。该公司成立于 2007 年，专注于开发和销售智能穿戴设备和健康追踪器。Fitbit 的产品主要包括智能手环、智能手表和智能体重秤等。

② 教育程度一般作为人力资本的衡量标准。

第二节 企业社会责任

企业作为重要的微观个体,其经济绩效和行为决策是推动社会经济发展的重要因素。企业社会责任(Corporate Social Responsibility, CSR)是指企业在创造利润、对股东和员工承担法律责任的同时,还要承担对消费者、社会和环境的责任。企业方面的健康人力资本投资,则体现在企业社会责任的各个板块。本节将从企业社会责任与员工福利、企业社会责任与公共卫生两个角度探讨企业在健康人力资本投资中的具体举措及其效果。

一 企业社会责任与员工福利

良好的健康是保证生产率的前提,企业想要有较高的生产力,首要任务就是保证员工的健康水平。部分企业将员工健康计划视为额外的福利,而不是战略性的必要措施,但数据显示,全面且良好运营的员工健康计划的投资回报可以高达6∶1。在实施了员工健康计划之后,Johnson和Johnson公司自1995年以来,吸烟员工数量减少了三分之二以上,患有高血压的员工数量也下降了一半以上。该公司的领导估计,员工健康计划在过去十年中累计为公司节省了2.5亿美元的医疗保健费用,2002—2008年为该计划每花费1美元能够为公司节省2.71美元(Berry et al., 2020)。

第三章中已经指出,生产效率与健康之间存在互为因果关系,生产效率的提高可以在一定程度上改善员工的健康水平,因此除员工健康计划外的员工福利计划也是一种间接的健康投资形式。Gubler等(2018)探讨了企业员工福利计划如何影响员工效率,结果发现,员工福利计划(如健身房、瑜伽课程等)能提高员工生产率约2.7%。具体来说,在健康行为方面,员工参加计划后改善饮食、增加运动,提高了精神状态,从而使得工作更高效;在社交网络方面,参加计划还可以让员工交友,扩大社交网络,这些新的朋友关系可以为员工提供工作相关信息和给予更多支持,助推生产率的提高。该研究还发现,相较于年长员工,年轻员工(26岁以下)效果更好,生产率可提高5.7%;相较于其他岗位,行政和白领岗位效果更好,生产率可提高4.3%;计划参与度越高(参加更多课程）的员工，生产率增长越显著。

此外，Flammer 和 Luo（2017）指出，企业在进行了绿色制造①投资之后，员工效率有显著的提升，且不同种类员工提升程度不同，但与 Gubler 等（2018）不同的是，此时蓝领工人的效率提高最多，约为 17%。该研究也同样解释了生产效率提高的原因：首先，绿色制造投资改善了员工的态度，提高其认同感和满意度，让员工因公司而感到自豪；其次，绿色制造投资让员工觉得工作有意义，有助于社会进步，从而提高了工作积极性和投入度。

二 企业社会责任与公共卫生

新冠疫情等公共卫生事件的暴发，使得企业在面对突发卫生事件时应承担的社会责任成为社会和学界广泛关注的话题。现有关于企业社会责任与公共卫生的文献主要集中在两个方面：一是制药厂商的企业社会责任；二是病毒流行时的酒店隔离问题。

（一）制药厂商

解决全球贫困和改善健康状况主要是世界各国政府和国际政府组织的责任，它们拥有社会授权和组织能力。而私营企业没有社会授权，为贫困人口或发展中国家提供医疗保健设施和服务的能力也比较有限。其中，制药行业的情况比较特殊，该行业的企业需要承担起健康领域的重要社会责任，包括放弃知识产权、降低药物价格以适应绝对贫困患者的购买力（Leisinger，2005）。Droppert 和 Bennett（2015）比较了不同跨国制药公司在全球健康领域进行的企业社会责任活动，发现不同公司在企业社会责任活动形式和参与动机上存在差异。研究样本中常见的企业社会责任活动包括差异化药物定价以及加强发展中国家的药物分发、基础设施建设和有针对性的研究开发等；企业社会责任活动的主要动机包括树立企业良好形象、扩大招聘、提升员工满意度、进入新市场、获得长期经济回报和改善人口健康等。作者指出，虽然跨国制药公司已经逐渐意识到企业社会责任的重要性，但对所采用的企业社会责任战略及其效果的理解还处于初级阶段。因此，有必要制定更清晰、更标准化的全球卫生企业社会责任定义；加强跟踪企业社会责任战略及其效果，尤其关注在发展中国家公共卫生中的作用效果；进行更多的国家层面研究，探

---

① 绿色制造投资是指为提高生产过程的可持续性和环保性而进行的改进投资。

讨企业社会责任如何与国家卫生系统互补互助。

随着有关中国制药企业产品质量低、环境污染严重等丑闻的日益增多，公众对企业社会责任的关注和要求不断提高。企业社会责任不仅要求企业在经济上负责，还要求企业在社会影响和环境方面承担责任。Yang等（2019）研究了中国制药企业的企业社会责任对其财务绩效的影响，结果表明，企业整体CSR得分对其财务指标具有积极且显著的影响，特别是环境方面的企业社会责任举措对企业绩效的影响最为显著。

（二）隔离酒店

在新冠疫情暴发过程中，感染病例快速增加，医院人满为患。为了防止病毒传播、保护医护人员和患者家属，需要将医护人员和患者进行临时隔离。而疾病的快速传播导致医院的隔离空间严重不足，隔离酒店成为满足这一需求的可能方案。在这个特殊时期，酒店业承担起相应的企业社会责任，通过调整运营模式来克服疫情带来的障碍，在抗击病毒方面做出了巨大贡献，与公众建立了良好的关系。同时，也有部分地区通过建立医疗化酒店为无法负担安全隔离费用的弱势群体提供医疗护理和住宿。

第三节　政府职能

上一节谈到世界各国政府和国际政府组织拥有社会授权和组织能力，因此是改善全球贫困和健康状况的主力军。近年来，政府在健康人力资本投资中的作用备受关注，其手段主要为加大财政投入并进行合理分配。加大财政投入对于提升医疗服务水平有显著的促进作用，且相对于经济发达地区，经济欠发达地区有更大的影响程度（薛镇等，2023）。通过提供良好医疗设施和服务、改善医疗资源分布以及保障贫困人口基本医疗需求，政府为健康人力资本的积累奠定了坚实基础。本节将从基础建设、健康扶贫和信息不对称三个角度介绍政府在健康人力资本投资中的职能所在。

一　基础建设

首先，政府在基础建设方面的投资可以改善医疗的硬件条件。例如，修建新的医院、升级现有的医疗设施、引进先进的医疗设备等，都能提高医疗服务的质量，为健康人力资本的积累提供更好的条件。根据国家统计局公布的数据，我国近十年医院数量逐年递增，其中 2015 年至 2018 年增量相对较高，每年新增量均在 1500 家以上，这初步展示了政府对于健康人力资本投资的重视程度；近年来增速放缓，2022 年仅新增 430 家医院。从 2019 年起，我国还开展了社区医院建设试点工作，来提升基层医疗卫生服务能力、推进建设分级诊疗制度、推动构建优质高效的医疗卫生服务体系、拓展基层医疗卫生服务功能，从而提升基层医疗卫生机构的影响力和社会地位以及居民对其的信任度和利用率（国家卫生健康委办公厅，2019）。

二 信息不对称问题

在大力保障医疗服务，提升医疗保险覆盖率的背景下，逆向选择及道德风险等不对称信息问题也成为了政府部门急需攻克的难题，其中，道德风险问题相对更加常见。苏浩然（2021）研究了新农合和城乡医保统筹对健康行为和医疗支出的影响，发现新农合显著增加了人们的饮酒行为和非正常医疗需求，说明新农合实施过程中存在事前和事后道德风险；城乡医保统筹也存在类似的事前道德风险。

考虑到医疗保险中存在的道德风险问题，Vera-Hernandez（2003）衡量了医疗保险服务使用过程中潜在的道德风险程度。作者使用委托—代理模型估计了报销型医疗保险的最优合同，并将非合同变量与合同变量进行了区分，通过观察二者的相关性，衡量了潜在的道德风险程度。Kowalski（2015）讨论了保险在风险保护和避免道德风险之间的权衡关系。传统上，经验研究通常分别估计这两个方面，但可能得出互相矛盾的结果。为了解决这个问题，作者提出了一个非线性预算约束集模型，同时考虑了这两个方面。预算集中的非线性源于扣除额、共保率和最高限额，这些因素既影响道德风险，又影响风险保护。

第四节 卫生人才培养

实现全球健康人力资本的可持续发展，除了需要医疗技术、设施和政策制度的不断改进，培养优秀卫生人才也至关重要。随着人口增长，医疗需求日益增加，如何有效地培养具备专业知识、技能和道德素养的医疗卫生人才，成为各国医疗体系面临的重要挑战之一。本节将从卫生人才发展存在的问题及发展途径、乡村医生、全科（家庭）医生三个部分阐述卫生人才培养在健康人力资本投资中的重要作用，为发展健康人力资本的新增长点指明方向。

一 卫生人才的现状、问题和发展方向

（一）问题与发展方向

要实现全民健康覆盖[①]（Universal Health Coverage，UHC），发展卫生人力资本是首要任务。Campbell等（2013）针对巴西、加纳、墨西哥和泰国这四个自1990年以来UHC持续改善的国家，从人力资源的可获得性、可及性、可接受性和质量（Availability，Accessibility，Acceptability和Quality，AAAQ）角度探讨了人力资源政策行动与全国劳动力数量和人口死亡率之间的关系。研究结果显示：人力资源通过AAAQ维度的共同作用扩大了卫生服务覆盖和福利范围。

不少学者分析了发展卫生人力资本过程中可能存在的问题。例如，Cometto等（2020）指出，卫生人力资本的发展包括卫生人力资源的规划和监管，以及教育、招聘、就业、绩效优化和留任；卫生人力资源管理面临许多困难，例如技能短缺、资金限制等；卫生工作者还可能组成具有政治和社会影响力的团体，从而拥有与国家卫生优先事项不完全一致的目标和利益。因此，作者指出，卫生人力资源发展需要与卫生系统治理、卫生部门政策制定以及具体服务提供战略相结合。

同时，医疗卫生领域工作中的性别平等问题也受到了学者的关注。Boniol等（2019）针对104个国家的研究发现：女性在全球医疗卫生领域工作中的占比较低，尤其是在医生和高级管理岗位上，全球平均女医生比例为30%，其中，有50多个国家女医生比例低于25%；不同国家和地区健康工作者的性别比例存在明显差异。发展中国家女医生比例通常较低，但也有例外，如菲律宾、泰国等国女医生比例超过50%。我国作为发展中国家，在发展医疗人力资本时也应该注重性别问题，通过增加女性就业机会、打破社会性别偏见、建立友好工作环境等措施改善性别不平等问题。

新冠疫情作为影响深远的全球公共卫生事件，引发了全球对卫生人

[①] 全民健康覆盖是一个全球卫生目标，旨在确保每个人都能够获得他们所需的医疗保健，不论他们的支付能力如何。

力资源创新和变革的需求。在后疫情时代背景下，要求卫生人才具备应对挑战和不稳定性的能力，如灵活性、学习能力、技术能力和数字技能。此外，新冠疫情也证实了"专业孤岛"的工作方式不足以应对这种全球规模的疫情危机，各国应加强协作、协调各方利益、改善教育和培训、提高对卫生工作者的保护和支持，并增强未来卫生人力资源的韧性和应对突发情况的准备能力。

（二）我国现状

根据世界卫生组织（WHO）公布的数据，2018年我国每一万人所享有的医生数量平均为21.244人，远高于同样是人口大国的亚洲发展中国家印度的6.775人/万人；近邻国家日本作为发达国家，其医生数量平均为24.981人/万人，但在十年之前日本已达到21.471人/万人，相较而言，我国在十年之前仅为12.981人/万人，医疗人才培养增速十分可观；但相较于世界一流发达国家、欧洲国家等人民福利较好的国家（约超过35人/万人），我国医疗人才培养还有极大的进步空间。尽管医疗人才均量相对不足可能是由我国人口基数较大所导致的，但不得不承认作为世界第二大经济体，我国在医疗人才队伍建设方面还有所欠缺。21世纪以来，我国医疗人才队伍快速壮大，呈现年轻化、高学历化的趋势，但依旧存在着城乡分布不均、人均医疗覆盖率较低、部分科室医生短缺、后备人才队伍发展不佳等问题。因此，如何培养充足的、全面的医疗人才是目前需要重点关注的话题。

二 基层地区卫生人才：乡村医生

全球60%以上的农村人口居住在亚太地区。其中，90%以上居住在低收入和中等收入国家（LMIC）。亚太地区中低收入国家的农村人口更加贫困，获得医疗服务的机会也较少，这使他们面临较大的健康风险。因此，研究乡村医生工作的影响因素对于改善亚太中低收入国家的农村健康水平至关重要。Putri等（2020）指出，过往人们对于如何促进乡村医生队伍发展的研究主要集中在教育因素（82%），其次是个人和专业支持（57%）、财务激励（45%）、监管（20%）和卫生系统完善（13%）。

在我国，乡村医生队伍的发展问题受到了广泛关注。国家统计局的数据显示，在卫生费用总量逐年提升的背景下，近十年乡村医生和卫生员数量逐渐减少，且减少的速度逐渐加快。2021年所有的乡村医生数量为69.67万人，几乎只有2011年112.64万人的一半。与此同时，村卫生室的个数自 2011 年以来也逐年递减，基层地区的医疗服务覆盖问题已成为目前中国急需解决的难题。现阶段，我国在建设基层医疗人才队伍中存在着众多问题，例如，基层医疗人才流失严重，基层医疗人才专业素质较低；乡村医生队伍保障不足，发展受到制约；新一轮医改中的部分措施尚未得到真正落实，未能发挥作用等。为了解决以上问题，首先，政府应重视基层医疗卫生机构的发展，继续完善收入分配制度，从而吸引高水平、高质量的医疗人才到基层工作；其次，推行乡村一体化管理，解决乡村医生队伍的养老保障等问题；同时，还需要深化改革基层和偏远地区的薪酬制度，适当提高绩效，拓宽晋升通道，吸引优秀人才留在当地。

三 基层地区卫生人才：家庭医生

全科（家庭）医生[①]是居民健康的"守门人"，在基层医疗工作中起到了决定性的作用。Dolton 和 Pathania（2016）使用双重差分法（DID）研究了英国为改善初级医疗保健可及性而进行的 7 天开放全科医生服务试点项目对急诊护理的影响。研究发现，7 天开放全科医生服务使试点医疗机构的患者前往急诊部就诊的次数减少了 9.9%，其中周末的影响最为显著，急诊就诊次数减少了 17.9%，这主要是由于中度病情患者的就诊次数下降。同时，周末的入院人数也减少了 9.9%，这主要是由于老年患者的入院人数减少。此外，研究还发现，财富状况较好的患者其由试点项目带来的急诊部就诊次数减少更加显著。

正如之前注释中所提到的，全科医生在患者转诊过程中起到了重要的作用，此时全科医生作为代理人一方面为患者提供转诊医院的建议，另一方面还需要考虑转诊决策对当地卫生预算的财务影响，这就使得全科医生在为患者预选医院选择集时可能面临着利益冲突，导致他们的激励与患者的激励不一致，造成委托代理问题，从而使得选择集具有内生性（Beckert，2018）。

党的十九大报告指出，要加强对基层医疗卫生服务体系和家庭医生

---

① 全科（家庭）医生是一种医生专业领域，也被称为家庭医生、全科医生或家庭医学医生。全科医生在医学领域扮演着基础和综合医疗的角色。他们提供全面的医疗服务，涵盖各个年龄段、不同性别和各种常见疾病及健康问题。全科医生通常是医疗团队的核心成员，与其他医疗专家、护士等医疗人员合作，为患者提供协调一致的医疗服务。他们可以提供初步的诊断和治疗，也可以将患者转诊给专科医生进行进一步评估和治疗。

队伍的建设，以解决基层医疗卫生服务欠缺的问题。目前，我国正在大力推行全科医生队伍的建设。截至 2021 年，我国 84.4% 的全科医生在基层工作，全科医生占到基层医生数量的 22.7%，全科医生队伍的数量与质量关系着基层医疗卫生服务的水平。武宁等（2018）总结了我国全科医生教培的发展现状：目前我国全科医生培养体系初步建立，各大院校不断深化改革全科医学教育，激励机制、职称评选制度都在逐步完善。然而，建设全科医生队伍的过程仍存在诸多问题。在认识方面，全科医学理念存在着社会认同度低的问题；在教育方面，全科医生方向的专职师资较少，教学方法单一，培训体系尚不完善；同时，招聘方式的不完善也使得全科医生队伍对自身工作的满意度较低；此外，各级政府对基层全科医生的执业支持也有待进一步提高。

第五章　健康政策评估

为了确保健康政策的有效性和可持续性，健康政策评估扮演着重要的角色。健康政策评估能够帮助政策制定者了解政策在提高公众健康水平、降低疾病负担、促进医疗资源合理配置等方面的效果和影响。这种综合评估不仅能够帮助政策制定者做出明智的决策，还有助于提高整个健康产业的质量和效益。本章将从健康政策的定义和分类、健康政策评估方法和健康政策效果三个方面梳理本领域的现有研究成果。

第一节　健康政策的定义和分类

了解"健康政策"的相关概念是进行健康政策评估的基础，本节将首先介绍健康政策的定义和分类。

一　健康政策的定义

健康政策（Health Policy[①]）作为经常被学者们使用的概念，虽然应用范围广泛，但却没有一个公认的定义。在 20 世纪末，Rodgers（1989）将健康政策定义为公共或社会政策的类型之一，能对人们的健康产生直接或间接的影响。Mason 等（1993）同样也认为健康政策是公共政策的一个领域，是政府可以直接影响公民健康或医疗服务体系运行的途径。Blakemore 和 Warwick-Booth（2013）认为，"健康政策"可以从广义和狭义两个方面进行定义。在狭义定义中，健康政策指政府为了改善公民健康状况而采取的卫生服务政策。在广义定义中，健康政策是指政府所采取的任何对卫生和公民健康造成影响的活动，不仅是卫生部门、医疗专

[①] 也可翻译为"卫生政策""健康策略"等，需根据所出文章上下文内容进行判断。如：由 ELSEVIER 出版杂志"Health Policy"，因其主要涉及领域为公共卫生及医疗方面的政策，就应该译为《卫生政策》。

业人员、国家卫生服务体系或其他医疗服务活动。这说明在广义定义中，健康政策与许多其他方面的政策息息相关，如住房、烟草销售、污染管理、食品安全、工作环境安全等对民众健康造成影响的政策，这与当今世界健康政策研究的发展趋势相符。WHO（2011）将健康政策定义为"为实现社会特定医疗卫生目标而采取的决策、计划和行动"，并指出健康政策目标：为未来发展做前瞻，为不同群体的预期作用做概述，建立共识并让大众知晓。

二 健康政策的分类

为了提高政策针对性和有效性，政策制定者往往需要对健康政策进行分类。本章将介绍健康政策常见的分类方法，从而更好地理解和比较不同类型政策并进行政策评估。现有文献通常按照实施对象对健康政策进行分类，常见实施对象包含烟草、酒精、膳食、传染病和慢性病管理及预防、自然和工作环境等。

（一）烟草

烟草方面的健康政策目标是减少吸烟率、预防与烟草相关的疾病以及提供戒烟支持。常见手段有烟草广告和促销限制、公共场所吸烟禁令、包装和标签警示、戒烟服务、青少年吸烟预防、烟草监管等。冯雅靖等（2013）对比了北京市禁烟令实施前后公共场所的吸烟情况，结果发现并未有明显的改善，指出禁烟令的实施缺乏一些可操作的处罚措施。Ahmad 和 Billimek（2007）指出推迟青少年开始吸烟的时间（将合法购买烟草的年龄提高到 21 岁）在降低青少年吸烟率的效果上甚至比提高烟草税 100% 更好。近年来，随着人们对传统香烟危害的了解加深，电子烟成为部分吸烟者的新选择。电子烟最初被认为是一个安全的烟草替代品，可以帮助人们戒烟，但它并没有实现这一期望，相反，它正在延续和扩大烟草流行病。年轻人是使用电子烟人数增长最快的人群，他们中的一些原本不太可能吸普通香烟，且使用电子烟还会增加年轻人日后吸普通香烟的可能性。此外，电子烟戒烟的可能性比普通香烟低 28%，这说明电子烟并不是帮助吸烟者戒烟的更安全选择。然而，目前对于电子烟的禁令却没有，管制电子烟迫在眉睫（Glantz 和 Bareham，2018）。

（二）酒精

过量饮酒的危害极大，大学生所处的环境使其极易接触到各类酒制品，风险较大。其过量饮酒的后果包括错过课程、成绩下降、受伤、性侵犯、上瘾、记忆能力下降、脑功能变化、持久认知缺陷和死亡等。健康政策在酒精与烟草两个方面较为类似，比较不同的是在限制酒精方面政府有酒驾法规的出台，但相较于其他策略，在检查站进行酒精浓度检测的成本较高。Holmes 等（2014）介绍了设置酒精产品最低单价的效果，结果发现，设置最低单价使得饮酒总量减少，其中，过量饮酒者相较于适度饮酒者减少幅度更大，尤其是最低收入人群；同时最低收入群体的死亡率和生活质量也显著提升。

（三）膳食

不健康的饮食是非传染性疾病的主要风险因素，对人体健康造成持续的负面影响。超加工食品[①]（Ultra-Processed Foods，UPFs）由于其不健康性，成为本领域学者关注的热点话题。超加工食品已经在高收入国家（如美国、加拿大和英国）的膳食中占据一半以上的能量摄入，并在中等收入国家（如巴西、墨西哥和智利）的膳食中占据总能量摄入的 1/5 到 1/3（Monteiro 等，2019）。Dickie 等（2023）介绍了一种基于食品加工程度的营养分类方案，用于识别超加工食品。Martini 等（2021）指出过度消费超加工食品对人类健康构成潜在威胁，UPFs 摄入增加与游离糖和脂肪的增加以及蛋白质、钾、锌、镁、烟酸以及维生素 A、维生素 C、维生素 D、维生素 E、维生素 B12 的减少相关。

（四）传染病和慢性病管理及预防

针对不同特点疾病的健康政策有所区别，例如传染病控制政策、慢性病预防政策、心理健康政策等。传染病控制政策包括疫苗接种、流行病监测和传染病预防等措施。慢性病预防政策包括生活方式干预和健康教育及筛查等措施。心理健康政策关注心理健康需求和支持，包括心理健康教育、心理咨询和心理支持等措施。

（五）自然和工作环境

改善自然环境的健康政策包括调节交通流量和街道设计、防治空气污染和水土污染等措施。Mulvaney 等（2015）发现，增加自行车基础设施可以有效减少骑自行车者的交通伤害；Cairns 等（2015）指出，设置强

[①] 超加工食品指的是那些经过多道工业化加工过程、含有大量添加物和经过多次提炼、提取的食品。这些食品通常由许多成分混合而成，其中包括添加剂、防腐剂、人工色素、增稠剂、甜味剂等，具有高度加工、低营养价值、缺乏天然的整体食物成分以及方便性和耐久性等特征。常见的超加工食品有碳酸饮料、方便面、午餐肉、蛋糕、糖果等。

制每小时 20 英里的区域可以通过减少交通事故来改善公共健康。防治空气污染和水土污染的手段不胜枚举，包括鼓励使用新能源代替燃煤、处罚违法排污、生物修复重金属污染土壤等。

工作场所法规包括健康和安全法、就业权利，以及围绕所有权和管理结构的立法。工作环境对员工的工作表现、任务执行和领导方式产生影响。特定的工作环境对员工的健康、生产力和满意度产生积极作用，包括照明、通风率、自然光的可及性、声学环境、人体工程学家具等。其他例子可参考本书第四章第二节。

第二节　健康政策的评估方法

本节将梳理政策评估中常用的经济学方法，以及政策分析中学者们广泛使用的政治学和管理学方法。

一　政策分析的经济学方法

在对健康政策进行分析时，如要更好地进行定量分析从而得到特定政策所带来的收益，需要一些常用的经济学方法。

（一）随机对照试验

随机对照试验（Randomized Controlled Trial，RCT）是一种对医疗服务中的某种疗法或药物的效果进行检测的手段，特别常用于医学、药学、护理学研究，同时也应用于司法、教育、社会科学等其他领域。该方法的基本思路为：将研究对象随机分组，并对不同组别施加不同的干预，然后观察最终效果的差异。在研究对象数量充足的情况下，RCT 可以消除已知或未知的混杂因素对各组别的影响。但需要强调的是，虽然随机对照试验是评估政策效果最理想的方法，但受限于实验对象规模、伦理等问题，该方法的使用往往极具挑战性。

Sandner 等（2018）设计了一个针对低收入新生儿家庭的随机对照试验，旨在研究家访项目对受访家庭成员健康的影响。通过比较参与家访项目家庭（实验组）和没有参与家访项目家庭（对照组）发现，家访项目显著改善了母亲的心理健康状况，并提高了儿童和母亲的口腔保健接受率。

（二）工具变量法

工具变量法（Instrumental Variables，IV）[①] 通常用于解决内生性问题和遗漏变量引起的估计偏误。该方法利用与政策变量相关但与误差项不相关的工具变量，来估计政策的因果效应。当存在内生性问题时，政策变量与误差项相关，线性回归模型会出现不一致的估计量。以简单线性回归 $y=\beta_0+\beta_1 x_1+\epsilon$ 为例，若误差项 ϵ 与解释变量 x_1 相关，则无法得到 β_0 和 β_1 的准确估计。通过工具变量法可以得到一致的估计量，一个有效的工具变量 z_1 应该满足以下两个条件：

$$\begin{cases} 工具相关性：该工具变量和内生解释变量存在相关性 \rightarrow Cov(z_1, x_1) \neq 0 \\ 工具外生性：该工具变量与误差项不相关（严格外生）\rightarrow Cov(z_1, \epsilon) = 0 \end{cases}$$

当具备合适的工具变量时，可以通过两阶段最小二乘法（Two Stage Least Square，2SLS）对原回归系数进行一致估计：(1) x_1 对 z_1 回归，得到 x_1 的拟合值 $\widehat{x_1}$；(2) y 对 $\widehat{x_1}$ 进行回归，得到 β_1 的一致估计量 $\widehat{\beta_1}$。工具变量法作为最基础的解决内生性的方法，得到了广泛的应用，但有时会由于无法找到合适的工具变量而无法使用工具变量法进行估计。

Cawley 和 Meyerhoefer（2012）将亲属体重作为工具变量，估计肥胖对医疗费用的影响，从而解决了体重的内生性问题，并减少了体重报告错误带来的偏差。研究结果显示，现有文献低估了肥胖的医疗成本，并指出政府应该加大对肥胖问题的干预措施。Dunn（2016）研究中国医疗保险是否会增加个人经济风险，考虑到医疗保险选择的内生性问题，该研究使用 MSA 的服务价格指数作为工具变量进行估计。研究结果显示，医疗保险会促使患者使用更高昂的治疗方式，从而可能加大患者面临的经济风险。

（三）双重差分法

双重差分法（Differences-in-Differences，DID）[②] 可以理解为对随机分配实验的一种模拟，基本思想是通过对比政策实施前后实验组和对照组变化的差异来估计政策效应。实验组政策实施前后的变化可能既受到政策效应的影响，又受到时间效应的影响，而对照组政策实施前后的变

[①] Wright（1928）第一次提到工具变量相关理论，其正式定义于 2000 年由 Pearl（2000）运用反证法和图形评价法提出。

[②] 由 Heckman 和 Robb Jr（1985）首次提出。

化只受到时间效应的影响。因此，双重差分将实验组政策实施前后的变化与对照组政策实施前后的变化进行比较，就可以剔除时间效应部分。双重差分法可以在很大程度上避免内生性问题的困扰，近年来受到越来越多学者的青睐。

考虑以下面板数据：

$$y_{it}=\alpha_0+\alpha_1 D_i+\alpha_2 D_t+\alpha_3 D_{it}+\varepsilon_{it}(i=1,\cdots,n;\ t=1,2,\cdots,n)$$

其中，D_i 为分组虚拟变量（个体 i 在实验组则取为 1，否则为 0），D_t 为时间虚拟变量（时间 t 在政策实施点 $\bar{t}$ 后取为 1，否则为 0），而政策虚拟变量：

$$D_{it}=\begin{cases}1 & 若\ i\in 实验组，且\ t\geq 政策实施时点\ \bar{t}\\ 0 & 其他\end{cases}$$

当 $t\geq\bar{t}$ 时，对于实验组：

$$E(y_{it})=\alpha_0+\alpha_1+\alpha_2+\alpha_3$$

当 $t<\bar{t}$ 时，对于实验组：

$$E(y_{it})=\alpha_0+\alpha_1$$

则

$$\Delta y_{treatment}=\alpha_2+\alpha_3$$

当 $t\geq\bar{t}$ 时，对于实验组：

$$E(y_{it})=\alpha_0+\alpha_2$$

当 $t<\bar{t}$ 时，对于实验组：

$$E(y_{it})=\alpha_0$$

则

$$\Delta y_{control}=\alpha_2$$

$$\Delta y_{treatment}-\Delta y_{control}=\alpha_3$$

因此，对方程进行 OLS 回归，所得估计参数 α_3 可以一致地估计出政策的净效应。

例如，Wagstaff 等（2009）使用 DID 评估了 2003 年启动的中国新农合计划的政策效果，结果发现，该政策提高了就医率、减少了产检等住院医疗费用，但总的来说未能显著降低医疗费用负担，且政策影响在不同收入群体之间存在异质性，为后续政策制定提供了参考。

（四）倾向得分匹配

倾向得分匹配（Propensity Score Matching，PSM）[①]是一种统计学方法，用于处理观察研究（Observational Study）数据。在观察研究中，由于各种原因，数据偏差（bias）和混杂变量（confounding variable）较为常见。举例来说，假设我们研究吸烟对健康的影响，研究人员得到的数据一般是观察研究数据，而不是随机对照试验数据。进行随机对照试验需要招募大量被试者，并将其随机分配到吸烟组和不吸烟组，这种实验设计难以实现且不符合伦理要求。因此，观察研究是这种情况下最合适的研究方法。然而，如果直接使用观察研究数据而不进行调整，很容易得出错误的结论。例如，将吸烟组中健康状况最好的个体与不吸烟组中健康状况最差的个体进行对比，可能会得出吸烟对健康无害的错误结论。这是因为观察研究未采用随机分组方法，无法发挥大数定律（Law of large numbers，LLN）的作用，从而容易产生系统性偏差。

倾向得分匹配可以解决这个问题，其基本原理是：根据实验组的特征，找出与实验组特征尽可能相似的控制组进行匹配，使得实验组和对照组在除了该实验影响之外的个体特征上保持基本一致，从而得到纯粹的政策效应。然而，倾向得分匹配也有其局限性，例如需要较大样本量来实现高质量匹配。

在实际的政策评估中，PSM 通常与 DID 搭配使用，即 PSM-DID 法。Fu 等（2017）使用 DID 研究了日本老年护理保险（LTCI）对家庭看护从业者就业率的影响，并使用 PSM 控制样本个体个人特征的影响。研究结果显示，LTCI 的实施对家庭看护者整体劳动参与率有积极的外溢效应，且对不同性别和年龄看护者的影响具有异质性。

（五）断点回归

断点回归（Regression Discontinuity Design，RDD）[②]是一种准自然实验，其基本思想是存在一个连续变量 x，个体进入实验组的概率完全由连续变量 x 是否超过某个断点所决定。由于 x 在断点两侧是连续的，因此在临界值附近个体是否进入实验组是随机发生的，这样就构成了一个准自然实验。断点回归就是利用断点附近的样本来有效估计处理效应，能够

[①] 又译为"倾向评分匹配"或"倾向值匹配"。最早由 Rosenbaum 和 Rubin（1983）提出，常用于医学、公共卫生、经济学等领域。

[②] 最初由 Thistlethwaite 和 Campbell（1960）应用于奖学金项目的评估。

缓解参数估计的内生性问题，近年来被越来越多的学者所使用。

一般地，假设断点是某常数 c，分组规则为：

$$D_i = \begin{cases} 1 & \text{若 } x_i \geq c \\ 0 & \text{若 } x_i < c \end{cases}$$

假设结果变量 y_i 与 x_i 之间存在如下线性关系：

$$y_i = \alpha + \beta x_i + \varepsilon_i$$

上式可以改写为：

$$y_i = \alpha + \beta(x_i - c) + \delta D_i + \gamma(x_i - c)D_i + \varepsilon_i$$

由于存在随机分组，对上式进行 OLS 回归，所得估计参数 $\hat{\delta}$ 可以一致地估计在 $x=c$ 处的局部平均处理效应（Local Average Treatment Effect，LATE），即

$$\begin{aligned} LATE &\equiv E(y_{1i} - y_{0i} \mid x=c) \\ &= E(y_{1i} \mid x=c) - E(y_{0i} \mid x=c) \\ &= \lim_{x \downarrow c} E(y_{1i} \mid x) - \lim_{x \uparrow c} E(y_{0i} \mid x) \end{aligned}$$

例如，Gupta 等（2023）使用 RDD 方法研究了美国联邦及各州指定的鸦片类药物控制法规对处方类药物配药量的影响，研究结果显示，虽然管控的药物处方量下降，但总体鸦片类药物处方量未见明显下降，说明鸦片类药物使用存在替代效应，该政策无法达到预期的鸦片类药物管控效果。

（六）合成控制法

通常一个健康政策可能率先实施于某个国家或地区（省、市或县），经济学家为了评估政策效果，常使用鲁宾的反事实框架（Rubin's counterfactual framework），即假想该地区如未受政策干预将会怎样，并与事实上受到干预的实际数据进行对比，二者之差即为该政策的处理效应（treatment effect）。常用方法是，寻找适当对照组，即在各方面都与受干预地区相似却未受干预的其他地区，以作为实验组的反事实替身。然而在寻找对照组时，通常会因为研究者主观选择的随意性而造成误差（政策内生性）。

合成控制法（Synthetic Control Methods，SCM）是一种数据驱动的政策评估方法。其基本原理是：将与实验组相似的其他若干组进行线性加权，构造一个虚拟的对照组（即"合成控制组"）来近似模拟实验组未

受到干预的情况。SCM 可以看作是对 DID 的进一步改良。它们均需要构建实验组和控制组，但是 DID 要求实验组占总样本的比例不能太小，且需要满足平行趋势假设，而 SCM 则不需要。SCM 在构建对照组上更加透明可靠，具有广泛的应用前景。但是，使用 SCM 时需要注意，干预前的期数需要达到一定规模，因为该方法的可信度取决于合成控制组能在干预前的相当一段时期内很好地追踪实验组的经济特征和结果变量。如果干预前的拟合不好，或干预前期数太短，则不建议使用 SCM。

例如，Abadie 等（2010）利用 SCM 研究 1989 年生效的美国控烟法对烟草消费的影响。该法案将加州的香烟消费税提高了每包 25 美分，并将所得收入专项用于控烟教育和媒体宣传。该研究使用美国 1970—2000 年的州际面板数据，从 38 个州中选择合适的州构成"合成加州"来模拟加州未受法案影响的情况。研究结果显示，实施该控烟法后，加州烟草消费量相较于"合成加州"有显著减少，证实了该法案具有较好的控烟效果。

（七）随机前沿模型

此外，还有部分学者将随机前沿模型[①]（Stochastic Frontier Model，SFM）运用于健康政策评估中。对于回归模型：

$$y = X\beta + \epsilon$$

$$\epsilon = v - u$$

其中，y 代表厂商的产出，X 代表厂商的投入（如劳动、资本等），β 是相应待估参数。$y = X\beta$ 为我们常见的生产函数；ϵ 是回归方程的复合扰动项，由两部分构成，第一部分 v 是均值为零的正态分布扰动项，第二部分 $u \geq 0$ 为非对称随机扰动项。

模型中的 $X\beta + v$ 称为厂商的生产前沿，即给定投入下能够产出的最大水平（理想产出）。由于生产前沿中包含了 v 这一随机项，故称为"随机前沿"。厂商的实际产出为 y，实际产出与理想产出之间的差距为 u，相应的生产效率为 $\dfrac{y}{X\beta + v}$。u 的经济学含义为"非效率"。

进一步考虑生产函数：

$$Y = f(X) = A \cdot K^{\alpha} \cdot L^{\beta}$$

---

① 又称随机前沿分析（Stochastic Frontier Analysis，SFA）。

将其进行取对数处理：

$lnY=lnA+\alpha lnK+\beta lnL$

结合上述回归方程，得到：

$lnY=lnA+\alpha lnK+\beta lnL+e$

$e=v-u$

从而有原生产函数的新的表达形式（核心表达式）：

$Y=f(X) \cdot e^{-u} \cdot e^{v}$，$u \geq 0$

其中，$f(X)$为厂商的生产前沿[①]，$e^{-u} \in (0, 1]$表示厂商的非效率（即"达不到"既定条件下最大的产量），e^{v}表示厂商生产前沿的"随机性"（即存在着波动）。

生产者的技术效率（technical efficiency，TE）可由样本中产出的期望与随机前沿期望的比值表示：

$$TE=\frac{E[f(X)exp(v-u)]}{E[f(X)exp(v-u) \mid u=0]}=exp(-u)$$

则u可以估计出来，继而根据之前的回归方程可以估计v的值。

例如，Vitaliano和Toren（1994）基于1991年波士顿地区136家疗养院数据，采用随机前沿生产函数评估出疗养院的平均技术效率为80.4%，即疗养院用80.4%的资源就可以达到现有产出水平，该研究指出疗养院的低效率与监管人员过多以及该行业规模不经济有关。

（八）机器学习

机器学习（Machine Learning）是人工智能的一个分支。人工智能研究从以"推理"为重点，到以"知识"为重点，再到以"学习"为重点不断发展。机器学习在近30多年已发展成为一门多领域科技集成学科，涉及概率论、统计学、逼近论、凸分析、计算复杂性理论等多门学科。机器学习算法是一类从数据中自动分析从而获得规律，并利用规律对未知数据进行预测的算法。因为学习算法中涉及了大量的统计学理论，机器学习与推断统计学联系尤为密切，也被称为统计学习理论。

Vimont等（2022）比较了机器学习算法和传统线性回归模型在预测个人医疗费用中的准确性，发现机器学习算法预测的准确性更高。在健康政策评估中，机器学习的主要作用有学习样本特征以扩张现有样本、

[①] 参考生产函数的定义：在既有条件约束下，所能达到的最大产出水平。

结合 PSM 进行更好的匹配等，因此借助机器学习能够更好地评估政策效应。Borgschulte 和 Vogler（2020）估计了 2014 年《平价医疗法案》（Affordable Care Act，ACA）扩张医疗补助资格对县级死亡率的影响。为了调整扩张前实验组与对照组之间死亡率的差异，该研究使用 PSM 和机器学习技术来匹配扩张和非扩张状态的县，研究结果显示，医疗补助资格扩张能够有效降低 20—64 岁人群的死亡率。

二　政策分析的政治学和管理学方法

最早的公共政策分析方法是 Lasswell（1956）提出的阶段启发式法（Stages Heuristics）。它将公共政策解决问题的过程分为四个阶段：问题识别、政策制定、政策实施和政策评估。问题识别阶段也称问题分类阶段，在此期间，政策制定者需要识别社会问题并进行适当的分类；在政策制定阶段，立法机构和其他决策机构根据问题制定相应政策；在政策实施阶段，政府和其他部门机构负责落实政策，并最终在评估阶段评估该政策的影响。然而历史上有许多学者都批评阶段启发式的假设存在问题：阶段启发式将公共政策进程分为明确的四个阶段，即假设公共政策过程是线性的，并且在实践中各阶段之间有着相对明确的划分，但现实中各阶段之间通常是模糊、难以分离的。

从 20 世纪 80 年代初开始，随着健康研究的不断完善，各地区制定和评估健康政策的流程也逐渐变得正式和规范。Walt 和 Gilson（1994）认为历史的健康政策研究花费了大部分精力去关注政策的主要内容，而却忽视了政策参与者、政策实施背景以及具体实施流程，因此提出了健康政策三角框架（Health Policy Triangle，HPT），专门用于健康政策的分析。如图 5-1 所示，政策三角框架的三个角分别是"政策内容""实施背景"和"具体流程"。"政策参与者"包括与该政策相关的个人、团体、组织和政府，位于三角形的中心，与三个角上的因素相互影响，不断地完善健康政策的制定和实施；政策内容包括政策实施目标、政策采取手段（例如法律法规等）；实施背景包括系统性的环境因素（社会、经济、政治、文化等）；具体流程是指政策制定、谈判、沟通、实施和评估等流程和实际采取的方式。HPT 在不同国家和地区的健康政策评估中得到了广泛的应用，经常被用来分析心理健康、卫生部门改革、结核病、生殖健康和产前梅毒控制等相关政策问题。

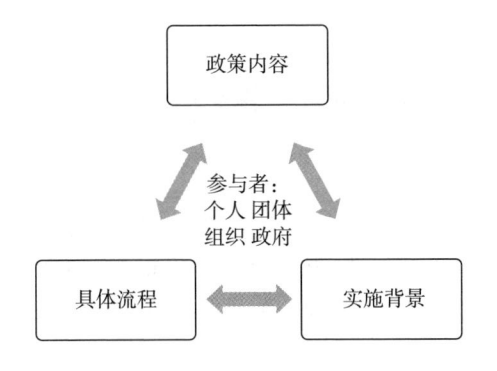

```
        ┌─────────┐
        │ 政策内容 │
        └─────────┘
           ↕
      参与者：
      个人 团体
      组织 政府
    ↕           ↕
┌─────────┐  ┌─────────┐
│ 具体流程 │↔│ 实施背景 │
└─────────┘  └─────────┘
```

图 5-1　政策三角框架

Kingdon 和 Stano（1984）提出了多流模型（Multiple Streams Framework，MSF），并在健康政策评估领域应用广泛。多流模型重点关注不断变化和互相影响的社会环境条件，以及它们与健康政策之间的内在关系。多流模型认为公共政策的实施过程具有随机性，涉及多个独立运作的"流"的交汇，具体包括问题流、政策流和政治流。问题流（Problem Stream）是指在社会中引起关注的问题，这些问题可以是公众或政策制定者认为亟须解决的重要议题，如社会不公平、环境问题等。问题流的形成通常涉及各种因素，如科学研究、媒体报道、社会运动等。政策流（Policy Stream）涉及解决方案的制订过程，包括可行的现行政策选择和解决问题的具体方案，政策流的形成途径包括专家研究和政府部门工作等。政治流（Political Stream）描述政策制定过程中的政治环境、民族价值观和社会情绪，通常涉及政府的政治议程、政策制定者的偏好和利益、政治力量的博弈等。多流模型强调了问题、政策和政治三个因素的相互作用，以及政策制定过程中的不确定性和复杂性，通过提供一种理论框架，帮助研究人员和政策制定者理解政策制定过程中的动态过程和影响因素，从而更好地制定政策和推动政策改革。

除了这些经典的分析模型，还有许多模型也正在被学者们广泛研究和运用。如利益相关者分析模型（Stakeholder Analysis）、政策网分析模型（Policy Network Analysis）、制度分析模型（Institutional Analysis）、政策实验室模型（Policy Lab Model）、复杂性政策分析模型（Complexity Policy Analysis）、社会网络分析模型（Social Network Analysis）等。

第三节 健康政策的效果

本节按照 Thomson 等（2018）提出的政策分类框架，即健康政策分为一级预防和二级预防两个层级，一级预防包含财政政策、监管和教育，二级预防包含预防性治疗和筛查，梳理具有代表性的健康政策评估文献。

一 一级预防政策

（一）财政政策

Moodie 等（2013）指出，一些跨国公司通过销售和促销烟草、酒精、精加工食品和饮料等不健康商品，已然成为非传染性疾病在全球流行的主要推动者。国家通常会采取财政政策手段，如通过税收手段，降低或增加价格、奖励或惩罚特定行为来改变民众对健康或不健康产品的需求（例如烟草、酒精、各类食品等），大量的实证研究证实了不健康食品征税带来的健康效益。例如，Summan 等（2020）研究了增加烟草、酒精和含糖饮料税收的影响。

财政政策除了影响产品需求外，也可能直接影响消费者福利。Gruber and Mullainathan（2005）研究了香烟税对吸烟者幸福感的影响，以往经验证据支持两种具有截然不同福利影响的模型：香烟税会使已经成瘾吸烟者的状况变得更糟糕；或通过提供一种有价值的自我控制工具而使吸烟者的状况变得更好。该研究则直接研究消费税对主观幸福感的影响，证明了消费税使吸烟者感到更加快乐，提高了他们的福利。此外，也有学者研究政策公平性，Remler（2004）指出烟草税对于那些不戒烟的贫穷者来说是沉重的负担。

不同于烟草和酒精，食物是人们生活的必需品，针对饮食的相关健康政策制定需要更加谨慎。例如，对食物采取征税、补贴或其他价格干预时必须考虑到这些政策会不会给低收入群体消费带来负面影响。政府的干预目标是增加健康食品消费、减少不健康食品消费，以及减少过量卡路里摄入以降低肥胖风险，进而实现全民健康。Alagiyawanna 等（2015）的研究发现，美国食品券补贴计划有助于提升低收入人群怀孕期间的胎儿存活率和增加胎儿体重。Black 等（2012）发现，实施针对妇女和儿童的特别营养补充计划后，得到补贴人群的营养摄入量平均增加了

10%—20%，且婴儿在出生时的健康状况更好。Collins 等（2015）的研究显示，英国含糖饮料价格上涨10%将使含糖饮料消费量减少4.6%，价格上涨20%将使消费量减少9.1%。Lock（2008）发现，在某低收入社区学校实施水果和蔬菜补贴计划后，得到补贴的儿童其长期的水果和蔬菜摄入量显著增加。

（二）监管

除了财政政策，监管也是一种改善健康水平的有效手段。在烟草方面，政府可以通过限制可吸烟场所来保护不吸烟人群免受二手烟侵害。但有一些研究显示，限制在工作场所和封闭公共场所吸烟会加重健康不平等问题（Frazer 等，2016）。在食物和营养方面，Hillier-Brown 等（2017）研究发现，政府要求快餐店在菜单上或收银机附近清楚展示每个菜品的卡路里含量后，人们的脂肪摄入量有所下降，且这种影响在居民收入和受教育水平较高的地区更加明显。在环境方面，环境监管政策包括交通管制、空气和水土污染治理等相关政策。Benmarhnia 等（2015）发现在实施空气污染治理政策后，空气质量有显著改善，且当地居民的平均寿命增加。Iheozor-Ejiofor 等（2015）研究了水氟化对预防龋齿的影响，发现水氟化降低了儿童的龋齿率，并且降低了所有区域人口的牙齿损伤率。

（三）教育

从理论上来说，相较于财政激励和监管措施，教育更能达到标本兼治的效果。但是，大量实证研究发现教育相关措施具有其局限性。例如，Brown 等（2014）研究了美国全国戒烟运动对居民健康的影响，并重点关注通过电视、广播和互联网进行干预对于提升居民健康意识的效果。结果表明，由于不同经济水平的家庭和个人受大众媒体影响的程度不同，依托大众媒体进行的戒烟运动在一定程度上扩大了健康不平等。类似地，Niederdeppe 等（2008）研究通过媒体进行戒烟宣传对低收入人群戒烟的影响，发现该措施对受教育程度较低的妇女发挥了更为显著的效果。Thomas 等（2008）则评估了在香烟包装上印刷危害健康警示对减少吸烟行为的影响，结果显示这些措施的效果并不显著。

Stockley 和 Lund（2008）研究了主题为"摄入叶酸能够预防婴儿生理缺陷"的教育活动的影响，该活动包括在墙上张贴相关广告和海报，以及专门针对低社会经济地位妇女开展的教育活动。结果表明，尽管教育活动对提高婴儿健康状况有积极影响，但在一定程度上加剧了健康不平等。Virgo-Milton 等（2016）研究了刷牙教育的影响，该计划每天监督 5 岁儿童刷牙，同时分发给每个家庭氟化物牙膏。结果显示，该教育活动显著改善了低收入人群的牙齿健康。

二 二级预防政策

（一）预防性治疗

预防性治疗在传染病控制方面的效果十分显著。Menzies 和 McIntyre（2006）研究了疫苗接种政策对土著群体健康的影响。结果显示，疫苗接种政策显著改善了土著居民的健康状况，并且这些政策对如乙型肝炎等病毒性疾病的作用最为显著。Crocker-Buque 等（2017）研究疫苗接种宣传对儿童健康的影响，研究结果显示，政府和相关机构宣传疫苗接种有助于保障儿童健康，但在减轻健康不平等方面的效果甚微。

（二）筛查

疾病筛查可以帮助人们更好地预防疾病和进行早期治疗。Spadea 等（2010）研究了鼓励癌症筛查政策对贫困地区妇女的癌症筛查参与率的影响，研究表明，相关措施提高了所有社会经济群体的癌症筛查参与率，对预防和治疗相关癌症起到了积极的作用。

第六章　数字经济时代下的健康人力资本研究

随着大数据、物联网、云计算和人工智能等数字技术迅猛发展,并逐步应用到各个领域,现代社会已经进入了数字经济时代。在此背景下,数字经济为健康人力资本带来了新机遇,同时也迎来新挑战。本章首先对数字经济进行了简要介绍,随后从生产生活方式、医疗服务和健康社会治理等三个不同层次,详细探讨了数字经济对健康人力资本的影响。

第一节　数字经济的内涵

一　数字经济的基本概念

目前,常见的数字技术包括社交媒体、移动互联网、云计算、物联网、大数据、人工智能、虚拟现实、区块链、破坏性技术等。从本质来看,数字技术是以"比特"表征信息的技术,能够对数字化信息进行转换、采集、传输、存储、运算、加工和还原。从组成来看,数字技术是嵌入在信息通信技术内或是由信息通信技术所支撑的产品或服务,包含数字组件(即硬件或软件)、数字平台和数字基础设施。从应用来看,Sebastian 等(2020)采用首字母缩写"SMACIT"指代一系列成熟且易得的数字技术,即社交(social)、手机(mobile)、分析(analytics)、云(cloud)和物联网(IoT),但这仅是数字技术的狭义定义,未囊括人工智能等新技术。Bharadwaj 等(2013)则给出相对广泛的定义,认为数字技术是信息、计算、通信和连接技术的组合,这是对 IT(Information Technology)和 ICT(Information 和 Communication Technology)等传统数字技术的拓展。

数字经济这一概念最早由 Tapscott(1996)提出,但并未给出明确定义。此后其边界范围不断变化，不同机构和学者的解释各有侧重，但大都认同数字经济是一种由数字技术和信息化带来的经济新形态。例如，美国人口普查局成员 Mesenbourg（2001）指出数字经济主要由数字基础设施、电子商务和电子业务三部分组成。OECD（2014）将数字经济定义为由数字技术驱动的、在经济社会领域进行持续数字化转型的生态系统，包括大数据、物联网、人工智能和区块链等。中国信息通信研究院（2022）将数字经济视为以数字化知识和信息作为关键生产要素，以数字技术为核心驱动力量，以现代信息网络为重要载体，通过数字技术与实体经济深度融合，不断提高经济社会的数字化、网络化和智能化水平，加速重构经济发展与治理模式的新型经济形态，涵盖数字产业化、产业数字化、数字化治理和数据价值化四个部分。与之一致，国家统计局（2021）将数字经济产业界定为数字产品制造业、数字产品服务业、数字技术应用业、数字要素驱动业和数字化效率提升业五大类，其中前四类对应数字产业化，第五类对应产业数字化。

二　数字经济的核心特征

作为一种具有独特属性的新型生产力，数字技术包含信息数字化和数据处理两大部分。数字技术使得物理组件具有了可重新编程性、可寻址性、可感知性、可交流性、可储存性、可追溯性和可关联性等基本特性（Yoo，2010）。基于此，数字技术的迭代更新快、使用效率高、应用成本低，具有非竞争性、无限供给、易复制、边际成本极低等优势。数据的高流动性可以重构弱流动性生产要素的资源配置状态，大幅提高产出水平；数据还可以降低信息不对称，从而直接提升个性化消费，间接提升社会总需求。

数字技术对经济运营机制的改变可以用"三升三降"来概括，"三升"即扩大规模、提升效率和改善用户体验，"三降"即降低成本、控制风险和减少直接接触（黄益平，2023）。通常认为，以数字技术为基础的数字经济在规模经济和范围经济上具有全新的经济特征。规模经济是指经营效率随着规模的扩大而提高，可以通过长尾效应实现。即，若技术水平不断提高，更多品种的产品和服务进入大众市场，那么除了大批量和单一品种的消费需求被满足外，零散和个性化的需求也能被不断满足。这种非流行市场累加起来将会形成比流行市场更大的市场，最终表现出规模效益。范围经济是指同时生产多个产品的总成本低于分别生产各个产品的成本之和，可以通过网络外部性和双边市场实现。正如"梅特卡夫定律"（Metcalfe's law）所指出的，网络外部性意味着一个网络的价值是以联网用户数量平方的速度增长的，人均使用价值随用户数量增加而大幅提高。双边市场意味着一组群体加入网络的收益取决于加入该网络的另一组群体的数量。因此，数字平台往往会通过扩大用户规模来提高数字经济价值，从而实现最大化利润。

三 数字经济的发展前景

基于上述分析，数字技术可以渗透进工农业生产以及服务业劳动，影响生产、分配、交换、消费等社会再生产的各个环节，在其自身不断演进与创新的同时，对各行业生产技术进行数字化改造提升，使得全社会呈现以数字技术进行生产的景象，形成经济的新增长点。

近年来，世界各国高度重视新一代数字技术与实体经济的融合，将其视为加快传统产业数字化、拓展经济发展新空间和驱动经济可持续发展的新引擎，并依据本国国情出台或深化了数字经济战略。例如，欧盟提交了《关于欧洲议会和理事会决定建立2030年"通往数字十年之路"政策计划的提案》，日本发布《ICT基础设施区域扩展总体规划2.0》，德国在《德国工业战略2030》中强调"当今最重要的突破性创新就是数字化"。我国也在《"十四五"数字经济发展规划》中提出（新华社，2021），"以数据为关键要素，以数字技术与实体经济深度融合为主线，加强数字基础设施建设，完善数字经济治理体系，协同推进数字产业化和产业数字化，赋能传统产业转型升级，培育新产业新业态新模式，不断做强做优做大我国数字经济。"

第二节 数字经济改变生产生活方式

一 数字设备和社交媒体使用

在新一轮信息技术革命的推动下，移动互联网等信息通信技术已经广泛应用到社会生活的方方面面。2022年，我国手机普及率达到每百人119.2部，固定互联网宽带接入5.9万户，较2021年有大幅增长（工业和信息化部，2023）。移动互联网的井喷式发展为数字消费者创造了诸多便利，但也可能导致"数字瘾性"和"数字依赖"。2018年，美国成年人每天花在社交媒体上的时间超过 6 小时（Ortiz-Ospina，2019），31%的美国成年人几乎保持随时在线（Andrew 和 ATSKE，2021）。《中国互联网络发展状况统计报告》显示，2022 年，我国短视频用户规模、网络新闻用户和网络直播用户分别达 9.62 亿人、7.88 亿人和 7.16 亿人，网民人均每日上网 4.2 小时（光明日报，2022）。其中，未成年网民中认为自己对互联网存在依赖心理者占比高达 19.5%（共青团中央和中国互联网络信息中心，2022）。社会和学术界都普遍认为，"数字瘾性"会对个人的身体健康和心理健康带来不容忽视的负面影响。

在身体健康层面上，长时间使用手机、电脑、电子阅读器等数字设备会造成眼部疲劳，长此以往，可能带来视力模糊、眼球发炎、眼睛干涩等多种眼部疾病，对眼部健康造成不可逆的损害。使用智能手机时人体的颈椎和上胸椎会明显弯曲，这种长期的软组织用力将导致肌肉骨骼疲劳和疼痛，长时间保持同一姿势坐在电脑前也会带来同样问题。此外，睡前使用手机会直接导致入睡困难、睡眠质量差和睡眠障碍，进一步造成日间疲劳、身体机能受损和免疫功能降低等问题。长时间使用数字设备还会通过影响睡眠时间、户外活动强度和饮食习惯等，逐渐引起肥胖和心血管疾病。

在心理健康层面上，使用社交媒体和心理健康的关系错综复杂，并受到人们所接触到的信息内容以及个体特征因素的调节，最终导致社交媒体和心理健康的因果关系是无法确认的（Kreski 等，2021）。社交媒体对个人心理健康状况的影响消极与否可能取决于人们如何使用它。

一方面，社交媒体的使用频率过高可能会导致睡眠时间减少、户外活动时间和锻炼不足、面对面社交活动缺失、遭受网络暴力、自卑心理等，从而降低个人生活幸福感，甚至会导致焦虑和抑郁等心理疾病。而另一方面，在社交媒体上进行真实的情绪分享和自我表达有利于提升生活幸福感，获得积极的社交反馈也能通过满足自尊心等方式调整心理健康状况。互联网还可以拉近人与人之间的距离，丰富社会关系网络，并为个人提供必要的非正式社会支持，从而提高用户群体，特别是弱势群体的心理健康水平。但也有研究发现了明显的数字鸿沟，数字素养低的人群难以通过社交媒体来改善心理健康状况（杨梦瑶等，2022）。

二 互联网提高健康信息可获得性

现代医学研究证明，许多疾病的产生都源于不良的生活和行为习惯。

当代中国人的不健康生活方式，例如高糖、高盐和高脂的饮食以及缺乏运动，导致糖尿病患病率在过去的二三十年中呈爆炸式增长。癌症同样是一种生活方式病，吸烟和吸入厨房油烟都是肺癌发病的主要诱因，吃剩饭和霉烂食品则会导致肝癌和消化道肿瘤，过度肥胖、饮酒、膳食缺乏维生素和微量元素、吃加工肉食、过度紫外线辐射、缺乏运动等等也会增加患癌概率。

在数字经济时代下，互联网的使用可以降低信息的搜寻成本和获取成本，提高健康信息的可获得性。一方面，过去教育资源的缺乏限制了弱势人群对于健康信息的获取，而互联网凭借开放、便利、具有海量信息的特点，可以提供日常健康信息指南、体育锻炼方法、特定疾病信息、就医选择问题等诸多健康信息，为健康生活方式的养成提供了基础条件。另一方面，互联网媒介具有广泛性和快速性，实现了类似人际传播的交互性和个性化，能够以广泛式和劝服式传播方式促进健康信息深入人心。在这个意义上，互联网能改变人们的思维模式和知识体系，从而促进个体采取健康的生活方式，进而提高健康水平。

实证研究发现，倾向于通过互联网媒介获取信息的个体，更有可能利用网上的健康知识，增强自身的基本健康素养和健康管理能力（戴璟等，2021），并转变健康意识和行为，最终实现健康水平的提高（赵颖智和李星颖，2020）。

三 数字技术提高就业时间灵活性

Grossman（1972）开创性提出健康人力资本的概念，并构建了分析健康需求的理论模型。该模型认为，时间具有一维性，个体可供支配的总时间是固定的，从事不同活动的时间相互冲突，用于工作和用于提高健康的时间显然成反比关系。基于"三八理论"，个体时间分配为八小时工作、八小时睡眠、八小时自由安排，若工作时间过长，不仅直接透支体力和脑力，而且将导致休息时间和自由安排时间被挤占，个体没有足够的时间用于疲劳恢复，也会更少地在闲暇时间进行身体锻炼和户外活动等健康投资。国内外已有丰富的研究证明，长时间、高强度的工作可通过挤占睡眠和锻炼时间，直接损耗劳动者的身体健康（Ahn，2016）。

在传统的工厂生产时期，雇员通常在固定场所提供劳务，离开工厂的大门就意味着一天工作的结束，剩余时间都由自己支配。然而，在数字经济时代下,信息通信设备和网络媒体(手机、电子邮件、聊天软件等)在工作领域的广泛应用,为劳动者就业带来更多的时间和空间灵活性,使得劳动者的工作与生活之间原本清晰的时间界限被打破,"随时待命"和"永久在线"成为现实。用人单位可以通过数字技术随时随地联系劳动者,使其在工作时间之外继续从事与工作相关的劳动,这在一定意义上延长了工作时间,使得不分时间和地点的加班成为工作常态。劳动者"离线权"的丧失通过挤占其他活动时间,最终会对其身心健康带来不利影响(戚聿东和刘翠花,2021)。

四 数字平台下零工经济方兴未艾

数字化平台为零工就业的创新性发展提供了滋养的土壤,即时出行、即时送餐、互联网家政服务等新兴行业已成为经济的重要新生力量。2022 年,超过 624 万骑手在美团外卖平台获得收入(美团,2023),1900 万司机活跃在滴滴打车平台(滴滴出行,2023)。

尽管线上平台能够实现服务需求方和供给方的精准匹配,为劳动力提供更多就业机会,但其本质上仍具有极度灵活性和不确定性等零工经济的典型特征,并不利于就业者的身心健康。主要原因有四点。其一,零工就业者普遍游离在劳动关系认定的法律框架外,难以得到劳动法保护,超长且不确定的工作时间是数字零工就业的常态。这使得零工群体产生难以消解的工作压力,自我损耗加剧,自我控制和调节能力也被削弱,更倾向于采取冒险、冲动和反规范的行为,职业伤害概率增加。有调研发现,近九成的外卖骑手每月会工作 28 天及以上,87%的骑手每天工作时间超过 8 小时,38%的骑手甚至超过 10 小时,长期高强度的工作使外卖骑手的身体一直处于亚健康状态(闫慧慧和杨小勇,2022)。其二,零工平台在员工和客户之间建立了评价体系,为避免差评而影响收入或被解雇,零工就业者需要维持优质的服务态度,甚至不得不忍受客户的不当行为,这会带来严重的心理压力和疲惫感。其三,雇主和零工就业者之间并不存在正式的雇用关系,后者不得不面临工作和收入不稳定的风险,缺乏安全感可能会导致其精神焦虑。其四,零工就业者通常无法享受雇主提供的健康相关福利,例如医疗保险、带薪病假和工伤赔偿等,面临更大的健康风险。

第三节 数字经济赋能医疗服务

一 数字医疗的内涵

随着数字信息化技术以及"云端"医疗技术的逐步推广,数字医疗(digital health)应运而生。它以互联网数字信息技术为依托,与医疗产业密切结合,辅之以大数据、物联网、区块链、云计算等智能信息资源平台,可以合理配置区域医疗资源,并重塑医疗产业链条的各个环节。

世界卫生组织对数字医疗的定义是利用信息通信技术促进健康,包括"使用移动无线技术实现健康"的移动医疗、"利用信息通信技术支持健康和与健康相关的领域"的电子健康以及远程医疗(国际电信联盟,2021)。美国食品和药物管理局将数字医疗定义为包括健康移动通信技术、健康信息技术、可穿戴设备、远程医疗、远程保健以及个体化医疗的广泛技术组合,涉及计算平台、连接、软件和传感器等数字技术在生产医疗产品或辅助诊断中的应用(FDA,2020)。它们能够分析处理海量数据,使得早期诊断、预防和个性化治疗疾病成为可能,满足普通市民、患者、医疗人员和医疗政策制定者等利益相关方的需求(Quaglio等,2016)。网经社(2023)认为数字医疗能够实现医疗、医药、医保等多个环节的在线化和智能化,涵盖了互联网医疗(在线问诊、在线挂号、健康管理、互联网医美、母婴医疗、疫苗接种、互联网心理等)、医药电商、运动健身等丰富业态。

二 数字医疗的应用

理论上,数字医疗能够加强以患者为中心的医疗供给,为患者、医疗机构和其他利益相关方之间的连接提供了新的可能性。对于患者而言,数字医疗意味着他们可以在就医过程中借助电子健康档案、远程医疗和可穿戴设备等,对自身健康状况和病症有更直观而全面的了解,并能获得更精准的医疗诊断和个性化的诊疗方案,有利于疾病预防、疾病早期诊断和疾病治疗。此外,随着互联网的普及,在线咨询和问诊平台使得医患间可随时展开沟通和诊疗,缓解了医疗卫生领域信息不对称与不平等现象,突破传统就医方式的时空局限性,特别是使得医疗卫生资源不足的地区也能享有高水平的专家会诊。对于医疗机构而言,数字医疗不仅促进了医院现代化管理框架的建设，能够优化就医环节、提高医疗服务效率、增大容纳就诊人数等，也推动了智能化医疗决策管理平台的建设，能有效提高临床手术诊断和医疗决策的管理效率和准确度。对于医疗企业而言，数字医疗通过整合患者的数据信息，可以有效配置生产资源、提高医疗仪器设备的生产效率，节省成本，提高效益。

诸多学者对此提供了经验证据。例如，互联网医疗信息外溢能引导人们优化就医行为，倾向于前往三级医院就诊，从而间接提高健康人力资本。临床实验评估也表明，数字化疗法，如使用移动软件对糖尿病和高血压等疾病患者进行行为干预，能够在一定程度上提供与药物治疗相当的治疗效果，甚至可以完全替代部分患者对于药物的需求，从而大幅降低药物成本，并提高治疗有效性。而移动医疗，如患者使用以蓝牙连接的血压监测仪和血糖监测仪，能实时收集重要的身体参数并与医疗机构共享数据，从而获得专业反馈和指导，对于预防心血管疾病具有积极作用。

基于上述分析，数字医疗在未来具有广阔的应用空间和发展前景。世界卫生组织发布了《数字健康全球战略（2020—2025）》，明确提出四个战略目标：一是促进全球合作并促进数字健康知识的转移；二是推进国家数字卫生战略的实施；三是在全球和国家层面加强数字医疗治理；四是倡导以数字医疗为基础、以人为本的医疗系统，强调世界各国要抓住数字医疗的机遇，推动数字技术高效而安全地赋能医疗建设（WHO，2021）。我国也在《数字中国建设整体布局规划》中指出要大力发展数字健康，规范互联网诊疗和互联网医院发展，构建普惠便捷的数字社会（新华社，2023）。截至2020年，远程医疗协作网已覆盖我国所有地级市2.4万余家医疗机构，5595家二级以上医院普遍提供线上服务，为缓解老百姓看病就医难题提供了可能（国家互联网信息办公室，2021）。

三 数字鸿沟加剧健康不平等

尽管数字医疗的发展为促进人类健康提供了新机遇，但由于数字鸿沟的存在，数字医疗也在很大程度上加剧了健康不平等现象，挤压了数字技能水平较低人群的就医空间。

数字鸿沟是指能够利用信息通信技术的人口和地区与不能或被限制利用信息通信技术的人口和地区之间的差距（WHO，2021）。当大众普遍可以享受现代科技带来的数字医疗便利之时，还有相当一部分数字技能水平偏低的人却不会甚至不敢使用智能手机,在网上预约或现场自助挂号、持健康码进入医疗机构、在线搜索医疗相关信息等日常就医的方方面面都面临不便,无法充分享受智能化服务带来的便利。通常认为,医疗领域存在数字排斥的原因有三种:一是客观条件限制,个体无力承担数字设备的购买和使用成本;二是主观动力不足,个体认为数字技术与自己无关,或没有值得让自己尝试的价值;三是个体能力不足,缺乏必要的数字技能。数字素养偏低的弱势群体包括但不限于老年人、少数族裔、残疾人、低收入群体、农村群体、偏远地区群体等等。

从个体角度来看,上述弱势群体较少使用远程医疗,特别是视频形式的远程就诊,更少采取需使用手机和可穿戴设备的数字化疗法,对数字医疗的感知有用性也更低。他们对门户网站(能够连接电子病历,以供患者随时了解本人的身体状况)的兴趣和使用率同样低于其他群体,且即便已拥有了电脑等必要基础设备,该差距仍难以消除。在日常生活中,他们对于互联网的使用率也更低,更少采取数字健康行为,例如在网络平台上搜索健康信息、购买药品、预约医生、同医生沟通、同与自己身体状况相似的患者交流等等,从而对个人自我报告的健康状况产生消极影响。这造成了一种矛盾的现象,即尽管数字医疗方式可以增加基础诊疗机会的可及性和便利性,提高医疗效果,但那些最需要帮助的弱势群体实际上却最少从中受益。换句话说,数字鸿沟严重限制了数字素养较低人群利用数字技术改善健康的潜力,这无疑进一步加剧了健康不平等现象。

从医疗机构角度来看,不同地区、不同规模的医疗机构其数字医疗资源也存在鸿沟,同样会导致弱势人群无法充分享受数字医疗的红利。例如,尽管美国医院对电子病历的采用率已超过八成,但农村医院和小型医院的采用率却明显偏低(Adler-Milstein 等,2017)。类似地,小型医院中能对外提供远程医疗服务的占比较低,主要因为它们的患者对于远程医疗的可接受度较差,且医院自身的经营利润率往往非常低,不足以支持远程医疗技术所必需的先进基础设施。而这些数字医疗资源不足的医院往往坐落在居民整体收入较低的地区,或者少数族裔和移民聚集的地区,最终导致健康不平等现象的进一步扩大。

第四节　数字经济赋能健康社会治理

一　数字技术提高公共卫生事件应对能力

众所周知，近年来数字技术已在诸多公共卫生事件的应对中起到了举足轻重的作用。Murthi（2023）也指出，进一步扩大数字技术在医疗体系中的应用、创新性发展快速跟踪技术，对于防范下一次突发公共卫生事件具有重要意义。

2014—2016年西非埃博拉疫情期间，运用高通量基因组测序，在24小时内即可完成埃博拉诊断。手机数据被用来了解人群流动模式，手持测序设备能实现更有效的接触跟踪，机器人技术被用于临床护理（远程医疗、净化去污）、物流（运送和处理污染物）、监管（监督患者是否遵守隔离要求）等方面。

在2020—2023年新冠疫情期间，数字技术也得到普遍应用，涉及病区管理、流行性病学调查，对降低发病率和死亡率起到至关重要的作用，大大提高了健康社会治理水平。在公共信息交流方面，中国卫健委和中国电子科技集团联合推出了"密切接触者测量仪"应用程序，它不仅可以为用户提供最新的疫情状况、疫情公告、疫情地图和医疗信息，而且输入个人基本信息即可查询自己是否与确诊病例或疑似病例有过密切接触。在社区防控方面，众多酒店集团陆续推出无接触服务，消费者可通过手机客户端和酒店自助机完成下单、续住、退房等手续，也有酒店提供机器人自主送物服务。在药物研发方面，AI诊断算法能大幅压缩疑似病例基因检测及病毒结构分析时间，加快药物筛选和研发进程。在辅助医疗诊断方面，AI诊断系统可以对患者病历和CT影像进行智能化分析，给出辅助诊断意见。在提升筛查效率方面，基于图像识别和红外成像技术的非接触式AI测温系统被广泛应用在地铁、车站、机场等公共场所，能够快速筛查体温异常者。在疾病科普指导方面，丁香园等应用程序为用户提供新冠疫情相关知识解读。在资源调配方面，京东推出"应急资源信息发布平台"，覆盖全国3000多家医药及食品企业，为物资调配提供保障（马源和高太山，2020）。

二　数字技术带来健康社会治理问题

尽管数字技术在公共卫生事件和自然灾害中具有广阔的应用前景，但很可能会加剧数字不平等现象。例如，2013年超强台风"海燕"袭击菲律宾，灾后救援工作严重依赖于短信和社交媒体。这使得物质错误地倾斜给能够产生最多"噪声"的人，而不擅长使用网络的用户（通常是社会经济地位较低的弱势群体）却难以寻求帮助，这无疑加剧了数字鸿沟和救灾工作中的不平等。类似地，新冠疫情期间，全球性居家隔离使得互联网成为一种必需品，人们不得不在家远程办公或学习。低收入家庭的数字设备更少、质量更差，互联网使用效果明显受限。因此，新冠疫情给低收入家庭带来的短期和长期经济损失都更为严重，最终导致数字不平等现象在未来进一步恶化。

社交媒体在传播健康信息的同时，也增加了传播错误的、相互矛盾的或者人为操纵的信息的风险。例如，在新冠疫情期间，不受监管的社交媒体上散布着不实言论，传播者从中谋取经济利益，而那些错误地相信不实言论的群体往往更不愿意接种疫苗和采取健康防护行为，从而面临更大的健康风险（Allington等，2021）。

此外，在新冠疫情等重大突发公共卫生事件期间，疫情防控和人权之间的权衡问题亟待研究。孙世彦（2020）指出，新冠疫情期间政府为防控疫情而采取的干预措施，例如，采用数字技术追踪个人行踪、限制迁徙自由等，可能会侵犯居民的隐私权利、人身自由等权利。因此，如何在借助数字技术有效防控疫情的同时，在最小程度上限制对人权的享有和行使，是对所有国家人权治理能力的重大考验。

第七章　全球老龄化背景下的健康人力资本

人口老龄化是社会经济发展、生活水平提高、医疗技术进步和预期寿命延长的结果。目前，全球已进入老龄化阶段，许多国家甚至已经进入或即将进入重度老龄化阶段。在此背景下，全球各国都面临一个重要问题：随着寿命的延长，人们是否能够保持健康，还是以较差的健康水平继续生活？换句话说，人们是否实现了健康老龄化？本章将从人口老龄化的定义和现状开始介绍，接着从微观、中观和宏观三个层面切入，探讨人口老龄化对健康人力资本的多重影响，最后提出实现健康老龄化的几点建议。

第一节　全球老龄化背景

本节介绍全球老龄化的定义、变化趋势和现状，在此基础上，进一步探讨健康是否随着寿命的延长而延续，即预期寿命和健康预期寿命的增长是否一致。

一　全球老龄化的定义和现状

（一）人口老龄化的定义

人口老龄化是指随着时间推移，老年人口占总人口的比例增加。人口老龄化是人口结构变化的客观规律，直接原因在于死亡率和生育率的下降，根本原因在于经济社会的发展。国际上通常用 65 岁及以上人口比例来衡量人口老龄化。根据 1956 年联合国《人口老龄化及其社会经济后果》确定的划分标准，当一个国家或地区的 65 岁及以上老年人口数量占总人口比例超过 7% 时，意味着进入老龄化。7%—14% 为轻度老龄化阶段，14%—20% 为中度老龄化阶段，20% 以上为重度老龄化阶段。

（二）全球老龄化趋势

自2002年起，全球进入老龄化阶段。65岁以上人口从2002年的7.0%逐渐提升到2022年的9.7%。虽然目前尚处于轻度老龄化阶段，但是，自2012年以来世界人口老龄化呈加速趋势，平均每年增加0.20个百分点。根据联合国人口司（UN DESA，2022）的预测，预计到2050年，全球占比将提升至16.4%，进入中度老龄化阶段。

高收入国家在死亡率降低的推动下率先进入老龄化阶段，人口老龄化程度更深。早在1960年，大多数高收入国家就已经进入老龄化行列，65岁以上人口占比达8%。当2002年世界人口进入老龄化行列时，高收入国家已进入中度老龄化社会。随后，部分中低收入国家在婴幼儿疾病死亡率和传染病死亡率下降的推动下，也逐渐进入老龄化社会。

当前，一些高收入国家已经进入重度老龄化阶段。受经济水平、文化观念、国家政策等因素的影响，重度老龄化国家多分布在欧洲。芬兰、德国、法国、丹麦等国家在1970年之前就进入了老龄化社会，并陆续度过了轻度老龄化和中度老龄化阶段，分别于2008年、2015年、2018年和2020年进入重度老龄化阶段，65岁以上人口超过20%（PRB，2023）。除了欧洲国家之外，日本也是目前老龄化程度最为严重的国家之一。在20世纪70年代，日本就已进入轻度老龄化社会，1994年进入中度老龄化社会，2004年进入深度老龄化社会，2021年日本老龄人口占比已达到29.79%（The World Bank，2023）。轻度老龄化阶段国则大多分布在亚洲和南美洲。马来西亚、越南、墨西哥、巴西等国家近些年进入了轻度老龄化的队列，分别在2015年、2016年、2020年和2011年进入轻度老龄化阶段，当前均尚未超过14%（马骏，2023）。

（三）中国老龄化现状

中国老龄化具有"数量多、速度快"的特点。中国是世界上老年人口最多的国家，占世界65岁及以上人口的比例超过五分之一（国家统计局，2023）。自1964年起，我国老年人口比重开始上升，当前老龄化进程十分迅猛。中国虽在2001年才开始进入老龄化社会，但在2021年人口老龄化率就已达14.20%，只用了21年就进入了中度老龄化社会（Wang et al，2023），而法国、英国、德国分别用了126年、46年、40年才完成这个过程。据国家卫健委（2022）的测算，预计2035年左右，中国将进入重度老龄化阶段。老年人口在人口结构中所占比例的逐渐升高，意味着我国在劳动力需求、医疗领域和养老金体系上都将面临巨大挑战。

中国老龄化还呈现"差异大、任务重"的形势。中国老龄化现象的地区差异明显，东部沿海地区老龄化程度相对较高，而西部和农村地区老年人口比例相对较低。这种差异性导致了不同地区在应对老龄化问题上面临不同的挑战和需求。因此，中国应对老龄化任重而道远。养老服务和社会保障压力巨大，养老院床位不足、养老金缺口等问题亟待解决。同时，老年人口健康状况不容忽视，慢性病、失能和认知障碍等老年疾病呈上升趋势，对医疗保健和养老服务提出了更高的要求。此外，老年人权益保障也亟待加强，包括养老金制度改革、医疗保健服务的提升、老年人精神需求的关注等。

二 预期寿命和健康预期寿命

在全球老龄化背景下，有一个问题非常关键：人们是既长寿又健康，还是虽然寿命有所延长，但是主要以较差的健康状态存活？在一个理想的世界里，预期寿命的增加主要是由于健康生活年限的增加，即老年人口保持良好的健康状况。在这种情况下，人口老龄化将带来人力资本的增长，老年人继续为经济和社会发展做出贡献。但是，如果更长的寿命伴随的是健康水平的下降，则意味着老年人口的身体机能难以继续支持其在家庭、社会和劳动力市场中的角色，同时还会给家庭养老、社会服务和医疗保健带来巨大挑战。

本书第一章已经介绍了衡量健康水平的重要指标——预期寿命（life expectancy，LE），全球预期寿命在过去的70年持续增加。但是，在非传染疾病患病率逐渐升高的趋势下，预期寿命在反映生命质量方面存在一定的局限性。因此，健康预期寿命（Healthy Life Expectancy，HLE）也被纳入健康研究体系中。WHO（2000）将健康预期寿命定义为"一个人在没有残疾或重大疾病的情况下，有望在健康状态下生活的平均年数。"它是一种综合衡量指标，结合了寿命长度和生活质量，考虑了疾病、残疾和其他健康状况。

《2022年世界卫生统计》报告显示（WHO，2022），全球人口寿命不断延长，同时伴随着健康状况的改善。从2000—2019年，全球的预期寿命（LE）从66.8岁增加到73.3岁，而健康预期寿命（HALE）从58.3岁增加到63.7岁。预期寿命的增长速度略快于健康预期寿命的增长速度，这意味着预期寿命增加的部分并非完全是健康寿命，也包含着带病生存年数的增加。因此，在全球老龄化背景下，健康人力资本将面临新挑战——老龄人口的健康问题及其外部性。

第二节 人口老龄化的微观挑战

人口老龄化是由众多微观个体寿命的延长所构成的，因此，首先需要探讨寿命的延长对个人及其家庭的影响，包括老年人寿命延长所伴随的机体患病风险、认知障碍、心理疾病、失能等健康问题，以及老龄化背景下日益加重的健康不平等问题和家庭养老负担。

一 老年人健康隐患增加

（一）老年人的机体患病风险

当人步入人生的老年阶段，身体会迎来一系列健康问题。一方面，随着机体的衰老，慢性病开始暴发；而另一方面，随着身体的虚弱，外界的伤害将变得难以抵御，甚至一个小小的跌倒扭伤也可能带来巨大的危险。

在老年人口的死因中，有91.2%来自心脏病、脑血管疾病、恶性肿瘤、糖尿病和高血压等慢性疾病。在中国老年人群体中，最常见的是高血压，患病率为66.9%，其次是糖尿病，患病率为19.6%，有50%的老年人同时患有3种及以上慢性病（张拓红，2015）。疾病不仅会造成直接的伤痛，还可能间接地带来许多健康隐患。例如，有的老年人因患有多种慢性病，需要就诊于不同的医院、科室和医生，接受多种治疗手段和同时服用多种药物，从而可能带来治疗手段冲突、药物相克等问题。此外，还有许多老年人缺乏慢性病的相关知识，不知晓自己患有慢性病，或者即便知晓也没有采取足够的重视和治疗，最终导致慢性疾病进一步恶化，威胁生命健康。

跌倒也是老年人的重要健康隐患。Ungar等（2013）的研究发现，居住在社区的老人中，30%的65岁以上老人和50%的85岁以上老人每年至少发生一次跌倒，而在那些长期性的护理机构中，老年人跌倒则更为普遍，每年有超过50%的65岁以上老人发生跌倒。Karlsson等（2013）则指出了跌倒可能给老年人带来的健康问题，其中，有4%—15%的跌倒会造成重大伤害，在受到伤害而导致的死亡中有23%—40%是跌倒导致的。

跌倒造成的伤害程度不等，可以从轻微擦伤、手腕撕裂伤到髋部骨折，更有甚者会成为引发神经、心血管等方面疾病的导火索。

（二）老年人的认知障碍和心理疾病

身体机能的衰退也伴随着认知能力的逐渐下降，而老年痴呆症则让这一问题更加突出。痴呆症是一种临床综合征，其特征是获得性认知和情绪能力丧失，严重的可能会影响日常功能和生活质量，如社交活动减少、独立性减弱和日常功能受限等。世界卫生组织（2021）估计，目前有超过5500万人（65岁以上的人群中，8.1%的女性和5.4%的男性）患有痴呆症，且这个数字还在持续上升中。预计到2030年，全球痴呆症患者人数将超过8千万人，到2050年可能超过1.52亿人。

此外，老年抑郁问题也不可小视，它已经严重影响到老年人的心理健康，也是导致老年人自杀的重要因素之一。一些疾病如脑卒中、帕金森病等，容易导致老年人罹患抑郁症。它们易共病抑郁，互为影响。公众对抑郁症的认知虽有所提升，但老年抑郁群体的能见度依然较低，老年抑郁症识别率低、治疗不充分，随着人口老龄化的深化，这个问题将越发凸显。全球老龄化与成人健康研究项目（Study of Global Aging 和 Adult Health，SAGE）调查显示，0.3%的60岁以上人群在医院确诊抑郁症，2.2%通过症状自判为抑郁症。抑郁的老年人更容易经历虚弱和记忆力下降，其他症状还包括悲伤、易怒、虚弱、食欲变化、睡眠紊乱和注意力变差，以及对日常活动和爱好失去兴趣，对自己和未来有持续的负面情绪和绝望感，也容易导致所谓的"假性失智症"（Pseudo-dementia）[①]。

老年抑郁症不仅影响心理健康，还会产生许多间接的伤害。首先，抑郁症可能与其他躯体疾病产生交叉影响，从而加重老年人的患病情况；其次，抑郁症可能导致部分老年人患上老年痴呆症，从而带来认知功能不可逆的减退；再者，如果老年抑郁症没有得到及时和有效的治疗，还会导致老年人自杀率升高，从而给家庭带来沉重打击。

（三）失能和依赖

面临身体、心理和认知三个方面的健康问题，许多老年人可能失去日常生活自理能力，需要他人的帮扶与照顾，这种现象通常被学者称为

[①] 假性失智症是一种可逆的认知功能障碍，其症状类似于老年痴呆症（真性失智症）。但与老年痴呆症不同的是，假性失智症是由其他可逆的身体或心理健康问题引起的，如抑郁症、药物副作用、甲状腺问题等，一旦这些潜在问题得到治疗，其症状通常会逐渐改善或完全消失。

"失能"和"依赖"。失能状况通常可以用日常生活活动能力（Activity of Daily Life，ADL）来衡量，包括吃饭、穿衣、洗澡、室内活动和大小便等独立生活所必需的基本能力，如果这些活动能力中的任何一项丧失，就需要他人提供日常生活的照料。而依赖（independence）是指"对超出健康成人通常所需的经常性人工帮助或护理的需求"。依赖的直接原因是失能，导致老年人依赖的最突出因素包括慢性疾病（尤其是中风、痴呆）和虚弱。

此外，区别于日常生活活动能力，工具性日常生活活动（instrumental activity of daily life，IADL）能力反映了一个人的社会参与能力，用于评估老年人处理家庭事务、参与社会活动、从事日常工作、使用交通工具和进行户外活动的能力，这些活动能力当中的任何一项丧失，都会将老年人排除在社会生活之外。老年人普遍存在社交隔离的问题，其退休后社会参与能力减弱，可能导致孤独、抑郁等心理疾病。

二 老年人健康不平等

本书的第十三章会详细探讨健康不平等问题，本小节仅介绍对于老年人来说较为突出的健康不平等现象。

（一）性别差异与老年人健康不平等

联合国驻华系统（2016）发布的《老年公平在中国》报告指出，相较于男性，女性的寿命较长（3年）、退休较早（7年），因此平均工龄较短，退休前收入水平较低。养老金是老年人收入的主要来源，养老金收入多少取决于一个人在退休前的工资水平。因此，退休前的收入差异还将延续至退休后，老年女性的年均养老金收入仅为老年男性的54.6%。经合组织国家平均每年支付给妇女的养老金较男性低27%。此外，女性工作者，特别是老年女性工作者，会更容易受到工作自动化的影响，例如，人工智能等技术变革可能导致其掉队和下岗。这些由于性别导致的收入差异将导致老年女性在退休后面临更大的经济挑战，最终扩大老年女性和老年男性群体间的健康不平等。

（二）社会经济地位差异与老年人健康不平等

相较于性别导致的健康不平等，不同社会经济地位群体间的健康不平等问题则更加突出。社会经济地位较低群体由于早期的健康投资水平较低、工作种类和强度对健康的损耗较大等问题，更有可能在老年阶段出现身体、心理或认知方面的健康问题，从而产生失能和依赖，需要获得支持来进行日常生活活动。而社会经济地位较低的人群往往难以支付所需的长期护理,从而面临经济和健康方面的双重困境,进一步拉大了其与较高社会经济地位群体间的健康差距。此外,在当前的养老保险制度下,高收入人口和城镇人口获取养老金的额度通常更高,从而进一步扩大了老年人群间的健康不平等现象。

(三) 城乡差异与老年人健康不平等

城乡在生活状况、医疗保障等方面存在显著差异,农村老年人普遍存在保障性收入低、社会融入难的问题。一般而言,生活在农村社区的老年人在长期护理方面面临着多重挑战,包括缺乏照料者、对可用资源的了解有限、受到孤立、缺乏公共服务以及保留农村落后的文化。此外,农村空巢老人这一弱势群体的健康问题也需要引起社会的关注,本书第十四章将对这一话题进行详细探讨。

三 家庭养老负担加重

老年人的健康问题不仅关乎其个人的生活质量和福祉。家庭成员作为养老的第一责任人,在人口老龄化背景下将面临更大的养老负担。人口老龄化意味着人口的年龄结构发生改变,更多的人处于需要护理的年龄,而更少的人处于提供护理的年龄。同样地,家庭的代际结构也发生改变,预期寿命的延长意味着家庭中有更多的老人需要照顾,同时,生育率的降低意味着照顾体弱父母的子女数量减少。养老负担加重,家庭养老功能弱化,使得老年人的健康需求将难以仅仅通过家庭赡养得到保障。例如,中国目前普遍存在的"421"家庭成员结构模式:对两个青年人来说,他们需要赡养双方父母及自己的小孩。历史悠久的大家庭结构转变为较小的核心家庭模式,这使得每个家庭负担的养老成本明显增大,在人力和财力上都很难具备过去多子女大家庭照顾老年人所具有的充裕性和分担性,特别是在老人患病或失能的情况下,家庭养老更是捉襟见肘、难以为继。

除了家庭结构的变化外,生活方式的转变也冲击着传统的家庭伦理观念。代际分居模式逐渐成为主流,成年子女与老年长辈之间通常是异地生活,由于时间、精力所限,老年人将难以得到及时的照料和悉心的陪伴,甚至会出现老人长期独守空巢的境况。Fuligni 和 Zhang(2004)的研究结果显示,当代年轻人的家庭养老责任感有所减弱。传统上依靠亲情关系解决的老人照料问题已越来越不具备现实可行性,现代生产生活方式与传统家庭伦理尤其是养老观念之间产生了不可调和的矛盾。

而对于成年子女而言，长辈高龄化及同辈子女数量的减少会加重其养老负担，从而导致照料者身心受损。按照自然人的生命周期规律，人到70岁之后，身体各项机能退化的趋势将明显加剧，患病率、伤残率增加，自理能力下降，需要更多的日常护理、生活照料和社会服务。当代成年子女在参与工作以保证全家经济来源的同时，还要担任起日常抚养小孩和照料老人生活的重任，这将导致其身体和心理健康受损。

第三节　人口老龄化的中观后果

随着老龄化的加深，家庭养老功能已不足以负担起照料老人的任务，因此，社区的公共养老服务就成为另一个需要关注的重点。本节将从社区的公共养老服务和年龄歧视问题两个角度，探讨人口老龄化对健康人力资本的影响。

一　社区的公共养老服务

社区公共养老服务是指在社区内为老年人提供的包括物质、设施、衣食住行方便及生活照料、医疗护理、心理保健文化教育、体育娱乐、法律咨询等方面的服务，这些服务可以有效防止老年人无处可依，并能增强老年人的身体机能和福祉。关爱老人的社区环境能够使老年人安全地变老，在人道主义紧急情况下受到保护，并能继续个人发展，融入社区并为社区做出贡献，同时保持他们的自主权、尊严和健康。许多老龄化程度高的国家采取综合方式提供保健和社会护理服务，老年人的居住和护理场所也越来越多样化。除了传统家庭外，有护理需求的老年人也可以居住在疗养院、老年中心、成人日托等护理机构。当今，社区公共养老服务越来越关注老年人的健康需求，强调赋予老年人权力，让他们积极参与有关其护理和福祉需求的决策，而不是仅提供简单的康复和支持性护理。护理的个性化护理转变提高了老年人的参与率，老年人的需求成为护理设计的重点。

在这种需求形势下，如何在提供高质量社区养老服务的基础上控制成本，从而保障社区养老服务的可持续性就显得至关重要。美国的"居家独立示范"（Independence at Home Demo）提供与LTC（Long-Term

Care）服务相结合的家庭初级保健，可以使体弱老年人减少，而成本却没有任何增加。在日本，政府采用了以社区为基础的综合护理系统，通过整合医疗、LTC 和社会护理服务，来满足慢性病和残疾患者的需求。这些政策和服务可以通过社会保险制度实施，也可以由地方或中央政府提供资金，主要服务提供商也可能因营利性、非营利性和政府组织而异。但如果要政策可持续，成本效益至关重要。因此，需要加强评估养老服务机构和政策的成本效益，这将为制定有效的老年人服务模式和政策、应对老龄化趋势提供有力的帮助。

二 社区的年龄歧视问题

和种族歧视类似的，老年人也可被视为一类被污名化的群体，老年人普遍面临的年龄歧视问题源于社会的刻板成见。这些成见认为老年人都是脆弱的、无能的，需要依赖他人，并且对社会没有贡献。然而，这种观念缺乏实证支持，并且限制了社会充分重视和发挥老年人潜在的人力资本功能。这种歧视性成见对老年人造成了许多负面影响。首先，老年人可能被边缘化，被排除在社会的各个领域中，无法充分参与经济、政治和文化活动。其次，这种歧视可能导致老年人自尊心和自信心的下降，甚至影响他们的心理健康。最后，这种观念也限制了社会对老年人经验和智慧的利用，阻碍了跨代交流和知识传承。

学术界也研究了这种普遍存在于社区生活中的年龄歧视对老年群体健康的影响。刻板印象理论表明，随着个人进入老年阶段，当日常习惯（如健忘）开始符合人们对老年人的刻板印象时，刻板印象将变得突出（Levy，2009）。然后，刻板印象可能会内化，继而影响老年人的行为、生理和心理状况。这个过程不仅反映出生物学功能随年龄的增长而下降，还反映了心理社会过程的负面影响（Levy，2009）。

在进一步的研究中，Giasson 和 Chopik（2020）将歧视分为显性歧视和隐性歧视。显性测量使用李克特量表直接评估个人对被污名化群体的看法，而隐性测量则捕获对被污名化群体的无意识偏见。研究结果表明，在隐性年龄偏见较高的州，老年人更多地存在抽烟、酗酒和其他不良生活习惯。但让人意外的是，显性的年龄偏见却似乎与老年人更积极、健康的行为有关。作者对该结果提出了两点可能的原因：所有人都会经历被羡慕和被污名化的人生阶段，这个过程可能有助于人们在老年前形成更好的心理素质和心理健康水平，从而以更积极的心态和行为应对年龄歧视；年龄偏见的表达可能在老年人更健康的社区中更为普遍。面对这些可能性，学者还需进一步探索年龄歧视对健康人力资本的影响路径。

第四节　人口老龄化的宏观效应

随着老年人口的增加，医疗需求也随之增加。一方面可能导致公共医疗费用上升和医疗领域承压超载问题；而另一方面，慢性疾病增加也给中医药学发展，以及技术和药物创新带来重大机遇。本节将从正反两个方面探讨人口老龄化对医疗领域的影响。

一　医疗领域承压超载

随着人口老龄化的不断加剧，公共医疗费用的上升成为日益严峻的问题。一方面，人口老龄化意味着需要社会负担医疗费用的个体增加，这将带来庞大的社会总医疗费用支出。另一方面，随着人口老龄化，老年人口中慢性疾病的患病率也有所提升，而慢性疾病具有起病缓、病程长和反复发作的特点，需要更频繁的医疗服务和长期护理，这将导致老年人口的人均医疗费用上升。张本波（2002）指出，65岁以上人口和65岁以下人口的人均医疗费用比约为3∶1至5∶1，特别是75岁以上人口的医疗费用增长更快。

人口老龄化还会导致医疗领域的承载超载。由于医院床位、医生和护士等医疗资源有限，迅速膨胀的老年人口将导致医疗资源的短缺和排队等待时间的延长。同时，老年人的慢性疾病通常需要长期的医疗管理和治疗，这对医疗服务的需求提出了更高的要求。医疗机构和医务人员需要投入更多的资源和精力来满足老年人口的医疗需求。然而，由于医疗资源的有限性，医疗机构往往难以提供足够的服务，从而产生承压超载的现象。与此同时，随着人口老龄化社会的到来，参保人群中的退休人口所占比重随之增大，医疗保险抚养比也越来越大，这导致了医疗保险基金的负担加重，基本医疗保险基金就面临着更大的基金出险的风险。

在这种背景下，构建以老龄人口为中心的医疗服务体系、合理分配好医疗资源就显得至关重要。例如，2014年新加坡亚历山德拉卫生系统开展的"就地老龄化"项目，通过减少不必要的住院，提高了老年人的生活质量。该项目针对临床服务（包括急诊）使用率较高的老年人，通过社区护士上门服务来发现其实际需求，确定哪些需求尚未得到满足，并相应制订卫生保健方案和随访计划。通过这种方式，卫生系统成功降低了67%的住院率，并改善了医院资源使用情况。

Lopreite 和 Mauro（2017）基于欧盟统计局 1990—2013 年的数据，研究了人口老龄化对医疗支出的影响。研究结果显示，与预期寿命和人均 GDP 相比，意大利的医疗支出对老龄化人口的反应更为明显，而有效的健康干预措施，如健康促进和疾病预防计划，可以帮助老年人保持健康状况，从而减轻与老龄化相关的成本压力。

二 医药行业发展机遇

在老龄化趋势和慢性病负担加重的背景下，医药行业面临着前所未有的发展机遇，尤其是中医药的振兴。现代医学和医疗保健系统主要通过识别症状、生命体征和异常的影像学检查结果来诊断疾病并制订治疗方案。虽然这种方法对于处理单一疾病非常有效，但在处理与老年人健康状况相关的问题时存在一定的局限性。相比之下，中医药作为中国本土的传统医学，在文化认同、治疗机理、治疗效果等方面具有更适宜慢性病防治与康复的特点，同时针对慢性病具有个体化治疗、预防调理、综合辅助治疗和丰富的经验等优势。在老龄化社会中，中医药学将发挥重要的作用，满足广泛的慢性病预防和康复需求，积极促进公众健康。本书第十一章将对中医药学进行更详细的介绍。

此外，随着老年人口的增加，针对老年人的医疗设备、药物和治疗方法的研究将得到更多关注，政府、医疗机构和企业将会加大对老年人医疗领域的研究和创新的支持力度，间接刺激技术设备的创新和医疗水平的提高。在医疗设备方面，研发产品将更加注重老年人的舒适性、易用性和安全性，以提供更好的医疗体验和效果。例如，针对老年人的智能健康监测设备、便携式医疗设备和康复辅助设备等将会得到更多关注和投入；在药物方面，由于老年人的身体代谢和药物反应性可能与年轻人存在差异，因此需要更加个性化和安全的药物治疗方案。其中，针对老年人常见疾病的药物研发也将成为研究的重点，以提供更有效的治疗选择；在治疗方法方面，将会有更多的研究和探索针对老年人的特殊治疗方法。这可能包括针对老年人的手术技术改进、康复治疗方案优化以及综合性的老年人健康管理模式等。

第五节 实现健康老龄化

人口老龄化对健康人力资本产生了微观、中观和宏观三个层面的影响。应对这种不可避免的人口结构变化所带来的不利影响,并实现"健康老龄化",是全球各国共同面临的重大议题。

一 健康老龄化的内涵

在20世纪60年代以前,人们普遍对老龄化持有负面的观点。他们认为衰老是一个逐渐进行、线性走向死亡的过程(Cumming等,1960)。老年人被视作一个被动的角色,老龄化是一种不可改变的命运。Cumming和Henry(1961)发表的脱离理论再次强调了这种负面观点,将成功的衰老定义成"为死亡做准备",并重点考察人们脱离中年活动的能力。Havighurst(1961)提出的活动理论是迈向积极老龄化观点的第一步。不同于脱离理论,他将成功的衰老定义为积极参与愉快的活动。此后,各种关于"成功衰老"的理论相继发展起来,"健康老龄化"概念于1987年在世界卫生大会首次提出,随后被世界卫生组织确定为应对人口老龄化挑战的重要发展战略。

根据世界卫生组织(2015)发布的《关于老龄化与健康的全球报告》,健康老龄化被定义为"发展和维护老年健康生活所需的功能发挥的过程"。该定义强调了老年人在生活中发挥功能的重要性,即老年人能够根据自身观念和偏好来生活和行动,其涉及个体的身体和认知能力,以及社会参与和自主决策等方面。个体的内在能力[①]和相关环境特征[②]以及两者之间的相互作用共同决定了健康老龄化的实现程度。

二 促进健康老龄化

(一)中国《"十四五"健康老龄化规划》

"十四五"时期是我国全面建设社会主义现代化国家新征程的第一个五年,同时也是积极应对人口老龄化的重要窗口期。为了协同推进健康中国战略和积极应对人口老龄化国家战略,满足老年人健康需求并稳步

[①] 内在能力是指个体在任何时候都能动用的全部身体机能和脑力的组合。
[②] 环境包括个体所处的家庭、社区和广大社会,以及其中的各种因素,如建筑环境、人际关系、态度和价值观、卫生和社会政策等。

提升其健康水平，国家根据《中华人民共和国国民经济和社会发展第十四个五年规划和2035年远景目标纲要》《中共中央、国务院关于加强新时代老龄工作的意见》等要求，制订并出台了有关健康老龄化的规划。该规划提出了以下四点行动原则：

第一，健康优先，全程服务。坚持健康至上，以老年人健康为中心，提供包括健康教育、预防保健、疾病诊治、康复护理、长期照护等在内的老年健康服务。

第二，需求导向，优质发展。以老年人健康需求为导向，优化供给侧改革，推动老年健康服务高质量发展，增量与提质并重。构建优质高效的整合型医疗卫生服务体系，加大医养结合服务供给，促进医疗卫生与养老服务深度结合。

第三，政府主导，全民行动。发挥政府在促进健康老龄化工作中的主导作用，鼓励社会资本参与，构建多层次、多样化的老年健康服务体系。倡导个人和家庭积极参与，共同构建老年友好型社会。

第四，公平可及，共建共享。以保障全体老年人健康权益为出发点，不断深化体制机制改革，积极推动城乡、区域老年健康服务均衡发展，确保老年健康服务公平可及，由全体老年人共享。

（二）实现健康老龄化的建议

第一，构建面向老龄人口需求的卫生系统。随着个体年龄的增长，其卫生保健需求也变得长期化、复杂化。为了满足这些需求，应当将改善功能发挥并重点提升内在能力作为共同目标，构建综合性卫生保健服务。目前，很多服务都是针对急性病患及其症状的治疗，对各种健康问题的处置常常处于相互分割、独立的状态。针对这种过时的卫生保健方式，应当对卫生系统进行相应改革。

第二，合作建立长期的照护系统。这一系统应建立在家庭、社区、保健服务机构，以及私营机构之间明确的合作关系上。政府的职责（常常通过卫生部实现）是对这些合作关系进行引导，对照护服务工作提供支持和培训，确保各类服务能够实现整合，并保证服务的质量。

第三，构建关爱老年人的家庭、社区和政策环境。一个关爱老年人的环境，能够帮助老年人以自我的意志来生活和行动，其涉及许多领域（包括居住、医疗保健、社会保障等）的诸多角色（包括家人、社会组织、医疗保健提供方、政府等）。各利益相关方需要共同努力，在家庭层面关爱和照顾老年人，在社会层面反对年龄歧视、促进老年人的自主权，在国家层面制定相关政策以保障和促进健康老龄化的顺利推进。

第四，促进健康老龄化的研究和实践。学术界应积极开展健康老龄化的相关研究，鼓励跨国、跨学科研究。同时，随着新研究成果的不断出现，各级政府及相关单位需要合理运用本地化机制，确保这些新知识能够尽快地应用于临床实践和相关政策制定中。

第八章 全球公共卫生事件下的健康人力资本研究

战争、自然灾害和全球公共卫生事件对卫生健康和人民生计构成了严重威胁，其中，辐射范围最广、影响人数最多的当属全球性的公共卫生事件。历史上曾发生了多次全球性的公共卫生事件，这些事件不仅直接带来身体健康问题，同时，人们的心理健康、医疗资源以及经济活动等各个层面也都在短期和长期内受到了不同程度的损害。本章首先梳理了历史上发生的多起严重的全球公共卫生事件，接着探讨全球公共卫生事件的影响，最后总结历史经验教训，提出未来应对公共卫生事件的重点方向。

第一节 全球公共卫生事件对健康人力资本的影响

全球性的公共卫生事件对健康人力资本会产生多方面的影响，可以从短期、直接的影响与长期、间接的影响两方面来梳理。

一 全球公共卫生事件的短期、直接影响

全球公共卫生事件影响范围大、影响程度深，有许多负面后果会立竿见影地显示出来。对健康的直接损害如死亡率上升、心理健康问题以及造成的医疗资源短缺和高额经济代价都需要得到及时关注与解决。

（一）身体健康受损

呼吸道传染病是全球公共卫生事件中最常见的疾病，其对身体健康的直接影响已经被许多学者研究。例如，Guimbeau 等（2022）利用巴西1917—1920年的人口统计和识字率的独特数据库，对1918年西班牙大流感造成的影响进行评估得到，巴西的婴儿死亡率和死胎率均有上升，而

出生性别比下降。Shrestha 等（2011）基于从美国疾病控制和预防中心的新发感染项目实验室确认的全美住院病例数，对 2009 年美国的甲型 H1N1 大流感造成的疾病负担进行了计算，估计有 12469 人因此次流感死亡，其中 87% 的死亡发生在 65 岁以下的人群中，儿童住院和死亡风险是 1976—2001 年季节性流感影响估计的 4 倍到 7 倍，而对劳动年龄人口的影响是季节性流感影响的 8 倍到 12 倍。这显示了全球公共卫生事件对于人类生命健康的危险远远严重于常见季节性传染病，需要得到足够的重视和更专业的应对。对于非呼吸道传染病，Cranston 等（2020）对里约热内卢寨卡病毒对婴儿的影响进行了临床识别，发现在妊娠期暴露于寨卡病毒可能会导致婴儿的脑损伤，从而引发先天性寨卡病毒综合征（CSZ）的神经学特征，例如神经发育异常、癫痫和发育迟缓等临床表现。同时，该研究指出，尽管先天性寨卡病毒综合征的一个主要特征是出生时的小头症，但对出生时表面上没有症状的婴儿，后续检查中发现其脑部成像和神经发育异常的频率也较高。

（二）心理健康受损

全球公共卫生事件的发生也可能会损害人们的心理健康水平，从而影响劳动力正常的生产生活、造成一国健康人力资本的损失。Salehi 等（2022）在新冠疫情暴发后评估了伊拉克 185 名受雇于会计师事务所的审计师和 215 名中小型企业的财务经理的心理健康水平，发现其对新冠疫情的恐慌程度越高，道德原则、预期寿命、焦虑、抑郁和压力也越严重。中国是世界上受到新冠疫情冲击最严重的国家之一，疫情期间人们所受的精神压力和心理负担严重，Cui 和 Han（2022）利用中国 2018—2021 年的全国微观调查数据实证估计了新冠疫情对中国居民心理健康的影响，此外还利用武汉市居民外流人口的分布作为工具变量（IV）进行了因果识别。研究结果表明，累计确诊病例每增加 10%，城市居民过去 30 天内报告的心理不健康天数将增加 2.19 天。进一步研究显示，新冠疫情对居民的未来收入预期和宏观经济发展信心具有负面影响。可以看出，大范围公共卫生事件的突发不仅会直接影响居民的身心健康，同时也会引发人们对经济的担忧，不利于经济发展。

（三）医疗资源紧缺

大范围的公共卫生事件势必造成医疗资源的挤兑，患者可获得的医疗资源减少、医疗人员压力增加，会进一步加重疾病对健康人力资本的威胁。在墨西哥 2009 年甲型 H1N1 流感流行期间，急性呼吸道感染（ARI）导致的住院患者人数每增加一个标准差，就会使得非急性呼吸道感染患者的住院死亡率增加 38%（Gutierrez 和 Rubli，2021）。Beeler 等（2014）将患者的等待时间衡量为经济成本，若设定患者每小时等待的时间价值为最低工资，则加拿大 2009 年 H1N1 大流感期间由患者等待合计的时间成本与加拿大免疫大规模接种中心（Mass Immunization Clinics，MICs）的人员、空间租金和疫苗材料的直接财务成本相当。

（四）高额经济成本

经济活动需要资本的投入，特别是人力资本，疾病对人力资本健康状况的影响最终会传递到经济生产过程中。流行病除了直接影响健康外，还会造成重大的社会经济影响，疫情导致的疾病和缺勤会降低工人的生产力和经济产出，并通过死亡率剥夺国家最宝贵的资产——人力资源。在新冠疫情暴发之前，欧元区的教育和健康对经济增长产生积极影响，而危机后这种影响变弱（Chaabouni 和 Mbarek，2023）。全球公共卫生事件对于健康人力资本损失折合的经济成本到底有多大，学术界有许多研究进行了具体的测算。Smith 等（2009）将疫情的严重程度分为低致死率、高致死率和极端大流行三种情况，在由家庭、生产者和政府组成的经济体中利用一般均衡模型估算了疾病给英国经济带来的成本，其研究结果显示疾病本身在低致死率情况下带来的成本为 2004 年英国国内生产总值的 0.5%—1.0%，高致死率情况下为国内生产总值的 3.3%—4.3%，极端大流行情况下为国内生产总值的 6%—9.6%；此外，除了疾病的直接成本，在疫情较轻的情况下，学校关闭或大规模预防性缺勤行为也会明显增加对经济的负面影响。

全球公共卫生事件造成的经济负担不仅限于健康劳动力损失导致的产出减少，应对和防治疾病所付出的额外成本也十分巨大。例如，与疾病相关的私人和政府医疗费用、用于诊断和治疗疾病的费用以及用于维持无菌环境、采取预防措施和进行基础研究的费用（Shang 等，2021）。艾滋病作为一种对全人类生命健康具有长期威胁的疾病，其流行是近代史上最大的公共卫生危机之一，对于艾滋病的应对和防治需要日常中花费大量财力物力。为了对抗艾滋病流行，1990 年美国联邦政府通过了《瑞安·怀特健保法案》（Ryan White CARE Act），向美国城市拨款以资助艾滋病人和艾滋病毒携带者，截至 2018 年，《瑞安·怀特健保法案》已经挽救了 57000 条生命。Dillender（2023）考察了该法案的经济成本，研究结果表明，避免一例艾滋病的金钱成本约为33.4万美元。此外，全球公共卫生事件带来的大范围疫情还会为一国的财政带来沉重压力，交通中断、工作场所关闭、旅游限制和贸易中断等经济活动的停摆导致政府收入下降，而巨大的防疫成本使得支出增加，政府的收支平衡面临巨大挑战。

此外，在这个全球化的时代，疫情暴发对一国生产制造的影响最终可能会影响整个全球价值链的稳定性。与疾病治疗息息相关的制药业就是一个典型的例子。由于新冠疫情导致中国原材料工厂关闭，印度庞大的制药行业因为缺乏原材料而停止出口部分抗生素，对全球的制药行业特别是仿制药供应造成影响。新冠疫情期间，慢性病患者药品紧缺、癌症患者无法获得进口药物等各种求助信息屡见不鲜，这正反映出全球大流行病期间制药业供应链断裂的巨大负面影响。除了疫情所需药品的供应不足，其他疾病也可能得不到及时有效的治疗，从而导致疫情的超额死亡。

二 全球公共卫生事件的长期、间接影响

（一）对身体健康的长期影响

全球公共卫生事件的暴发，对于人们健康的影响并不只存在于短期，疾病暴露可能会影响个人的一生：持续健康状况不佳、预期寿命缩短，进一步影响长期健康人力资本投资。在历史上的全球公共卫生事件中，有许多是呼吸道相关传染病引发的，如1918年的西班牙流感大流行、2003年的非典疫情、2009年的甲型H1N1流感大流行以及2019年的新冠疫情，2017年全球因为呼吸道疾病（RID）导致的预期寿命损失为0.97年（Huang和Guo，2022）。除了疾病对死亡率的直接影响之外，疫情导致的未来收入下降同样也会影响一个人的预期寿命，由新冠疫情导致的长期实际收入下降带来的预期寿命影响，至少比新冠病毒直接导致的死亡影响高出五个数量级，最多可能会导致预期寿命缩短1.7年（Gibson和Olivia，2020）。

胎儿起源假说（Fetal Origins Hypothesis）在医学界得到了广泛认同，有很多动物研究的实验证据已经证实，母体营养对孩子以后的健康至关重要。在西班牙大流感期间怀孕的母亲，其胎儿相对于前后几个月受孕的队列表现出更差的健康状况，甚至成年以后的听力、说话、举重和行走可能出现障碍，罹患糖尿病和中风的风险更高；对于男性，其心脏病和癌症的死亡率也有提高。研究发现，1957年亚洲大流感疫情时，如果胎儿母亲无法弥补流感时期的营养缺失或者流感症状比较严重，那么孩子的身体发育和认知能力发展会更容易受到影响（Kelly，2011）。秘鲁胎儿暴露于霍乱流行病会增加儿童时期死亡率，并且幸存的儿童更有可能体重不足并患有腹泻（Ritter和Sanchez，2023）。

与疫情暴发短期内带来的负面影响不同，从长期来看，疫情流行对整体健康的影响也具有积极的一面。首先是其他相关疾病传染源的减少，1918年西班牙大流感在美国暴发时造成了许多结核病人的死亡，在一定程度上抑制了美国1919年结核病的传播与死亡率（Noymer，2011）。其次是良好卫生习惯的养成，2009年墨西哥的甲型H1N1大流感导致人们更加关注健康相关信息，并养成了勤洗手的良好卫生习惯，从而减少了幼儿腹泻病例，改善了儿童的长期健康结果（Agüero和Beleche，2017）。此外，疾病暴露对健康的另外一个益处表现在免疫的形成。虽然疾病暴露带来的免疫其代价是高昂的，但是可以在一定限度上减少再次暴露于疾病的健康损害。生命的前两年被广泛认为是免疫形成最关键的时期，在生命的头两年暴露于疟疾传染病可以减少学龄前期疟疾暴露对认知发展的有害影响。

（二）对心理健康的长期影响

全球性公共卫生事件往往涉及严重的生命威胁、人员伤亡和财产损失，其带来的社会动荡和不确定性也可能会持续较长时间。疫情除了会在暴发时期对人们的心理健康产生巨大冲击，其较深的创伤体验还可能对心理健康水平产生持续的负面影响。如在非典疫情暴发后的13—26个月内，多伦多医护人员报告的倦怠水平、心理困扰程度和创伤后应激程度均显著提高，医护人员迫于压力更有可能减少与患者的接触和工作时间（Maunder等，2006）。此外，大流行病可能会造成一些儿童的心理功能障碍问题，对健康人力资本的形成产生阻碍。在新冠疫情期间，经历持续心理困扰的父母更可能报告孩子在随后时间内出现外化和内化问题以及执行功能障碍。

（三）对受教育程度的影响

西班牙大流感在巴西圣保罗州的流行导致了1920年15岁以上男性识字率的显著提高，但在20年后的1940年却发现识字率下降。其中，女性最为明显（Guimbeau等，2020）。对于受教育程度，1919年出生的男性队列的受教育程度较差，且结婚率低于周围队列（Neelsen 和 Stratmann，2012）。1957 年亚洲大流感对儿童时期认知发展造成了普遍的负面影响（Kelly，2011）。艾滋病毒对人力资本投资产生了相当广泛的影响，生活在较高艾滋病毒感染率地区的儿童毕业率较低、学业进步较慢，生活在艾滋病毒感染率 10% 地区的儿童比生活在无艾滋病毒地区的儿童大约少 0.5 年的受教育年限（Fortson，2011）。Shih 和 Lin（2018）利用双重差分法，估计了 1950 年代中国台湾的根除疟疾运动对早期（子宫内和出生后）暴露于疟疾的长期影响，发现根除疟疾后男性受教育程度显著增加，其成年后的家庭收入也得到了显著提高，由此证实了早期暴露于疟疾对人力资本发展产生了长期的负面影响。

（四）对劳动力市场表现和收入的影响

对于劳动力个人来说，疫情对健康人力资本的影响最终会影响其在劳动力市场上的表现，包括生产力、技能水平和职业收入等。1940 年，西班牙大流感的 20 年后，巴西第一产业的人均产出和单位企业产出均有所下降（Guimbeau 等，2020）。在黄热病暴发期间出生的白人男性，如果其母亲是移民，则成为专业人士的概率较低，而更可能成为无技能的劳工，具有较低的职业收入（Saavedra，2017）。

（五）加剧健康不平等

全球公共卫生事件对不同国家、不同人群的影响差异可以反映出卫生服务获取的不平等，这种健康不平等可能在疫情冲击下进一步加剧。1918 年西班牙大流感对于婴儿死亡率、出生性别比的影响在人口年龄较大、识字率较低以及医生资源更有限的地区更为显著（Guimbeau 等，2022）。在我国，非典疫情对城市医疗资源供给产生了不平等的影响，与没有非典病例的城市相比，受疫情影响的城市加大了财政自主权，从而显著增加了受影响城市的医疗资源供给（Wang 和 Wu，2022）。Zhu 等（2021）研究了新冠疫情期间，人口密度越大、极端贫困人口越多、60 岁及以上人口比例越高、开放性排便患病率越高、政策严厉度越大的国家每日新增新冠病例数越多，而出生时预期寿命越高、人类发展指数越高、人均 GDP 越高、每千人拥有医院床位数越多、获得改善的饮用水越多的国家每日新增新冠病例数越少。而艾滋病这种与贫困如影随形的全球性传染病，在疾病防治上也表现出明显的不平等。Dillender（2023）指出，美国资金分配不均是导致艾滋病防治进展不平衡的原因之一。

第二节　应对公共卫生事件的历史经验

历史上，为了抗击全球公共卫生事件，各国采取了多种手段和措施来应对健康人力资本的损失，且在后续时间里尽可能恢复健康人力资本水平，例如，进行疫苗接种和药物治疗、加强医护人员培训和卫生基础设施建设、执行严格的防疫政策以及实施针对特定疾病的消除计划。

一　疫苗接种和药物治疗

面对传染病的健康威胁，首要的应对方法就是预防。免疫是预防和控制大流行病的重要手段，是初级卫生保健的重要组成部分，可以有效保护个体和社会免受疾病威胁，减少疾病传播、减轻对身体健康和经济发展的影响。截至目前，已经可以通过疫苗接种预防 20 多种危及生命的疾病，2010—2018 年，单麻疹疫苗就避免了 2300 万人的死亡（WHO，2019；Patel 等，2019）。除了对健康的可观收益，疫苗接种还可以节省大量的经济成本。预先流感疫苗接种可以节省英国国内生产总值的 0.13%—2.3%（22 亿英镑至 386 亿英镑）；匹配疫苗的单剂接种可以节省国内生产总值的 0.3%—4.3%（50 亿英镑至 723 亿英镑）；两剂匹配疫苗适用于所有程度疾病情况，可以将整体经济影响限制在国内生产总值的 1%范围内（Smith 等，2009）。

为了提高全球免疫水平和人们获得免疫保护的可能性，国际组织和各国政府制定了一系列计划和措施来加强免疫服务和推广免疫接种。2020 年世界免疫周（每年 4 月的最后一周）世界卫生组织宣布了《2030 年免疫议程》。该议程在充分汲取历史教训，并认识到传染病持续存在以及未来新挑战仍可能随时出现的现实上，制订了 2021—2030 年的疫苗和免疫工作计划，是一项旨在"不让任何人掉队"的全球性愿景和战略。该议程的目标为：在整个生命周期实现疫苗可预防疾病发病率和致死率的下降；保证免疫获得的公平性；在初级卫生保健阶段加强免疫接种、促进全民健康覆盖并保证可持续发展。世界卫生组织（2021）表示，如果该议程得到全面实施，全球将避免约 5000 万人死亡，75%来自中低收入国家。

对于无法通过疫苗预防的公共卫生疾病如艾滋病、疟疾、寨卡热等，及时的药物治疗对其自身和身边人的健康有着重大意义。南非为抗击艾滋病的成人抗逆转录病毒治疗（ART）使得家庭中的 60 个月以下儿童的体重年龄比增加，同时矮小症的发生率减少（Lucas 和 Wilson，2013）。

二 医护人员培训和卫生基础设施建设

在防治疫情的历史中，一直有无数基层医护人员前仆后继地投入到诊疗、检测、隔离等工作中，在患者急救和治疗过程中发挥了不可或缺的作用，也有基层医护人员积极参与疫情筛查和流行病学调查，追踪密切接触者，控制了病情蔓延。充足的工作人员不仅能减少患者的等待时间并降低相对的经济成本，还能在一定程度上降低预期的院内感染人数。非洲大陆经历了包括黄热病、脑膜炎、霍乱和埃博拉在内的大多数健康危机，其中，加纳在防治埃博拉疫情的过程中积累了经验，从而在新冠疫情的应对与防治中有所进步，加强了对卫生专业人员在病例定义、监测和个人防护设备使用等方面的培训；同时加强了卫生系统和基础设施建设，设置了南、北检测中心、加强机场的入境检测、设置治疗和隔离中心，为疫情的有效防治做出了贡献。

乌干达病毒研究所（Uganda Virus Research Institute，UVRI）的病毒性出血热监测和实验室项目也是加强卫生信息系统来遏制疫情蔓延的典型例子。乌干达病毒研究所是国家病毒性出血热参考实验室，具备进行所有主要区域性公共卫生关注的病毒性出血热的实时确认与检测能力，包括埃博拉病毒病、马尔堡病毒病、裂谷热。在病毒性出血热监测能力有限的时期，曾发生过两次大规模暴发，分别是 2000 年的苏丹埃博拉疫情和 2007 年的布迪布古埃博拉疫情。而自建成病毒研究所以来，乌干达病毒研究所已经确认了 16 起独立的病毒性出血热爆发，包括 2011 年和 2012 年的 3 起埃博拉病毒暴发。早期病例检测和实验室确认提高了公共卫生应对速度，对病例患者采取感染控制预防措施隔离，使得社区二次传播减少、暴发持续时间更短、暴发的严重程度降低。实施加强监测后，暴发检测数量较前十年增加了五倍，每次暴发的规模和范围也大幅减少，最初临床通知到实验室确认所需的时间从 2010 年前的 2 周缩短至现在的平均 2.5 天（Shoemaker 等，2018）。

三 严格的防疫政策

严格的防疫政策对于疫情防控具有重要意义。在全球公共卫生事件中，通过减少疾病的传染率，严格的防疫政策减少了大流行对劳动力供应和生产力的负面影响。在 1918 年西班牙大流感时期，实施了快速又积极的非药物干预措施（Non-Pharmaceutical Interventions，NPI），如社交距离限制的美国城市将流感与肺炎高峰死亡率降低了约 50%，超额死亡率降低了 34%（Correia 等，2022）。在新冠疫情期间，严格的防疫政策限制了人口密度，人口密度指数每减少 1 个单位新增新冠病例将减少 5.17%，当政策严格指数达到 80 以上时，新增病例数与政策严格指数负相关（Zhu 等，2021）。研究发现，政府干预在应对卫生紧急情况下的确具有良好效果，接触追踪措施和隔离措施对人力资本存量和人均经济产出都是有益的，而且接触追踪措施的效果优于隔离措施（Yin 等，2021）。此外，疫情应对措施更有效的城市可能被认为拥有更好的公共机构，从而吸引更多的新工人，给该城市长期的经济活动注入新的活力（Correia 等，2022）。

四 疾病消除计划

在经历了多次全球性公共卫生事件的重创后，世界卫生组织（WHO）及其合作伙伴、各国政府机构提出并开始实施一系列全球性的卫生倡议，以共同应对公共卫生挑战。其中，疾病消除计划是一种旨在通过系统性、综合性的措施，在特定地区或全球范围内彻底消除某种疾病的战略性计划，这些计划通常由国际卫生组织、政府机构、非政府组织等合作伙伴共同制订和执行。疾病消除计划旨在通过广泛的预防、监测、治疗和宣教等手段，消除特定疾病的传播和影响，从而减少患者数量并最终实现该疾病的全球消除。长期以来，已有许多疾病消除计划或完成或正在进行中，如小儿麻痹症（脊髓灰质炎）消除计划、麻疹消除计划、疟疾消除计划、肝炎消除计划、破伤风消除计划等。

疟疾根除运动是其中一项已实施多年且卓有成效的疾病消除计划，疟疾根除运动除了取得了立竿见影的疾病减少效果外，也收获了良好的教育和经济后果。总体来说，抗击疟疾活动在全球范围内产生了积极的影响：降低了婴儿死亡概率，提高了受教育程度（0.4 年）和成人有偿就业的可能性（Kuecken 等，2021）。不同国家和地区的疟疾根除运动也都效果显著，1959—1960 年在乌干达西南部进行的疟疾根除运动使男性和女性的受教育程度提高了约半年，而且提高了女性的小学毕业率，并使男性就业的可能性增加了近 40%（Barofsky 等，2015）。在莫桑比克，2015 年开始实施的疟疾消除计划导致学校缺勤率下降 28%，学生的成绩上升了2%（Cirera等，2022）。在中国台湾，根除疟疾对男性自身的受教育程度和成年后的家庭收入产生了显著的积极影响，此外，根除疟疾还提高了已婚男性配偶的受教育程度（Shih和Lin，2018）。

第三节 应对公共卫生事件的未来方向

在人类抗击全球性公共卫生事件的漫漫历程中，各国政府、社会机构和国际组织在人力资源、卫生基础设施、疫苗研发等方面展现出了积极的合作和创新精神。然而，也有很多现实教训需要引以为戒，如卫生系统脆弱性的暴露、资源分配不均衡等。未来，需要深入总结经验，更好地预测和应对公共卫生威胁，加强国际合作，不断提升健康人力资本的储备和对健康损失的应对与恢复能力。

一 提高医疗卫生系统应对能力

面对屡次暴发的全球公共卫生事件，各国应该吸取重要的经验教训，以更好地应对未来新出现或卷土重来的大流行。首先，应该加强卫生系统对突发传染病的监测能力。非典疫情暴发前期，由于没有做到及时响应和信息透明导致疫情在初期没有得到足够的重视和及时的控制，对我国甚至其他国家健康人力资本和经济造成了严重打击。我们应该从中吸取教训，政府和卫生部门应迅速启动应急计划，及时发布疫情信息，避免信息滞后和刻意隐瞒，以减少公众恐慌和误解。抗击新冠疫情的经验和教训表明，有效、高效的监测系统是控制呼吸道疾病传播的基石。往后还应继续努力，制订更先进的控制和消除疾病的战略方案，以保持和扩大在预防和控制方面已经取得的成功。其次，应该改善医疗系统的服务质量。各国应加强卫生系统，尽量减少公共卫生、初级护理和二级护理的碎片化，并改善与其他部门的协调。Christensen等（2021）给塞拉利昂政府管理的卫生诊所随机分配了两种干预措施，一种侧重于社区监控，而另一种给予诊所员工非金钱奖励。这两种干预措施都提高了卫生保健的感知质量，能够鼓励患者报告埃博拉症状并接受医疗护理，对传染病的及时防治起到了积极作用。另外，在大流行期间，医疗系统应确保特殊人群如孕妇能够获得必要的医疗和监护服务。孕妇的免疫系统相对较弱，感染病毒和死亡的风险相对较高，且孕期暴露于各种流行病都有可能造成胎儿终身的健康影响，阻碍一国长期健康人力资本的积累。在抗击流行病威胁的努力中，迫切需要考虑孕妇及其后代的利益，应加强性健康和生殖健康教育、提高孕妇对病毒体征和症状的认识、教授孕妇预防感染的方法、按时为孕妇提供医疗保健服务、在政策制定时更加关注孕妇。最后，医疗卫生系统需要保持公正廉洁性。Schiff 和 Mallinson（2023）分析了作为独立机构的美国疾病预防控制中心（CDC）在应对甲型 H1N1 流感大流行和埃博拉疫情中成功，却在应对新冠疫情中失败的原因，指出疾病预防控制中心不仅受到特朗普政府的不当政治干预，还存在内部组织官僚僵化的问题，这些问题削弱了其有效应对新冠疫情的能力，疾控中心需要有更大的自主权来灵活行事。在中国，2023 年 7 月 21 日，医疗应急司（2023）发布消息，开展为期一年的全国医药领域腐败问题集中整治工作，以解决医药腐败这个"毒瘤"，确保医药行业能切实为人们的健康带来益处，保障群众切身利益。

二 增加政府干预程度

疾病暴发的影响可以通过增加政府参与来调节。与受到政府参与调节的协调市场经济体（Coordinated Market Economies，CME）相比，自由市场经济体（Liberal Market Economies，LME）在疾病暴发时会受到更加严重的冲击（Shang 等，2021）。当公共卫生冲击发生时，首先，政府有责任及时向公众传递准确的信息，以避免恐慌和误解。政府可以通过公共媒体、官方通知和在线平台来传达重要信息，促进公众的防护意识和行动。加纳总统在埃博拉疫情和新冠疫情暴发时都及时向公众告知疫情的严峻性，并采取了及时的政治决策。其次，政府在卫生事件中扮演着协调、领导和管理的角色。只有政府具备足够的资源和权力来协调各种应急措施，包括监测、检测、隔离、治疗等，能够及时动员国家的人力、物资和财力等资源，以迅速应对卫生危机。政府可以优先分配医疗设备、药品和人力资源，以满足最紧急的需求。最后，政策制定者可以通过推广防疫信息和健康教育来促进个体的健康知识学习，鼓励个体养成预防性健康习惯，从而在社会中实现健康改善。

三 注意危机时期心理健康

第二节提到，全球公共卫生事件对患者、医护人员以及大众的心理健康都有不同程度的损害，焦虑、抑郁、恐慌等症状屡见不鲜。然而，公共卫生事件暴发时期的心理健康干预尚未得到应有的重视，相应的应对措施也十分匮乏。大流行期间心理健康问题显著增加，政府应重视加强社会心理服务体系建设，有必要加强宣传和解决人们的心理健康问题。此外，疫情时期医护人员承受着巨大的工作压力和心理负担，高压工作环境容易导致心理疲劳和情绪不稳定，因此，不仅要干预群众的心理健康，还要重视医护人员的心理情况。只有为医护人员提供心理支持和帮助，他们才能在艰难时期守好医疗防线，更好地行使医护人员的职责，提高危机应对能力和工作效率。

四 减少健康不平等

在大流行病背景下，长期存在的健康不平等问题会进一步加剧，减少社会经济不平等和加强卫生系统的恢复力至关重要。各国应通过政策和行动来解决生活和工作条件中的脆弱性问题。某些国家的社会福利体系并不足以支持弱势群体，由于缺乏足够的社会保障和援助，弱势群体可能无法获得医疗资源和基本生活需求。以健康获取的性别不平等为例，在历史上多次公共卫生事件的全球应对中，明显缺乏妇女的声音和针对女性群体防治疾病的社会科学方法。据统计，妇女在西非埃博拉病毒暴发和南美洲寨卡病毒暴发中受到的影响远远大于男性（Hayden，2015）。很多病毒（如埃博拉和寨卡）可以通过性关系传播，而女性在性关系中往往处于弱势地位。巴西北部和东北部地区是受寨卡病毒疫情影响最严重的地区，而这些地区的妇女常常难以获得避孕药具、使用有效的避孕方法以及获得必要的医疗服务（Froio，2016）。此外，在公共卫生事件暴发时，大部分直接接触传染源的基层医疗服务人员都是女性，且在家庭中女性也承担了大部分的护理任务，她们面对更高的传染风险。

在全球公共卫生事件暴发时处于不利地位的弱势人群不止女性，儿童、穷人等群体也需要得到社会和政府的关注和援助。经济弱势群体更可能居住在拥挤不洁的环境中，难以保持社交距离和个人卫生，从而加剧传染病的传播。针对这些弱势群体，首先，政府可以加强社会保障制度，确保所有居民能够获得基本的医疗保障和生活援助；其次，加强健康教育，普及有关卫生事件的信息和预防知识；最后，更根本的措施是促进社会经济发展，减少贫困和消灭歧视，从本源上减少健康获取的不平等问题。

五 加强国际合作

基于全球公共卫生事件的跨国传播性质，各国之间需要紧密合作来共同应对。不同国家在应对疫情方面可能有各自的经验和教训，通过国际合作可以分享成功的策略和方法，避免重复错误以提高应对效率。然而迄今为止，很少有国家建立了联合规划、联合执行、联合监测以及应对跨界事件的机制和制度。

展望未来，各国需要建立有效和可持续的跨境合作机制，并制定战略行动，包括跨境卫生服务交付的国际协议。首先，信息共享。各国应及时分享有关疫情的信息，包括病毒的传播情况、疫苗研发进展等，不可故意瞒报。其次，资源调配。国际合作可以实现医疗资源的跨国调配，一些国家可以提供医疗设备、药品和人力，以支援其他国家。比如中国积极参与"一带一路"倡议，通过建设医院、培训医疗人员等方式，向一些基础设施薄弱的国家提供医疗援助，帮助改善当地的医疗卫生水平。最后，国际组织和机构可以起到促进信息共享的桥梁作用，例如世界卫生组织可以协调各国的行动，提供指导和建议，确保合作有序进行。

第九章 全球气候与环境变化下的健康人力资本研究

全球气候与环境变化是当今世界面临的最大健康挑战之一，对健康人力资本产生了广泛而深远的影响。在全球气候与环境变化越发频繁、影响程度越发强烈、影响范围越发广泛的背景下，如何全面认识气候与环境变化同健康之间的关系，有效应对其带来的健康风险，是全球人类在21世纪所要面临的严峻挑战。本章将首先介绍全球气候与环境变化的现状和趋势，然后分别从气候变化和环境变化两个角度探讨其对健康人力资本的影响，最后重点关注气候与环境变化中脆弱群体的健康问题。

第一节 全球气候与环境变化趋势

随着全球气温升高和自然环境恶化，气候与环境变化正呈现出一系列变化趋势，这些趋势在全球各个区域有所不同，呈现出复杂交织的关系，对生态系统、人类社会和健康人力资本产生广泛而深远的影响。

一 气候变化趋势

根据1992年发布的《联合国气候变化框架公约》，气候变化是指"由人类活动直接或间接造成地球大气组成变化，进而引起的气候变化"，包含气温、降水、风向、海洋流等多个方面的变化。全球气候变暖是气候变化的一个主要方面，它指的是地球表面平均气温长期上升的趋势。《联合国气候变化框架公约》指出，全球气候变暖主要是由人类活动排放的大量温室气体造成的，包含二氧化碳（CO_2）、甲烷（CH_4）和氧化亚氮（N_2O）在内的温室气体在大气中形成"温室效应"，使地表热量无法完全辐射回太空，从而留在大气中，导致地球气温升高，进而导致海平面上升、极地冰融化等现象。全球气候变暖还将导致极端天气事件发生得更加频繁和严峻。极端天气事件是指气候状态严重偏离其平均态的情况，在统计意义上属于不易发生的小概率事件，包括但不限于热浪、冷空气、干旱、洪水、野火和风暴。

全球气候问题呈现逐年严峻的态势。中国气象局（2023）指出，全球主要温室气体浓度逐年上升，2021年全球二氧化碳、甲烷和氧化亚氮浓度均达到有观测记录以来的最高水平；1958—2022年，全球海洋热含量呈增加趋势。海平面持续上升，2022年达到有卫星观测记录以来的最高位；全球冰川消融加速，北极海冰范围显著减小，南极海冰范围创新低。此外，世界气象组织发布的数据显示，过去几十年来，飓风、台风和龙卷风等极端气象事件的强度和破坏力逐渐增强。中国近两年也发生了严重的极端天气事件，例如，2021年7月河南特大暴雨、2022年长江流域大范围极端高温等，这些极端天气对人类的财产和生命安全以及社会的正常运行构成了极大的威胁。

二 环境变化趋势

环境变化指的是由自然因素或人类活动导致的自然环境的长期变化，其中，空气污染、水资源减少、土壤污染和森林面积减少是当前全球普遍面临且重点关注的环境问题。

空气污染是指由于人类活动或自然过程引起某些物质进入大气中，达到足够时间并呈现出足够浓度，危害人类的舒适、健康、福利或环境的现象。空气污染物主要来自化石燃料燃烧、矿产开采、沙尘天气等，常见的空气污染物包括颗粒物（PM2.5和PM10）、二氧化硫（SO_2）、氮氧化物（NOx）等。空气污染破坏了生态系统的平衡，同时也增加了人们患呼吸系统疾病、心血管疾病和癌症等疾病的风险。随着全球人口增长、城市化加速以及工业和交通的不断发展，预防和治理空气污染是一项长期的全球挑战。

全球范围内水资源减少的问题也日益严重。人口增长、城市化、工业发展和农业用水需求的增加，加上极端天气的影响，导致全球各国许多地区出现水资源供应不足和水质恶化等问题。水资源不足威胁到饮水安全、粮食生产、能源供应和生态平衡。根据世界气象组织（World Meteorological Organization，WMO）公布的数据，2020年全球仍有超过20亿人生活在水资源紧张的国家，无法获得安全的饮用水。报告还指出，过去20年，地球陆地的储水量正以每年1厘米的速度持续地下降，而且这种下降频率很可能在未来几个世纪持续下去。预计到2050年，全球每年至少一个月用水量不足的人口将从2018年的36亿人上升到50亿人以上（WMO，2021）。

土壤污染与退化也成为严重的全球性环境问题之一。其中，地处热带和亚热带地区的亚洲、非洲等国家的土壤退化问题最为突出。在人口急剧增长、工业迅猛发展、农业现代化程度快速提升的背景下，农业化学品的使用、废弃物处理不当以及城市化等人类活动，导致土壤中有害物质的积累。同时，过度的农业耕作、放牧和盐碱化等因素也导致土壤质量下降乃至退化，威胁着世界农业发展的可持续性，以及人居环境和生态环境安全。在未来，针对过度利用或被污染土壤的恢复和治理工作将是一项漫长的工程，防治措施还需以"防"为主。

森林面积的持续减少也受到了全球各国的重视。为了满足木材需求、农业扩张、城市化和能源开发等人类活动，大规模的森林遭受乱砍滥伐，这是造成森林面积减少的主要原因。此外，气候变化导致干旱等极端天气事件增加，使得森林火灾更加频繁。根据联合国粮农组织（2020）的数据，2020年全球森林面积占土地总面积的比例已经从2000年的31.9%降至31.2%，目前全球森林面积仅约41亿公顷。森林作为地球上最大的碳汇之一，能够吸收大量的二氧化碳，森林面积减少将进一步加剧气候变化问题。同时，森林面积减少将导致许多物种失去栖息地，从而加剧生物多样性的丧失，对生态平衡和食物链产生负面影响。未来，人类活动包括农业、城市化和工业化将继续对森林造成压力，如果没有采取有效的保护措施，森林面积还将继续减少。

除此之外，海洋污染、土地沙漠化、臭氧层空洞等其他环境变化也在不断涌现，使得全球环境问题越发复杂和严峻。但是，全球范围内仍相继出现一些破坏环境的行为，让全球环境变化充满不确定性。例如，2023年日本福岛第一核电站启动核废水排海，其包含的放射性物质将不仅破坏海洋生态和沿海地区生态环境，还会进入地下水、土壤，甚至蒸发并化作雨水洒遍地球，其对全球动植物和健康人力资本的危害将难以估量。

第二节 气候变化对健康人力资本的影响

地球之所以能够孕育生命，其中一个重要原因是拥有适宜生物生存、繁衍和进化的气候条件。当前，全球气候变暖及其伴随的极端天气给人类健康构成巨大威胁。人体本身对气候变化非常敏感，身体和心理的多个方面都可能因为气候变化而产生健康受损。本节将梳理气候变化对身体和心理健康的直接或间接影响。

一 气候变化与身体健康

（一）直接身体影响

气候变化对人类健康的最主要和最直接影响是极端气温暴露引发的健康受损。在高温下进行体温调节会加重心血管和呼吸系统的负荷，而高温与高湿度的复合影响会给人体健康带来更大风险，湿热环境将导致汗液蒸发冷却的效率降低，人体无法通过排汗来调节温度，从而增加了心脑血管疾病、呼吸系统疾病的患病概率。此外，长时间暴露于高温环境也会增加热射病的致病风险，此病在气候变暖、极端高温频发的背景下发病率日益升高。不同于湿热环境，在寒冷天气中，干燥空气更容易刺激人体黏膜和呼吸道，从而引起呼吸道疾病的急性发作，且寒冷天气的夜间温度较低，会导致呼吸道疾病的进一步恶化，并使人体面临更高的心血管疾病风险。气温变化对不同地区健康人力资本的影响存在异质性，相较于气候温暖地区，气候凉爽地区的人们对炎热天气的适应性较弱，因此炎热将导致更高的死亡率。类似地，寒冷天气也将给温暖地区带来更高的死亡率。还需要注意的是，气温对健康的不利影响可能不仅存在于极端高温和寒冷的情况中，Cohen 和 Dechezleprêtre（2022）的研究发现，在墨西哥这种炎热的国家中，轻度低温就将带来显著的死亡率提升，与24℃~28℃的一天相比，平均温度低于20℃的一天的死亡率显著增加。尽管平均温度低于12℃的异常寒冷天气每年造成约5700人死亡，但每年约18700人（71%的气温导致的死亡）发生在平均温度为12℃~20℃的天气。

气候变化还会加剧传染病的传播，损害人类健康。气候变暖和极端气候事件有利于病毒和细菌在水源等媒介中传播和繁殖，尤其是在炎热潮湿条件下流行的热带疾病。例如，最高温度升高可能导致登革热、疟疾和肾出血热综合征等传染病的发病率上升。极端强降水及其引发的洪涝灾害可能改变病媒生物种群地理分布，导致传染病的暴发流行。McKenzie和Gaw（2022）通过总结77000篇科学研究发现，气候灾害可以通过1006种传播途径导致传染病的发病率和流行率增加。在影响人类的传染病中，有超过58%的传染病会因气候变化而加剧，其中，气候变暖、强降水和洪水分别与160种、122种和121种疾病的发病率增加有关。

除了传染病外，气候变化也会影响气候敏感疾病的发生与流行。例如，气候变暖会使植物花粉季节延长，提高空气中的花粉浓度，从而增强花粉的致敏性，提高过敏性疾病的发病率。

（二）间接身体影响

热浪、寒流和洪水等极端天气事件可能影响医疗体系的正常运作。例如，热浪可能损害医院的功能，包括医疗设备和药物储存，并影响工作人员的热舒适度；严寒的天气会影响交通系统，道路结冰和积雪阻碍了患者前往医疗机构诊治，且延长救护车的响应时间和运输时间；洪水可能导致卫生设施被淹、水电中断、救护车服务中断等问题的出现，阻碍医疗机构的正常运作。此外，极端天气会增加心脑血管和呼吸系统疾病的发病率，导致医疗机构面临供不应求的压力，在此情况下，住院病人和有紧急医疗需求的人，特别是老年人，无法得到及时的治疗和护理，最终疾病发生进一步恶化。

气候变化还会影响农业生产，导致农户的收入下降，继而间接地对健康产生不利影响。暴雨、洪涝、干旱、热浪和冰冻等极端天气严重影响了农业的用水规律，导致农作物的产量显著减少。极端气象事件还可能使基础设施受损从而导致粮食供应链中断，造成粮食供应不足，从而拉高粮价。例如，俄罗斯作为小麦的主要出口国，其小麦减产将直接影响全球小麦供应，导致小麦价格攀升（World Bank，2010），经济水平较差的人群将无法购买足够的粮食，从而产生营养不良等健康问题。同时，畜牧业也会受到气候灾害的显著影响，农民可能因为恶劣的气候条件及其导致的传染性疾病而失去牲畜。

此外，气候变化还可能通过影响水资源以及湖泊和海洋生态系统威胁人类健康。例如，印度尼西亚苏拉威西州中部的气候变化提高了洪水和干旱的发生概率，削减了当地的供水量；气温升高、二氧化碳浓度增加和极端降雨频率升高会引发湖泊蓝藻水华；气候变暖可能导致罗宾鱼在亚欧地区泛滥，挤占原物种生存空间，破坏当地生态系统；气候变暖导致瑞典淡水资源减少和海洋酸化，并通过食物链危害食品安全。

二 气候变化与心理健康

（一）直接心理影响

气候变化可以直接影响个体的心理健康。一方面，急性的气候变化可能会导致人们面临经济损失、亲人受伤或死亡、流离失所等沉重打击，从而引发焦虑、抑郁、创伤后应激障碍（PTSD）、睡眠质量降低、自杀意念提高以及自我意识和认同感缺失。例如，在洪水发生后的6—12个月，受影响人群的PTSD患病率为一般人群终生患病率的三倍以上（Cruz等，2020），即使在洪灾发生3年后，受影响人群仍存在焦虑、抑郁等心理健康问题（Robin等，2020）。这种影响在儿童和青少年中更为严重（Mambrey等，2019）；2006年卡特里娜飓风在美国新奥尔良发生后，直接受影响的人群中PTSD等情绪障碍的30天患病率上升到49.1%（Galea等，2007），且飓风相关的PTSD症状在12年内仍可测量。PTSD和抑郁的可能性随着暴露的严重程度而增加，在身体受伤、家庭成员死亡或严重伤害、财产损失时更加严重（Schwartz等，2017）。另一方面，多种慢性气候变化也会损害个人的心理健康。例如，在热浪期间，情绪障碍、焦虑等心理疾病发生率显著提升。高温热浪还会抑制甲状腺激素的分泌、提升生长激素和催乳素水平和造成身体脱水，从而损害认知功能，且对原先就患有痴呆、精神分裂症等严重精神障碍群体的危害更甚；在干旱期间，受干旱影响或曾经受干旱影响的人患心理疾病的可能性比未受影响的人高，干旱带来的经济损失等影响促进了抑郁症和焦虑症的发展，以及酒精使用的增加。此外，干旱也与自杀率上升有关，澳大利亚的长期数据显示，随着干旱指数的增加，农村中年男性的自杀风险增加了15%（Hanigan等，2012）。

（二）间接心理影响

气候变化对心理健康的影响也可以是间接的。一方面，对气候变化的观察可能会使人们产生"乡痛症"（Solastalgia），即意识到自己深爱的家园正在受到侵害，从而产生痛苦，这对具有强烈认同感和环境依恋的个人来说会更加严重。另一方面，通过公共话语传达的气候变化信息也会影响个人心理健康，即使与气候变化及其影响具有遥远时间和空间距离,人们在听到或了解气候变化时也会感到痛苦,包括恐惧、无助、悲伤、内疚、愤怒和担忧。Gibson 等(2020)在对小岛屿发展中国家图瓦卢的调查中证实了以上两种压力源的存在,当地居民观察到本地遭遇的局部气候变化,并担忧未来全球气候变化,在一定程度上损害了当地居民的心理健康。

此外,气候变化还会通过诱发暴力行为而间接影响被害人的心理健康。具体来说,自然灾害可能通过引发经济不安全、住房不安全、PTSD和精神疾病等问题,增加灾后暴力侵害妇女和儿童的行为。Molyneaux 等(2020)针对 2009 年澳大利亚维多利亚州森林大火[1]的研究发现,相较于中度和轻度影响的地区,影响严重地区的妇女在森林大火后 3—4 年内遭受暴力的概率要高得多,经历暴力显著增加了妇女患 PTSD 和抑郁症的概率。机制分析表明,在收入、住宿、就业、人际关系等因素的恶化中,收入恶化是导致暴力增加的最主要原因。此外,在干旱期间,家庭关系紧张、家庭暴力或亲密伴侣暴力的概率可能增加,从而对受害成员的心理健康造成严重的损伤。

(三)社会心理的群体分化

世界观和价值观塑造了社会群体的气候变化心理,导致社会心理[2]的群体分化现象。例如,西方政治意识形态的分化和利益集团的竞争导致民众对气候变化的态度分化明显,不同政治派别对气候变化问题的重视程度不同。左翼(如美国的民主党、英国和澳大利亚的工党)比右翼(如美国共和党、英国和澳大利亚的保守党)更相信气候变化是人为造成的,更支持气候变化政策,这样的分化在美国尤为突出,且呈日益扩大的趋势。在澳大利亚,不同政治立场的民众对气候变化的关注、担心和怀疑等方面的心理模式存在较大差异,而中国并不存在多党制下的意识形态差异,公众几乎不存在对气候变化事实的怀疑,因此将感知到更高的气候变化风险。此外,相较于个体主义和等级主义文化,集体主义和平等主义文化下的人群会更加考虑自己的后代和关注气候公正,从而对

---

[1] 2009 年 2 月,澳大利亚维多利亚州发生大范围的森林大火,造成 173 人死亡,3500 座建筑物受损或被毁,这是澳大利亚有记录以来最严重的灾难之一,并对受影响社区的运作和福祉产生了长期影响。

[2] 社会心理指的是,在一段特定的时期内弥漫在社会及其群体中的整个社会心理状态,是整个社会的情绪基调、共识和价值取向的总和。

气候变化产生更多的担忧。

第三节 环境变化对健康人力资本的影响

环境变化不仅与地球生态系统的稳定有关,也对人类社会的多个方面有着深远的影响。环境污染对健康的影响具有危害大、隐蔽性强、潜伏期长、影响因素多、因果关系确定难等特点(生态环境部,2022),与其相关的研究是当前学术界关注的焦点话题。本节将针对空气污染、水土污染和森林破坏这三种全球普遍存在且重点关注的环境问题,梳理其对全球健康人力资本的影响。

一 空气污染与健康

空气污染是威胁人类健康的主要因素之一,给社会造成了巨大的经济成本。空气污染的暴露持续时间会显著影响人们的健康损害,短期暴露主要引起急性影响,而长期暴露于空气污染中则影响更大。例如,长期暴露于空气污染中可能增加呼吸道疾病、肺癌、高血压、心血管疾病等慢性疾病的患病率。特别是原本就患有慢性阻塞性肺病(COPD)和哮喘等慢性呼吸系统疾病的人则更容易受到空气污染物的不利影响,导致COPD的急性加重和哮喘发作,增加呼吸道疾病的发病率和死亡率。在全球范围内,长期暴露于空气污染中导致420万人至890万人死亡,二氧化硫排放量每增加1%,每万人中死于呼吸系统疾病的人数将增加0.055人次,死于肺癌的人数将增加0.005人次(Cohen等,2017;Burnett等,2018)。

随着社会对空气污染的重视程度不断提升,许多学者开始关注空气污染对认知能力和心理健康的影响。在认知能力方面,空气污染对居民的认知能力有显著的负面影响,包括记忆力受损、考试成绩下降等,且这种认知能力受损会随着年龄的增长而增加。在心理健康方面,空气污染会降低居民的主观幸福感,导致抑郁症状等心理问题,增加已有心理疾病的严重程度。其背后机制可能是多方面的,一方面,空气污染可以通过氧化应激和神经炎症影响心理健康;另一方面,空气污染可以通过恶化居民身体健康水平,减少居民运动锻炼行为,增加肥胖风险等机制对心理健康产生不利影响。

二 水土污染与健康

重金属（如镉、铅、铬、汞等）以及类金属（如砷等）由于具有高毒性、不降解、生物富集等特性，被广泛认为是威胁水土质量和食品安全的最重要污染物之一，土壤和海洋生态系统中的重金属污染成为日益严重的全球环境问题。重金属可以通过自然过程（如地壳中的天然含量）或人类活动（如工业排放、农药使用、废弃物处理等）进入土壤或水体中，然后被植物根部吸收并逐渐积累，进入食物链的底层。当动物摄食含有重金属的植物或其他动物时，重金属会通过食物链逐渐转移到更高层级的生物体内，即产生"生物放大效应"。重金属进入人体后会扰乱身体的代谢功能，积聚在肝脏、心脏、肾脏和大脑等重要器官中，会扰乱其正常的生物功能。一些金属（如砷、汞、镉和铅）在低浓度下就有剧毒，这些金属被排入水土环境后会对人类健康产生巨大威胁。还有一些重金属（如锌、铜、锰和铬）虽然是人体必需的，但是摄入过量也会导致人体中毒。

近几十年来，工业化加速增加了采矿、冶炼、交通运输和垃圾处理中重金属的排放，加剧了重金属健康风险问题。一系列令人震惊的重金属污染事件接连发生，如汞污染诱发的日本水俣病（Minamata disease）[①]、镉污染诱发的痛痛病（Itai-itai disease）、中国儿童铅中毒等。大多数重金属和类金属是致癌物质，也是心血管、肾脏、神经系统、血液和骨骼等疾病的病因。Fei等（2018）分析了杭州2009—2012年9378例胃癌病例分布与重金属土壤分布的关系，结果显示，虽然单个重金属浓度（镉）对胃癌发生率的分布没有显著影响，但是，多种重金属之间存在联合效应，重金属浓度与地区胃癌发生率呈显著正相关。车凯等（2022）则分析了土壤重金属致癌的多种渠道及其风险，该研究对河北省石家庄6家电厂周边土壤重金属含量进行了测试分析，发现铬、铜、铅、汞和镍元素的含量均超出河北土壤背景值的1.16—2.32倍；健康风险评价模型的结果显示，电厂周边居民由皮肤接触而致癌的风险最高，其次是经口摄入、表层土壤颗粒物吸入和土壤挥发气吸入。

除了土壤重金属外，海洋中的重金属污染问题也亟待解决。鱼类等

---

① 日本水俣病的症状表现为轻者口齿不清、步履蹒跚、面部痴呆、手足麻痹、感觉障碍、视觉丧失、震颤、手足变形，重者神经失常，或酣睡，或兴奋，身体弯弓高叫，直至死亡。

海产品是人类重要的蛋白质来源，特别是对沿海地区居民而言。然而，鱼类和海产品已被确定为人体摄入重金属的最主要食物来源，由于海洋生物累积的有毒金属超出安全限度，其较高的消费率可能会给人类健康带来重大损害。例如，海洋沉积物中可能存在过量的镉、铅、铬、砷、铜、锌等重金属，这些重金属可能通过摄入海产品进入人体。长期食用富含镉的海产品与前列腺增生、肺部细胞塌陷、骨折和肾功能不全等疾病有关；严重的铅暴露可能导致神经系统、骨骼系统等的紊乱，严重者甚至死亡；过量的铬、砷对人类具有致癌性；虽然锌和铜都是人体正常功能所必需的，但摄入过量铜会损害肾脏和肝脏，并诱发呕吐、恶心、腹痛和腹泻，摄入过多锌可能引起头痛、恶心、腹泻和腹部绞痛。此外，全球二氧化碳浓度升高带来的海洋酸化可以与重金属污染发生相互作用，加剧重金属对海洋生物的负面影响。例如，Dong 等（2020）的研究发现，海洋酸化增强了海洋硅藻对重金属镉的耐受性，从而有利于它们在镉暴露下的存活，但这会加剧镉在硅藻内的积聚。Shi 等（2016）利用双壳贝类海产品如蓝青口、血蛤、文蛤进行实验，发现随着海水酸性的增大，更高浓度的镉聚集在生物体内，从而对海产品的食品安全造成影响。

事实上，除了重金属污染外，有机污染物造成的环境问题也日益严重。一方面，畜牧养殖业会产生大量包含氮、磷等有机物的粪便污染物，严重污染当地水质和土壤。例如，中国农村地区饮用地下水的人口比例高达 74.87%，若粪便污染物未经有效处理直接排放，就会通过地表渗透污染地下水，从而危害当地村民的健康。即使经过有效处理，粪便中所含的大量氮、磷等元素也可能超过当地土壤的容量，最终造成富营养化污染（Fan 等，2020）。另一方面，在农业生产中过量和不合理使用农药化肥，会造成大量有毒有害物质残留于土壤和水体中，造成严重的产地环境污染。在此背景下，如果一个地区畜牧业产生的粪便可以运输到农田作为肥料使用，而农产品又可以作为牲畜的饲料，则既可以解决牲畜粪便污染，又可以减少肥料的使用量。

此外，由化石燃料等有机材料的不完全燃烧而形成的多环芳烃（PAHs）也是一种广泛存在于水体、土壤和空气中的有机污染物。多环芳烃具有致癌、致畸和致突变三大严重威胁人体健康的特征。例如，Liu 等（2023）的研究发现，中国莱州湾的多环芳烃浓度与全球其他海洋相比相对较低，但依然在其食物网中发现了 16 种多环芳烃的富集，且食物网中具有不同角色的海洋生物其体内多环芳烃浓度存在较大差异。作为食物网生产者的藻类，其多环芳烃积累能力较强，在海洋环境积累多环芳烃方面起到最重要作用；作为初级消费者的底栖动物，由于经常接触多环芳烃沉积物且积累能力较强，其体内的多环芳烃浓度也较高；相较于藻类和底栖生物，作为次级消费者的鱼类，则具有较好的多环芳烃排泄能力，但作者依然发现部分鱼类存在较高多环芳烃浓度。作者指出，食用这些海产品会大幅提升人们的致癌风险。

三 森林破坏与健康

森林对人类身心健康具有保健和疗愈作用。然而，目前全球许多地区面临着森林面积不断萎缩的问题。一方面，随着全球气候变暖，世界大多数地区发生森林火灾的风险持续增加，越来越多的大型森林火灾发生——包括2019年澳大利亚林火，2019年和2020年巴西亚马逊森林火灾，2018年和2020年美国西部野火，以及2017年和2018年加拿大不列颠哥伦比亚省野火。森林火灾对当地居民的生命、财产以及当地经济构成直接威胁，其导致的空气质量恶化还可能会对附近和数千英里外的居民健康产生重大影响。此外，在陡峭的地形中，可以稳定土壤的植被丧失可能会导致山体滑坡，且火灾后一年的降水可能导致流域沉积物升高，从而影响水质，给居民生命安全带来重大威胁。

另一方面，随着世界人口迅速增长，由耕作、放牧、钻探、采矿和城市化带来的森林砍伐现象加剧，特别是在发展中国家，对农业和畜牧业的土地需求增加提高了森林砍伐率。被砍伐的森林可能成为一些病媒生物繁殖的温床。在所有病媒中，蚊子被认为是人类病原体最重要的载体，由于被砍伐的土地具有更高的温度、更多的阳光和静水，蚊子的繁殖速度加快、存活时间更长、叮咬率更高，从而使得疟疾的发病率升高。例如，Garg（2014）的研究发现，2001—2008年印度尼西亚的森林砍伐可以解释36万例至88万例额外的疟疾感染。除了促进疾病传播外，砍伐森林对伐木工人本身也造成了伤害，巨大的工作量超过了伐木工人正常的心血管负荷，且构成了较大的脊椎和下肢受伤风险（Schettino等，2021）。

第四节　气候与环境变化中的脆弱地区和群体

气候与环境变化对全人类造成了广泛的影响，但是不同国家、地区和人群受到的影响存在差异。因此，在全球气候与环境变化的背景下，对脆弱国家、地区和群体健康问题的研究具有非常紧迫的现实意义。联合国政府间气候变化专门委员会（Intergovernmental Panel on Climate Change，IPCC）（2001）将脆弱性定义为"系统或群体对气候变化的不利影响的敏感性和适应能力的程度，即面临气候变化风险时，系统或群体所面临的困难、损失和伤害的程度"。本节将从经济水平、地理位置和年龄三个角度探讨脆弱国家、地区和群体在气候与环境变化下的健康风险。

一　经济水平与脆弱性

从国家层面来看，经济欠发达国家具有更大的气候和环境变化脆弱性。气候变化对健康的不利影响在低收入国家以及小岛屿发展中国家最为明显，尽管它们对全球历史碳排放的贡献最小（WHO，2023a）。这些地区的医疗卫生、基础设施、科技水平、受教育水平和环保意识比较落后，缺乏应对气候与环境变化的资源和手段。例如，大量的研究证实，温度冲击对美国等发达国家的影响要远小于发展中国家（Cohen 和 Dechezleprêtre，2022），这是因为，发达国家的空调等个人保护措施可以有效降低由高温和严寒带来的死亡率，而这种应对措施在发展中国家的贫困家庭中则不太可能采用。除极端温度外，洪水也是全球范围内最常见和最严重的灾害之一，在低收入国家，包括排水和防洪在内的基础设施系统往往最不发达，从而遭受的健康和经济损失更加严重（World Bank，2020）。此外，据世界卫生组织估计，由空气污染导致的过早死亡中，有90%以上发生在发展中国家，宽松的空气质量法规、拥挤的城市交通系统、快速发展的工业部门以及农业中的切割和燃烧做法，导致这些国家的空气污染往往比发达国家严重得多。

从个体层面来看，低收入人群在面对气候冲击时具有更大的脆弱性。Cohen 和 Dechezleprêtre（2022）基于墨西哥死亡报告和人口普查数据，估计样本死亡时的收入水平，并分析不同收入群体对温度冲击的脆弱性。研究结果显示，人们面对极端天气的脆弱性与个人收入呈负相关，收入位于中位数以下的人，其寒冷和轻度寒冷天气后的死亡率是较高收入人群的两倍以上，绝大多数与感冒有关的死亡集中在最贫穷的收入群体。针对这个情况，墨西哥的全民保险计划 Seguro Popular 通过扩大弱势群体获得医疗保健的机会，可以显著降低其天气脆弱性。World Bank（2020）则指出导致贫困人群脆弱性的四点因素：（1）拥有的资产质量较差，例如，较差的住房资产和投资于牲畜的资产容易受到洪水、干旱等极端天气的破坏；（2）依赖的基础设施较为脆弱（如未铺砌的道路），且对基础设施的保护力度较低；（3）从事农业等依赖生态系统的生计，其收入容易受到自然灾害的影响；（4）自然灾害后容易受到粮食价格上涨的影响。不少研究给出了相应的经验证据，例如，Chari 等（2018）基于南非东开普省的研究发现，当地的贫困人群因水资源匮乏和过度依赖农业这一气候敏感部门，极易受到干旱等气候变化的不利影响。Yuliastuti 等（2023）研究了印度尼西亚三宝垄市的城中村丹绒马，该沿海地区的温度变化不稳定，导致海水和风向时常改变，形成潮汐洪水现象，且当地贫困人口密集，贫民窟范围达到 37 公顷。研究结果显示，相较于其他居民，贫民窟居民受到的资产损失更加严重、复原力更差。

此外，低收入人群在环境冲击面前也具有较大的脆弱性。这主要是由两方面的因素导致的：一方面，低薪工作更有可能需要体力劳动和户外劳动，且工业厂房、交通枢纽和其他污染源更有可能放置在低收入社区，从而加大了低收入人群的污染暴露水平；另一方面，低收入群体往往缺乏足够的营养、医疗保健、教育和社会支持以应对空气污染的冲击，这些都导致低收入人群具有与空气污染相关的更高死亡率。

二 地理位置与脆弱性

相较于城市地区，农村地区对气候和环境变化具有更大的脆弱性。首先，农村地区以农业种植和畜牧业作为主要的经济活动方式，正如在上一小节中提到的，农业种植和畜牧业是高度气候敏感的生产部门，气候变化和极端天气事件会给农村地区带来巨大的财产和收入损失；其次，农村地区的基础设施建设较为薄弱，极易因极端天气和自然灾害受到破坏。例如，Rajappa 等（2015）基于孟加拉国 2009 年气旋"艾拉"的研究发现，沿海农村家庭 70% 的饮用水储备遭到破坏；此外，农村地区，尤其是山区，其先天的生态环境非常脆弱，因极端天气而发生山体滑坡等自然灾害的概率更高。Rupi 等（2013）基于意大利阿尔卑斯山山区的研究发现，由于当地发生极端气候事件和自然灾害的概率高于其他地区，农村道路网络更容易发生中断，从而阻碍包括医疗救援在内的各种社会服务的正常运作；最后，最直接的一点是农村地区医疗服务资源相对匮乏。农村地区由于距离医院较远、道路状况较差等因素，相较于城市地区，具有更长的紧急医疗响应时间和运输时间，因此心脏骤停或创伤的农村患者的存活率更低。

除了农村地区，沿海地区和岛国居民的脆弱性也十分突出。随着全球气候变暖，海平面逐渐升高，根据 Park 等（2023）的预测，到 2150 年南极和格陵兰冰盖融化预计会使全球海平面升高约 1.4 米，对沿海地区和岛国居民的生存区域构成巨大威胁。此外，海平面上升加剧了极端海平面事件和海岸灾害的影响，威胁着海洋生态系统和社会服务，特别是依赖海洋的岛屿极易受到灾害的影响。例如，某些大洋洲的岛屿国家由于孤立的地理环境，居民长期依赖、榨取本地自然资源，导致其自然环境和经济结构都极度脆弱，大大降低了对灾害冲击的复原力（Hilary，2018）。遭受侵蚀和永久淹没的美国路易斯安那州海岸，正面临严重的土地损失，且越来越多地受到飓风和风暴潮的影响（OCD 和 FFL，2019）。孟加拉国作为一个农业国家，近一半的孟加拉国人直接或间接从事农业工作，其南部海平面的急剧上升将对本地的农业生产带来直接冲击（Hossain 等，2023）。

三　年龄与脆弱性

在一个国家或地区内部，婴幼儿和老年人由于生理特征和免疫系统较弱，是气候与环境变化中最脆弱的人群。世界卫生组织（2014）估计，2030—2050 年，每年约有 25 万人死亡可能是由于与气候变化相关的老年人热暴露增加，以及腹泻病、疟疾、登革热、洪水和儿童发育迟缓的增加。这是一个相对保守的估计，因为它不包括其他气候敏感疾病造成的死亡，也不包括由气候变化和极端事件造成的卫生服务中断的影响。

对于婴幼儿来说，五岁以下的儿童由于免疫系统和体温调节系统尚未发育完全，因此特别容易受到极端天气的影响，因为他们无法监测或对自身的热应激做出反应。研究结果显示，高温将导致胎儿和婴幼儿更高的死亡率，高温会伤害子宫内的胎儿，从而带来长期的健康损失；高温还会使儿童的学习更加困难，影响其成年后的就业前景；此外，因为微生物往往在温暖的环境中滋生，极端高温也可能增加婴幼儿患传染病的风险。Blom 等（2022）针对五个西非国家儿童健康的研究发现，气候变暖导致的农作物产量和营养价值减少，增加了儿童罹患营养不良的风险，对其未来生长发育有持久的影响。具体来说，极端高温暴露增加了儿童患慢性和急性营养不良的概率，气温每上升 2℃，发育迟缓的发生率就会增加 7.4 个百分点。

而对于老年人，气候与环境冲击同样超出了他们的适应能力。老年人的体温调节系统退化，散发多余热量的能力下降，热浪期间的大多数超额死亡和紧急就诊发生在 65 岁以上的人群中。Dang 等（2019）发现，热浪期间老年人患有的呼吸道疾病（如慢性阻塞性肺病）加重，急性发作的风险增大。除了气候变化下的脆弱性外，老年人也容易受到环境污染的影响。例如，赵琦（2022）的研究结果显示，空气污染会显著降低中老年人的日常生活自理能力，空气中的 PM10 浓度每增加 $10\mu g/m^3$，中老年人日常生活自理能力受损的概率就增加 12.2%。

第十章 国际贸易与健康人力资本研究

在国际贸易飞速发展的时代背景下，深入探究贸易与健康之间的关系对于实现全球健康人力资本和经济水平的平衡发展至关重要。本章在介绍国际贸易和全球健康的历史进程后，梳理国际贸易可能给健康带来的各种直接和间接影响，然后探讨其可能带来的健康不平等问题，最后提出四点政策建议。

第一节 卫生健康的国际交流合作

全球国际贸易和健康水平都经历了长期的历史演变。1960—2022年，全球贸易总额从0.25万亿美元上涨到32万亿美元，短短60年时间，全球商品贸易进出口总额增长幅度接近130倍。与此同时，全球对健康人力资本的重视程度逐渐上升，卫生安全和健康平等成为越来越受关注的议题。国际贸易和健康水平从不同方面塑造着全球各国的政治、经济和社会面貌。要想在贸易超高速发展的情况下平衡国民健康高质量追求，不仅需要完善相关政策法规，同时也需要全球各国积极合作，推动全球卫生共同体建设，实现人类卫生健康和经济的共同发展和繁荣。

一 全球贸易和健康进程

国际贸易的历程如潮水般涌动。回溯至20世纪60年代的冷战时期，受政治和意识形态的影响，关税和贸易壁垒在一些地区屹立不倒，国际贸易进程相对滞后。然而，二十年后，国际合作逐渐打破了这一僵局，多边贸易谈判如关贸总协定（GATT）的兴起推动了国际贸易飞速增长。随着经济全球化的不断发展，贸易成为经济增长的重要引擎，贸易谈判不断推进，关税和贸易壁垒逐渐下降。同时，信息技术的进步催生了跨国公司，扩大了国际供应链，使得贸易进一步复杂化和全球化。冷战结束后,全球贸易合作更加紧密,1995年世界贸易组织(WTO)的成立取代了GATT,极大地促进了贸易自由化。中国的崛起成为国际贸易的重要转折点,其加入世界贸易组织使全球供应链更加紧密,世界贸易迅速增长。

近年来,数字经济的兴起带来了贸易方式的革新,跨境电子商务和数字服务快速增长。但与此同时,贸易摩擦增多,国际供应链重新评估,气候变化等全球性挑战逐渐纳入贸易议程。总体而言,从1960年至今是国际贸易快速发展的时期,自1995年世界贸易组织正式运行以来,经济、市场与技术之间的紧密关联逐步形成,经济全球化进入全新发展阶段,国家间的贸易交流呈蓬勃发展态势。

与此同时,全球各国对健康问题的关注也逐年升温。20世纪60年代,全球对健康的认识相对有限,大多数国家的医疗保健系统相对简陋,国际卫生组织(现世界卫生组织)在国际政治议程中的地位相对较低。2000年,联合国制定了"千年发展目标"(Millennium Development Goals,MDGs),卫生目标也被纳入发展议程,强调在全球范围内减少贫困、疾病和婴儿死亡率。随后,大规模的卫生项目和运动在发展中国家展开,以改善基本卫生条件和提高医疗保健水平。

随着非典、埃博拉、新冠等疫情的暴发,全球公共卫生安全和流行病控制成为国际社会关注的焦点,国际组织和各国政府积极合作,国际援助也得到加强。例如,非典疫情引发了人们对全球卫生系统的反思。埃博拉疫情促使国际社会提高卫生应急准备和响应能力。新冠疫情的暴发使全球对健康问题的关注达到前所未有的高度,疫苗的研发和分发成为重要议题,再次凸显了全球卫生合作的重要性和紧迫性。

二 中国健康合作的积极姿态

习近平总书记强调,"人民至上、生命至上。人民的幸福生活,一个最重要的指标就是健康。健康是1,其他的都是后边的0,1没有了什么都没有了。我们在过去成绩的基础上,还是继续把卫生健康事业朝前发展"。人民群众的获得感、幸福感和安全感都离不开健康。自改革开放以来,中国在公共卫生健康领域取得了显著的进展,并在国际上采取了多项举措,积极参与全球卫生合作和治理。2020年5月18日,习近平总书记在世界卫生大会上发表了重要讲话,提出了构建"人类卫生健康共同体"的主张。这一讲话在国际社会引起广泛关注,"人类卫生健康共同体"成为广受关注的概念。

中国在全球健康合作中展现了积极姿态。一方面，中国与世卫组织开展良好务实工作。作为世界卫生组织的创始成员国之一，中国自始至终都在为全球人类健康做出应有的贡献。2021年，世界卫生组织宣布中国通过消除疟疾认证，为促进全球健康提供了中国方案，贡献了中国力量；另一方面，中国积极开展医疗外援工作。截至2023年，我国已向全球73个国家和地区累计派出约2.8万人次医疗队员，诊治患者达2.9亿人次。第27批援几内亚中国医疗队所参与的友好医院项目已运行十年，逐步成为几内亚乃至西非地区具有影响力的医学中心。从西非埃博拉疫情到全球新冠疫情，中国始终秉持着人类卫生健康共同体理念，与国际社会积极合作，共同维护人类健康福祉和全球公共卫生安全。

在国内政策方面，中国政府高度重视国民健康与经济社会协调发展的关系。"健康中国"战略作为中国政府提出的一个重要战略框架，旨在推动全民健康和全面健康发展。该战略于2016年发布，希望通过改善人民健康水平，提高全社会的健康素质，实现国家的可持续发展。推动"健康中国"战略建设已成为中央政府的重大决策，强调将人民健康置于优先发展的战略地位，促进健康水平的提升和公平分配。因此，为建设一个全面健康的社会，实现人人享有全周期、全方位、全覆盖的健康服务的目标，中国在继续扩大对外开放、促进国际贸易发展的同时，也要保障居民的健康需求、提升健康水平。

第二节　国际贸易对健康人力资本的影响

在全球化时代背景下，国际贸易和全球健康相辅相成、相互影响，共同构筑着国际社会的未来。因此，探究国际贸易和健康之间的关系对实现贸易和健康平衡发展至关重要。贸易涉及人们生活的方方面面，从饮食、劳动、医疗、环境到疾病传播都受到国际贸易的影响。本节梳理了国际贸易对健康的直接影响和间接影响两方面的现有研究成果。

一　国际贸易对健康的直接影响

（一）贸易与居民营养

贸易对健康的积极作用体现在营养摄入方面。许多研究发现，贸易水平的提高有助于提高居民的营养水平。贸易自由化有助于推动食品和服务的跨境贸易，同时贸易协定中的相关措施还提升了大型私营农产品加工业的业务能力。特别是在那些以小规模生产和零售为主的国家，进行跨国经营可以通过增加食品种类和数量等方式促进居民的营养摄入。这意味着贸易自由化可能使得更多种类的食品进入本国市场，从而提高居民营养水平。Ravuvu（2017）通过分析斐济粮食进口和营养质量之间的关系，发现在贸易开放后，斐济的健康食品数量显著增加，包括新鲜水果、蔬菜和全谷物食品。这表明贸易开放对于改善居民的饮食结构和营养质量具有积极影响。

此外，也有学者探究国际贸易可能给营养状况带来的不利影响。Atkin（2013）使用印度家庭调查数据，通过观察印度境内州际移民的消费模式，探讨了印度放开国内农业贸易的影响。研究发现，如果印度开放国内农业贸易，各地区的首选食品价格都会上涨，而消费者并不愿意选择替代食物。由于贫困和饥饿的家庭在当地主食消费中占据更大比例，贸易开放后可能会严重影响这类群体的营养状况。因此，贸易必须带来更大的经济收益，才能避免居民的营养损失。

由此可见，虽然贸易自由化可以在一定程度上提高欠发达国家和地区的食品供应种类和数量，从而提高居民营养水平，但同时也可能带来部分食品的价格上涨，从而导致本地居民特别是弱势群体的营养损失。

（二）贸易与食品安全

在贸易对食品安全的影响方面，同样存在正反两类观点。持正方观点的学者认为，国际贸易有利于加强一国的食品安全监管。Khan 等（2012）以农业中转基因生物（GMO）的食品安全进行案例分析发现，随着转基因食品贸易规模的扩大，政府部门与相关安全机构会增强对转基因食品的重视，不断加强食品安全的监管力度，从而能够有效改善食品安全质量。Otsuki 和 Wilson（2016）研究了食品安全标准与全球食品贸易模式的关系，基于 15 个进口国（包括 4 个发展中国家）黄曲霉毒素标准和出口数据研究发现，食品安全标准与贸易规模呈现出正相关性，提高食品安全性能够有效地促进贸易收益增长，同时贸易规模的扩大和贸易体系的完善也有利于进一步严格化食品安全标准，从而保障居民食品安全。而持反方观点的学者则指出贸易开放会对食品安全产生威胁。其一，国际贸易容易引发食品中毒事件集中暴发。Ercsey-Ravasz 等（2012）研究指出，在日渐复杂化的贸易网络中，国际农产品贸易网络（IFTN）已经发展成为一个高度异质且复杂的供应链网络，其节点和边缘分别代表国家和进出口流量，其中约有 7 个国家构成贸易中心，每个国家大约与世界上 77%以上的国家进行贸易。因此，食品中的潜在污染物的传播会更加迅速，从而容易导致区域性食品中毒暴发案件；其二，国际贸易可能会导致物种入侵问题。Mcmichael（2001）研究指出，贸易自由化已经对部分发展中国家的食品安全带来明显的负向影响，贸易市场的开放导致东南亚国家大量种植转基因农作物，直接损害了原有主食农作物的培养，危害到当地的粮食安全。

二 国际贸易对健康的间接影响

除了营养摄入、食品安全的直接影响路径外，国际贸易也会通过劳动力就业、收入增长和环境污染三种路径间接地影响健康人力资本（卢娟等，2019），而影响的大小和方向可能因不同地区、行业和人群而异。

（一）贸易与收入增长

随着收入的增长，人们的健康得到改善。突然的短期收入增加可以缓解经济压力，为人们带来更好的医疗保健、营养和生活条件。而突然的短期收入下降可能会导致经济压力和不安全感，从而引发焦虑、抑郁和其他心理健康问题。此外，由于经济拮据，个体可能会削减医疗保健支出，从而降低了获得医疗服务的机会。相较于短期收入改变，长期收入改变对健康的影响更大。长期稳定的高收入水平可以提供稳定的生活环境，有助于维持健康水平。而长期贫困和低收入使得人们只能获取较差的健康保健和医疗服务，从而导致慢性疾病和更短的预期寿命。

贸易开放可以通过影响居民收入从而间接地影响健康状况。贸易可以刺激国内产业的发展，增加就业机会，从而提高个人和家庭收入和食品支出。同时，贸易可以以更低的价格为国内市场进口更多的商品和服务，这也间接增加了人们的可支配收入，提高了家庭的卫生医疗保障支出，从而改善健康状况。但是，也有一些学者认为，出口增长对人们的收入水平影响很小，所以贸易对发展中国家的健康影响并不显著（Huang 等，2009）。

（二）贸易与劳动力就业

一方面，贸易增长可能导致工人的工作强度和压力增加。出口增长伴随着工人工时和努力程度的增加，从而导致工人受伤和患病的概率上升；另一方面，贸易政策变化可能会导致劳动市场状况的恶化，如失业率的增加、劳动力参与率的降低以及相对收入的下降，从而导致了劳动人口死亡率的上升。

同时，企业为了在贸易竞争中保持优势，以牺牲安全来提高生产效率，从而导致工人健康问题。McManus 和 Schaur（2016）的研究聚焦于中国，研究了外国市场进口竞争对中国企业工人健康的影响。研究结果显示，在受进口竞争冲击较大的行业和企业中，工人的疾病发生率显著上升。这种情况可能是由于企业为了维持竞争力，不得不在工人健康方面做出妥协，以牺牲安全来提高生产效率，最终导致工人健康状况的恶化。

（三）贸易与环境污染

国际贸易飞速发展的同时也会带来一定程度的环境污染，且这种环境污染问题主要发生在欠发达国家和地区。Managi 等（2009）的研究发现，贸易开放会导致非经合组织国家的二氧化硫和二氧化碳排放量增加。其原因在于，贸易可能导致欠发达国家采用宽松的环境标准来吸引跨国公司投资和出口污染密集型商品，也就是所谓的"污染天堂假说"。而环境污染已被证实是全球疾病增长的重要原因。此外，Cole（2004）利用有关污染密集型产品南北贸易流的详细数据进行实证研究，验证了贸易开放背景下污染产业从发达地区向发展中国家的迁移现象，并且在控制贸易开放和结构变化等变量后发现，贸易开放增加了发展中国家的污染物排放量，对发展中国家的公共健康产生不利影响。

在我国的相关研究中，Bombardini 等（2016）利用中国地级市的面板数据，研究了 1990—2010 年中国出口激增与婴儿死亡率之间的关系。结果显示，贸易冲击提高了对空气污染最敏感的心肺疾病所致的死亡率，特别是婴儿死亡率，而意外和其他原因造成的死亡则不受贸易的影响。刘铠豪（2019）指出，尽管出口扩张可以通过知识外溢效应降低成年人的发病率，但导致的空气污染（包括二氧化硫污染、氮氧化物污染和粉尘污染）显著提高了成年人发病率。而杨希等（2019）的研究发现，贸易对环境和健康的影响在不同区域存在异质性。在中西部地区，出口贸易额的增加提升了国民健康水平，而东部和中部地区出口贸易额的增加则产生了反向影响。

第三节　国际贸易对健康不平等的影响

近年来，经济发展、社会制度和文化背景的差异日益加剧了健康不平等现象，这种现象在国家层面尤为明显。健康不平等问题不仅影响国家的人力资本积累和综合实力提升，还对社会稳定和各国人民之间的和谐共处产生不利影响（Schrecker，2016）。在自由贸易协定（FTAs）等协议的签署过程中，各种产品的贸易都会受到影响，包括烟草、酒精和高度加工食品等不健康食品的贸易，以及药品等医疗健康产品的贸易。这些健康相关产品的贸易变化将直接导致其本地市场供需发生改变，从而影响居民健康。

一　烟草贸易对健康的影响

烟草控制政策是公共卫生领域中最重要的政策之一。然而，尽管早在50多年前就有相关证据表明吸烟有害健康，全球范围内对这种成瘾药物的控制依然面临着巨大的挑战。世界卫生组织的《2021年全球烟草流行报告》显示，吸烟每年会导致全球800多万人死亡，其中，有700多万人死于直接使用烟草，而剩余120万人则死于吸入二手烟。

贸易和投资的自由化加剧了跨国烟草公司进入新市场，这是阻碍公共卫生部门有效实施烟草控制政策的重要因素之一。例如，乌拉圭回合贸易谈判推动了跨国烟草公司进入全球市场，首次将烟草贸易纳入自由化范畴。世界贸易组织通过大幅降低关税和非关税壁垒，促进了全球烟草产品贸易的扩大。此外，其他地区性贸易协定和协会，如北美自由贸易协定、欧盟、东南亚国家联盟、东南非共同市场、西非国家经济共同体和美洲国家组织，在全球协议的背景下，进一步推动了区域范围内商品和服务贸易的自由化，其中也包括烟草。

Chaloupka和Laixutai（2000）构建了固定效应模型，研究了1986—1990年中国台湾、日本、大韩民国和泰国的香烟消费与烟草贸易开放程度之间的关系。受到贸易压力影响，中国台湾、日本、大韩民国和美国签署了双边协议，取消了消费税并改变了烟草产品分销方式，泰国也解除了从美国进口电子烟的禁令。研究结果显示，受到双边贸易协议影响的国家，其美国香烟市场份额显著提高，从而导致该国的整体香烟需求增加。

还有研究显示，欠发达国家对贸易政策更为敏感。Taylor 等（2000）使用了类似于 Chaloupka 和 Laixutai（2000）的模型，采用更广泛的贸易开放度衡量标准（进口总额占国内生产总值的比例），实证检验了贸易壁垒与香烟消费之间的关系。研究结果显示，贸易壁垒的降低显著增加了低收入国家的香烟消费，对中等收入国家的影响较小但仍显著，对高收入国家没有显著影响。

二　药品贸易对健康的影响

在多边贸易规则中，服务贸易总协定（GATS）、贸易有关的知识产权协定（TRIPS）与保健服务部门的相关性较高，因为它们管理与卫生有关的服务以及药物的生产和贸易。药品作为贸易中最重要的健康产品，贸易价值占所有健康相关贸易总额的55%。

居民对药品的负担能力不足是发展中国家药品供应不足的最常见原因。世界卫生组织将"获得药品"定义为可获得的最基本药物，数量至少有20种，这些药物是一般居民可以获得和负担得起的。各国政府根据本国情况制定法规以实现"获得药品"的政策目标。但是，延长制药公司专利期、限制仿制药生产等贸易相关知识产权协定条款，严重影响了药品的可获得性和可负担性。Gleeson 等（2013）的研究指出，《跨太平洋伙伴关系协定》破坏了新西兰药物管理局的医疗公平，造成部分地区获取药品的机会不均等。

第四节　贸易健康平衡发展的政策建议

该如何在贸易超高速发展的情况下平衡国民健康高质量追求？需要特别注意的一点是，贸易自由化对健康的影响在不同地区具有较大的异质性（Alessandro 等，2015），尽管各国在维护公众健康方面的总体目标一致，但由于国情、文化等方面的差异，不同国家的贸易规则可能存在冲突。因此，相关部门需要在世界贸易组织的框架下协调贸易与健康问题，在国际和国内两个层面共同采取政策应对。包括在国际层面加强国际组织之间的合作，以及在国内层面协调健康政策和贸易政策，以确保目标的一致性。以下是四点政策建议：

第一，加强同国际组织以及世界各国的合作，实现共建共享健康目标。各国应加强信息交流和经验分享，共同应对全球性的健康挑战。在制定贸易政策和自由贸易协定时，应将人民的健康置于优先位置。通过建立信息共享机制，借鉴其他国家的经验，推动贸易与健康的协调发展，为人民创造更加健康的生活。

第二，制定和完善相关政策法规，减轻由贸易带来的就业冲击、食品或药品价格上涨、不健康食品消费增多等对本地居民产生的健康影响。其中，跨部门合作尤为关键，环境保护、食品监管、公共卫生等多个部门需紧密协调，以最小化冲突、最大化效益。此外，政策的制定需要充分考虑贸易冲击对不同地区、不同行业和不同人群带来影响的异质性，重点关注低技能工人、贫困人口、老年人和妇女等弱势群体，从而避免因为贸易自由化而进一步加大国内健康不平等问题。

第三，优化居民的居住环境和工作环境。面对贸易活动带来的环境污染问题，相关部门，尤其是欠发达地区部门应该加大环境保护力度，确保饮用水、空气质量等达到健康标准。同时，推动企业采用绿色生产方式，减少污染物的排放。为本地居民创造更加健康的生活和工作环境。

第四，引导企业履行劳工保护责任，减轻贸易活动对工人健康的不利影响。政府需要引导企业关注社会责任，特别是劳工保护责任。企业在进行市场竞争、追求国际贸易带来的利润时，也要避免给工人施加更大的工作强度和压力。建议将新型职业伤害和由工作引起的新型慢性疾病纳入法定职业病范畴，保障工人健康权益。

未来的国际贸易与健康人力资本研究，需要从人口学、卫生经济学、制度经济学以及国际贸易等多个学科的视角进行更为综合的分析。特别是在分析贸易政策对健康的影响机制时，必须综合考虑这些政策影响所及的学科范畴。因此，在未来的研究中，如何在综合运用各学科领域的理论和观点方面取得突破，将会是一个难点，也是一个具有创新意义的重要方向。

第十一章 文化与健康人力资本研究

美国教育学家 Lowell A. Lawrence（1915）曾说，"在这个世界上，没有什么东西比文化更难捉摸。我们不能定义或者限定它，因为它没有确切的界限；我们不能分析它，因为它的组成部分是无穷无尽的；我们不能叙述它，因为它的形式千变万化。当我们试图用语言来概括它的意义时，就像试图抓住手里的空气一样，它除了不在我们的手里以外，却无处不在"。

文化是一个社会共享的传统思想、价值观念、宗教信仰、生活方式和行为规范，不同文化背景下的人们对健康和疾病的认知不同，因此，会产生健康认知偏差问题。这种认知偏差渗入到人们生活的方方面面，通过引导个人健康投资和基本健康行为，影响着人们的身体健康和心理健康。在全球文化不断交融的背景下，一个社会中的健康认知偏差也在不断变化，呈现出日渐复杂且多样的趋势，这给医疗从业者的跨文化交流提出了更大的挑战。因此，文化和健康人力资本的交叉研究在当今时代下显得尤为重要。

本章首先从文化的内涵、特征和现状开始介绍；其次，分析文化因素对身体健康和心理健康的积极影响；最后，基于全球文化交融的背景，从医疗从业者、健康消费者、医患关系和未来医学发展四个角度，探讨健康问题的应对之策。

第一节 文化的内涵、特征和现状

本节将为读者介绍研究文化与健康人力资本交叉领域的相关概念。由于文化内涵广泛而复杂，本节先对文化的内涵进行梳理；然后，基于文化的内涵，阐述文化的主要特征；接着从全球文化圈分布和国家内部多元社区两个角度，介绍全球文化多样性和国家内部多元文化的现状。

一 文化的内涵

正如 Lowell A. Lawrence 所说，"文化"是一个广泛而复杂的概念，我们很难给它下一个明晰、确定的定义。其原因主要有两点，其一，不同的语言系统中，"文化"一词的本义各不相同。文化在拉丁文中原表示"对土地的耕种和对植物的栽培"，而在汉语中，"文化"本义是"以文教化"，即陶冶性情和教养品德。随着文化内涵的不断演变，各语言对文化的定义日渐趋同，但其阐释仍然存在差异；其二，"文化"具有的社会性使其涉及的范围极广，文化研究被纳入不同的学科领域，包含文学、人类学、历史、哲学、艺术、政治学、社会学等，研究者从各自的学科角度出发，彼此的视角和研究范围不同，对文化的定义也自然不同。

迄今为止，不少学者对"文化"进行了定义。德国法学家 Pufendorf（1672）在其著作 *Of the Law of Nature and Nations* 中最早把"文化"作为名词使用，他认为"文化"由社会活动所创造的东西和依赖于社会生活而存在的东西两部分构成。"人类学之父"——英国人类学家 Tylor（1871）最早将"文化"作为学术用语使用，他在著作 *Primitive Culture* 中提出狭义文化的早期经典学说，即"文化是个复合的整体，它包括全部的知识、信仰、艺术、道德、法律、习俗以及个人作为社会成员所必需的其他能力及习惯"。这一定义在文化领域产生了深远的影响。20 世纪，美国文化学家 Kroeber 和 Kluckhohn（1952）在其著作 *Culture: a Critical Review of Concepts and Definitions* 中总结了 1871—1951 年的 164 个关于文化的定义，并给文化下了一个综合性的定义："文化存在于各种内隐的和外显的模式之中，借助符号的运用得以获得和传播。文化的本质核心由通过历史的演变和选择而得到传统观念和价值观构成。"这一定义被现代西方学者普遍接受和使用。

总的来说，没有一种文化的定义能够将文化的内涵囊括无遗。虽然关于文化的定义很多，但根据众多的定义，我们可以总结出一个具有共通性的文化内涵：文化是通过社会互动形成的，社会成员借助符号得以获得和传播文化。文化是社会成员所享有的一切知识、思想、价值观和物质财富，具体又可以划分为传统思想、价值观念、宗教信仰、生活方式和行为规范等表现形式。

二 文化的特征

文化的内涵决定了文化的三个主要特征,即文化是多层次的、动态的且无意识的。首先,文化的内涵决定了文化是多层次的。荷兰的心理学家 Hofstede(1980)将洋葱模型运用于文化研究中,指出文化从内到外由四个层次组成。文化的核心层则是人们的价值观和信仰;文化的中间层是社会规范,社会规范是价值观得以贯彻的保证;文化的浅层是英雄代表,一个民族或地区的人们所崇拜的英雄可以体现其文化的价值观;文化的表层是符号,通过语言、服装等现象体现出来。这几个层面以价值观为核心,紧密联系,不可分割。因此,作为不同文化背景的人,需要层层剖析,了解对方行为背后的内在价值观,才能在跨文化交流中更恰当地看待异文化中不同的行为、思想和信仰,从而更好地适应、学习与交流。

其次,文化的形成方式决定了文化是动态的。早在 Tylor(1871)的 *Primitive Culture* 书中就对文化的动态性进行了阐述。Tylor 的文化进化观点认为,人类文化史就是人类经济技术、精神生活的自我发展史。文化进化包含了蒙昧、野蛮和文明三个发展阶段,每个阶段的文化既是过去的产物,又是未来的基础。同样地,现代学者也将文化描绘为动态的,文化可以改变以适应新的环境和社会情况(Wiley 和 Allen,2009),文化随着时间的推移和社会的变迁而演变,技术进步、全球化以及社会变革都会对文化产生深远的影响,因此,文化是"流动的"和"动态的"(Singer 等,2016)。

再者,文化的社会性决定了文化是无意识的。Tylor(1871)指出文化存在于所有的人类社会中,具有明显的社会性质,它是由社会群体共同创造、传承和演变的,对一个社会中的人们产生持续的影响。文化渗透到人们的思维方式、行为模式和社会规范中,人们在成长过程中通过社会化过程吸收和内化了文化的价值观和行为准则,这些内化的文化模式潜移默化地影响着人们生活的方方面面。正因如此,文化是无意识的,身处某种文化中的成员可能经常错误地认为自己的做法是普遍的,而不是特定的,因此,他们往往不能及时地更正自己的认知偏差(Mestrovic,1992)。文化的无意识性使得人们难以批判性地审视和了解自己的文化,这突出了跨文化交流和理解的重要意义,即能够超越自身文化的局限,更好地理解和尊重文化差异。

三 全球文化多样性

地理因素、发展历史以及宗教信仰等因素共同导致了全球文化的多样性。首先,地理因素是形成一个地区文化的重要原因。不同地区的自然环境、气候条件和地形地貌的差异,形成了人们在生活方式、风俗习惯和文化传统上的差异。其次,历史和移民也是文化多样性的原因之一。历史上的战争、殖民和贸易等国际往来,导致了不同文化之间的接触与交流。同时,人类移民和流动促进了文化的传播与融合,形成了新的文化形式和多元文化社会。此外,丰富的宗教和哲学信仰也是导致文化多样性的关键。不同的宗教和哲学体系塑造了人们的价值观、道德观和生活方式,形成了不同的文化特征。

在人类文明漫长的历史发展过程中,全球演绎出多种文化,过程中有的文化被社会淘汰,有的文化日渐衰落,而有的文化快速崛起,那些获得优先发展并处于强势地位的文化便向四周辐射影响其他的文化,逐渐扩大范围,形成一个具有某些共同因素的文化圈。当前,全球已经形成了具有影响力的五大文化圈,分别为西方文化圈、东亚文化圈、伊斯兰文化圈、印度文化圈和东欧文化圈。每个文化圈各有特点,同一文化圈内的人们的行为方式、价值观念和宗教信仰有较大的一致性,如表11-1所示。

表11-1　　　　　　　　全球五大文化圈

文化圈	代表国家	主要宗教和代表文化	文化特点
西方文化圈	主要是以白种人的居住地为主,包含欧洲、北美、澳大利亚等	天主教、新教各派、科技文化	强调个人主义、自由、民主和人权
东亚文化圈	中国、日本、韩国、越南、新加坡等	儒家思想、佛教文化、汉字	强调家庭价值观、社会和谐和尊重长辈
伊斯兰文化圈	阿拉伯国家:埃及、沙特阿拉伯等;信伊斯兰教的其他国家:伊朗、巴基斯坦、马来西亚等	伊斯兰教、阿拉伯文字	强调宗教信仰、礼仪和道德规范

续表

文化圈	代表国家	主要宗教和代表文化	文化特点
印度文化圈	印度、孟加拉国、缅甸、尼泊尔、斯里兰卡、泰国、老挝等	印度教、佛教文化、梵文系字母	强调宗教多样性、社会等级制度和家庭价值观
东欧文化圈	俄罗斯、东欧、巴尔干半岛等	东正教、斯拉夫字母	强调集体主义、传统价值观和社会团结，苏联解体后逐渐向西方文化圈靠拢

资料来源：史继忠：《世界五大文化圈的互动》，《贵州民族研究》2002年第4期。

四 国家内部的多元社会

处于同一文化圈内的国家，其内部还存在着丰富的多元文化，不同地区的方言、传统思想、价值观念、宗教信仰和生活方式也存在着差异。有关多元社会的观点主要有两类，分别是"熔炉"（Melting Pot）和多元文化主义（Multiculturalism）。

"熔炉"观点的产生可以追溯到历史上的移民潮和国家建设的需要。1908年，移民美国的英国犹太戏剧家 Israel Zangwill 首次提出"熔炉"①一词，得到了美国社会的广泛推崇。"熔炉"是一种文化同化的观点，主张在一个国家或社会中，不同民族或移民群体的文化彼此相容，形成同一文化。这种观点认为，通过文化的同化，可以提高社会的凝聚力和认同感，减少文化冲突和国家分裂。然而，随着时间的推移，熔炉观点受到了批评和挑战。人们开始意识到文化同化可能导致文化丧失，从而引发个体的认同危机。此外，在一些国家和地区，不同文化群体之间存在着长期的冲突和不平等，社会上对平等和包容的呼声高涨。

在此背景下，多元文化主义应运而生。多元文化主义强调不同文化群体的平等和多样性，主张少数民族或移民群体保留其文化特征，遵守一些共同的规范，同时，能够在政治上和经济上整合进主流文化。但是，多元文化主义也面临着一些挑战。过度强调多元文化可能导致社会的分裂和文化的碎片化。因此，学者们提出一种更加综合和包容的观点——既重视多元文化的价值，又强调共同的核心价值观和社会凝聚力。

---

① 1908年，Israel Zangwil 的 *Melting Pot* 剧本中提到"美国是上帝的坩埚，一个伟大的熔炉，欧洲各个种族得到冶炼和重铸"。

这一观点在中国社会"多元一体"的文化格局中得到了有力的验证，展现了其优势性。1989 年，费孝通发表《中华民族的多元一体格局》，首次提出"多元一体"的概念。"多元"指的是中国有 56 个民族，每个民族都有自己独特的历史、文化和传统。它强调各民族文化之间的交流和碰撞，能够为社会带来新的思想、观念和创意，从而推动中华文化的发展。"一体"则表示各民族之间相互关联、相互补充、相互依存，形成共同体——中华民族。它强调中华文化的整体性、共同性和一致性，无论是在经济发展、社会治理还是文化传承方面，中国社会都强调整体利益和共同发展。

总的来说，全球文化具有多样性，且每个国家内部又包含多元文化社会。身处世界某个角落的我们，可能生活于不同的文化社会中，拥有不同的方言、宗教信仰、风俗习惯和价值观。那么，文化究竟是如何影响健康认知的？而健康认知又会对人们的健康行为产生什么影响？我们将在第二节和第三节中进行具体的探讨。

第二节　文化对健康的积极影响

一些地区的传统文化和宗教信仰中也可能蕴含着利于健康的价值观念和行为习惯。本节首先以中医药学为例，探讨文化与医学的结合在提高健康水平上的积极效果；接着分别从身体健康和心理健康两个角度，探讨传统文化和宗教信仰对健康的积极影响。

一　文化与医学结合的优秀案例——中医药学

传统医学是部分中低收入国家常见的医疗手段。全世界至少有 170 个国家记录了传统医学的使用，约有 100 个国家制定了相应的国家政策和方案，将传统医学与卫生系统相结合（Burki，2023）。中医药学是目前保存最完整、影响力最大、使用人数最多的传统医学体系。目前，中医药学已传播到全球 196 个国家和地区，与 40 多个国家和地区签署了中医药合作的政府协议（柴嵘，2022）。

中医药学深深扎根于中国的文化传统之中。中医药学的理论和实践基于中国古代哲学、道家、儒家和佛教等思想体系，与中国的五行学说、阴阳观念、经络理论等密切相关。中医药学还受到中国传统文化中的观念和价值观的影响，如平衡、和谐、自然等。这种文化背景赋予了中医药学独特的理论基础和治疗方法。

中医药学从三个方面对个人健康投资产生积极的影响。其一，中医药学理论和治疗方案借助文化，能够更好地为人所理解和认可。中医药学理论蕴含的道法自然的生命观、形神兼顾的健康观、整体平衡的思维观、辨证论治的诊疗观和大医精诚的道德观等核心价值观念在亚洲国家和地区获得了广泛的认可和推崇。此外，中医药学在西方国家也逐渐受到认可和接受，越来越多的人选择中医药学作为一种替代或补充治疗方式；其二，中医药学强调的整体观使得人们的健康投资更加全面。中医药学认为人体是一个复杂的整体系统，强调个体的整体健康，即身体各个器官和系统之间的相互关系和平衡。这种整体观念使得人们不仅仅关注某个具体的症状或疾病，还更加关注身体的整体状态，从而增加各个方面的健康投资；其三，中医药学丰富的治疗方法和草药配方为个人的健康投资提供了丰富的个性化选择。中医药学采用综合的诊断方法，包括望、闻、问、切等，以了解个体的身体状况和病因。根据个体的特点和病情，中医医生会制订个性化的治疗方案，包括中药、针灸、推拿等治疗方法。因此，中医药学能够综合考虑个体的身体、心理和环境等因素，提供个性化的治疗和健康管理。

值得强调的是，中医药学作为一种文化形式，能够潜移默化地影响人们的基本健康行为。中医药学不仅仅关注疾病的治疗，还强调"治未病"，即注重预防和保健。中医药学在长期发展中积累了丰富的养生理念和方法，形成了独具特色的健康养生文化，深深融入人们的日常生活中。例如，中医理论强调"身心合一"，鼓励人们保持身心平衡，避免过度劳累和情绪波动。这种观念使得人们更加注重调节生活节奏、保持情绪稳定。此外，中医理论还注重饮食调理，认为食物具有药物的作用，不同的食物可以对身体产生不同的影响，可以根据个人体质和季节变化，选择适宜的食物和烹饪方法。同时，也要保持适度的饮食节制，避免暴饮暴食。再者，中医药学还强调运动的作用，运动可以促进气血流通，增强体质，从而预防疾病。一些中医养生方法中包括了特定的运动方式，如太极拳、气功等，这些运动被认为可以调节人体的能量和气血，增强身体的抵抗力和自愈能力。

二 文化对身体健康的积极影响

在文化与健康的交叉领域，宗教一直是学者们重点关注的话题。一些学者研究了地区的宗教信仰对健康水平的影响。例如，Bhalotra 等（2021）利用模糊断点回归分析了印度政治家的宗教信仰对堕胎率的影响，研究中指出，与印度教徒相比，伊斯兰教徒的重男轻女现象更小、对堕胎的厌恶程度更高、女婴的健康水平更高。更进一步地，Alfano（2022）通过研究尼日利亚北部引入伊斯兰教法这一自然实验，发现伊斯兰教法通过规定严格的儿童保护法和正式规定儿童患病时抚养父母的义务，提高了父母对儿童的健康投资行为，包括儿童的疫苗接种率、母乳喂养时间和产前保健行为，从而降低了婴儿死亡率。此外，也有学者关注历史宗教机构对一个地区居民健康的长期影响。Calvi 和 Mantovanelli（2018）的研究发现，即使考虑了健康的各种短期影响因素，19 世纪印度的新教医疗传教事业仍然可以很好地解释当代印度健康结果的地区差异，即居住在历史新教医疗机构附近的人们拥有更好的健康习惯，例如良好的卫生习惯、疾病预防和产期护理等。

一些研究发现，传统文化也能对健康产生积极影响。例如，Cao 等（2022）研究了宗族文化在中国大饥荒（1958—1961 年）时期的积极作用。基于双重差分法的实证结果显示，在宗族密度较高的县，饥荒时期死亡率的上升幅度较小。机制分析表明，宗族文化主要是通过采取集体行动抵制政府过度的采购政策而起作用的。Suzuki 等（2001）研究了日本最长寿的地区——冲绳群岛的长寿原因，研究发现，冲绳群岛的传统文化能够很好地解释本地人的长寿，包括低热量、植物性食物和非精制碳水等饮食习惯，与道家、儒家思想有关的减压精神观，武术、传统舞蹈和园艺等多种传统锻炼方式，以及当地采取的尊重、帮助和互惠的社会支持方式。

三 文化对心理健康的积极影响

有关宗教的健康影响，更多的学者是从心理健康的角度进行研究。几个世纪以来，宗教与健康之间的联系一直受到学者的广泛讨论。Zimmer 等（2016）的一篇综述较为完整地概括了有关宗教信仰和心理健康因果关系的研究。丰富的实证研究证明了宗教在预防和治疗心理健康问题方面起着至关重要的作用，教徒往往具有更高的幸福感、更好的心理健康、更高的生活质量、更少的感知压力和焦虑，抑郁和自杀的发生率较低。虽然不同的宗教对心理健康的影响方式是复杂而多样的，但是大致可以概括为以下三条机制。首先，宗教是社会支持的重要来源，世界各地的宗教机构，如教堂、寺庙和清真寺等，为教徒提供了社交互动、朋友聚会和支持活动的场所；其次，宗教提供一种控制感，它为信徒们提供了一种信仰体系和价值观，使他们能够在困难时期找到安慰和支持；最后，宗教的仪式和祈祷活动也可以成为一种情感释放的途径，通过寻求精神寄托，人们可以减轻压力和焦虑。

除了宗教信仰外，优秀传统文化也会对人们的健康产生积极的影响。例如，景怀斌（2006）指出，儒家文化为人们提供了应对挫折困难的"儒家式应对思想"，其核心思想是历经困苦才能取得成就，强调自我超越的观念。儒家将挫折再定义为成长，认为困难挫折能够帮助人们积累经验，从而在将来取得更大的成就。本书根据儒家式应对思想设置了"挫折内在乐观性""对命的认识""人的责任性""挫折作用"四个维度的问卷问题，分析结果显示，儒家应对思想有利于人们的心理健康。类似地，Yang 等（2016）将儒家文化中的中庸思想划分为三个维度，即整体观、辩证观、和谐相处观，实证研究表明，中庸思想能够在调节当代中国年轻人的心理困扰和主观幸福感方面发挥重要作用。

第三节 全球文化交融背景下健康问题的应对之策

在全球化背景下，国际间移民的规模不断扩大，同时，经济发展和城镇化等因素也促进了国内不同城市和地区间的人口流动，形成了全球文化交融的大环境。该环境将导致一个社会中的健康认知偏差呈现更加多样和复杂的态势，也给医疗从业者的跨文化交流带来了更大的挑战，不利于个人健康投资和医疗服务提供。因此，本节从医疗从业者、健康消费者、医患关系和未来医学发展四个角度，探讨如何应对全球文化交融带来的健康问题。

一 从医疗从业者角度：提高文化能力

文化决定了人们对疾病和健康的认知，影响着人们的健康投资和基本健康行为，健康的文化决定因素越来越被医疗卫生领域所接受。若不能认识到文化因素对健康的重要影响，患者和医疗从业者之间就会发生严重的沟通不畅、误解和不信任（Vaughn，2019）。随着全球化的发展，医疗行业面临着越来越多的跨文化交流和合作。医疗从业者需要与来自不同文化背景的患者、同事和合作伙伴进行有效的沟通和合作，这对医疗从业者提出了更高的要求。

在此背景下，医疗从业者需要提高自身的文化能力，即要求医疗从业者有能力识别和应对患者的文化和语言需求。文化能力要求具备文化知识和对认知差异的认识（Vaughn，2019），从而帮助医疗从业者为来自不同文化背景的患者提供"文化敏感、反应迅速和称职的医疗服务"（Winkelman，2008）。提高文化能力有助于卫生组织设计和实施适合少数文化群体的医疗服务，帮助改善其获得卫生服务的机会。例如，提供口译服务、配备符合宗教等文化信仰的医院餐食等。此外，提高文化能力还可以帮助医疗从业者更好地理解和尊重不同文化的健康认知和行为，从而建立更好的医患关系、提高医疗服务质量。

二　从健康消费者角度：接受健康教育

提高患者的文化知识是减少健康认知偏差、改善健康行为的最直接的手段。主要可以通过以下三个方面实现。其一，鼓励各部门参与健康教育。教育机构、医疗机构和政府之间可以合作，提供全面的健康教育课程。这些课程需要提供准确、易懂且文化敏感的健康知识，具体可以包含饮食、运动、心理健康、疾病预防和管理等多个方面；其二，推广健康信息的可靠来源，在数字经济时代，消费者可以轻松获取大量的健康信息。然而，不可靠的信息可能会误导消费者。因此，需要推广可靠的健康信息来源，例如权威的医学网站、医疗专家的建议和研究报告。同时，政府也要加强对在线问诊、健康类 App 等数字平台的监督和管理；其三，培养人们对医疗产品和服务的批判性思维，使其具备阅读产品标签、研究报告和用户评价的能力和习惯，学会评估和质疑医疗保健产品和服务的有效性，从而更好地选择科学的、符合自身情况的健康产品和服务。

三　从医患关系角度：建立医患信任

医患信任问题提高了治疗成本、降低了治疗质量，同时，也会导致延迟就医、降低疫苗接种率、降低就医率。医患信任关系受到多种文化因素的影响。其一，价值观和信仰，不同文化对健康和疾病的认知不同，这些观念和信仰可能会影响患者对医疗建议和治疗方法的接受程度。其二，语言和沟通方式，交流障碍可能会导致医患之间的误解，从而影响医患信任。其三，一些文化中存在着传统医学和民间替代疗法的使用习惯，如果医生对这些习惯不了解或不支持，患者可能会对医生产生不信任感。其四，种族歧视，当患者感受到医生对其种族的偏见时，他们可能会对医生的建议和治疗方案产生怀疑，甚至拒绝接受治疗。

通过政府、医生和患者三个角度的共同努力，可以改善医患关系，建立起互信、尊重和合作的医患关系。首先，从政府角度，制定相关政策和法规，加强对医疗机构和医生的监管和管理，确保医疗服务的质量和安全。政府应增加医疗设施和人力资源，改善医疗设备和技术水平。此外，政府还需加强医疗信息化建设，通过建立电子病历和健康档案系统，促进医患之间的信息共享和沟通，减少信息不对称和误解。其次，从医生角度，最重要的是提高文化能力，为患者提供文化敏感的医疗服务。此外，医生还可以提供持续关怀，包括定期询问、跟踪患者的健康状况和需求，并及时调整治疗计划，与患者建立长期的医患关系。最后，从患者角度，最重要的是提高健康教育水平，改善健康认知偏差，从而更好地理解科学的医疗产品和服务。此外，患者还应提供准确和完整的病史信息，并与医生分享症状和体验，以帮助医生做出准确的诊断和制订治疗计划。

四　从未来医学发展角度：融合优秀文化

将医学与优秀的文化相融合能够从理论体系、治疗方案和健康知识传播三个方面促进未来医学的发展。下面以中医药学为例，分析其对未来医学发展的积极作用。

首先，中医药学的理论体系与现代医学形成互补。中医药学融合优秀传统文化形成了自己的一套理论体系，包括阴阳五行、气血津液、经络系统和脏腑学说等，与现代医学的分子生物学等学科形成了互补。将中医药学的理论与现代医学的科学研究相结合，有助于拓宽现代医学的发展路径。

其次，中医药学的治疗方案是对现代医学的重要补充。中医药学强调辨证施治，即根据患者的具体病情、体质和环境等因素进行个性化的诊断和治疗。中医药学可以综合运用多种治疗方法，包括中药、针灸、推拿等，针对患者的具体情况制订个性化的治疗方案。将中医药学的治疗方法与现代医学技术相结合，可以提供更全面、综合的治疗方案，促进患者的康复。

最后，中医药学的文化属性促进了健康知识的传播。中医药学的养生理念强调个体的整体平衡，通过调节阴阳、气血津液、运动、饮食和情绪等方面，维持身体的健康和预防疾病的发生。这种养生理念注重个体差异和个人化的养生方法，强调预防和保健，保持身心的健康与平衡。将中医药学的养生理念与现代医学的预防医学相结合，可以更好地引导人们的健康行为，预防疾病的发生，从而提高人们的整体健康水平。

第十二章　跨学科视角下的健康人力资本研究

近年来，心理学、医学、生物学、神经科学等学科不断与健康经济学进行交叉融合，将自身的研究范式和技术手段纳入健康经济学的研究中，对人们健康行为及决策背后的心理、生理和神经机制做出了解释。本章将分别介绍心理学、基因遗传学和脑科学在健康领域的交叉应用，围绕起源、核心议题和应用范围进行全面概括和系统梳理，向读者展示健康交叉领域研究的前沿思想和最新成果，为健康人力资本研究提供更广阔的视野。

第一节　心理学对健康行为及决策的研究

20世纪60年代，心理学家Tversky和Kahneman（1974）将认知心理学、实验心理学、组织行为学等领域的前沿思想与研究方法引入经济学领域，颠覆了新古典经济学中的"理性人"假设，研究人在不确定条件下的判断与决策是如何系统地偏离传统经济学的理性行为假设的。自此，行为经济学逐渐走入大众视野，并开始拓展到经济学的各主要分支领域。自行为经济学的两位主要倡导者和践行者Daniel Kanemann和Richard H. Thaler分别于2002年和2017年荣获诺贝尔经济学奖之后，行为经济学越发受到学术界的关注，并与多领域学科展开融合。

行为经济学基于"有限理性人"假设前提构建的理论模型相比于传统经济学模型更加贴合现实情况，在解决卫生健康领域相关问题方面展现出良好的适应性。20世纪90年代，Degrandpre等（1992）率先发表了行为经济学应用于卫生健康领域的研究论文，其通过行为经济学分析，更好地量化了香烟中的尼古丁含量对吸烟者香烟需求的影响，发现低尼古丁含量的香烟会增加吸烟者的香烟消费，更不利于吸烟者的健康。尽管行为经济学于20世纪90年代开始才应用于卫生健康领域,但其发展十分迅猛,不同学者利用行为经济学的延迟贴现、框架效应、利他主义、默认效应等理论对药物成瘾、肥胖问题、器官捐献、自我医疗等内容展开研究,在公共卫生政策的设计和制定中发挥了重要作用。

吸烟行为和肥胖问题一直是行为卫生经济学领域关注的重点和热点。本节将着重介绍吸烟行为与肥胖问题的相关研究,以展示行为经济学理论是如何应用于卫生健康领域的。此外,还介绍了行为经济学在卫生健康政策制定方面的应用。

一 吸烟行为

烟草危害是当今世界最严重的公共卫生问题之一。吸烟行为会诱发肺癌、喉癌、心血管疾病、糖尿病等,不仅会给吸烟者自身的健康带来很大风险,还会危害其他暴露在二手烟环境下的非吸烟者的身体健康。根据全球疾病负担(Global Burden of Disease)数据库提供的数据,全球每年因烟草相关疾病死亡的人数高达800多万,其中有700多万人死于直接吸食烟草,还有大约130万人死于接触二手烟雾(GBD,2019)。"吸烟有害健康"已经成为共识,香烟包装上也都会标注相关警示语,但仍然有很多人罔顾健康风险深陷吸烟的泥淖。在新古典经济学中,理性成瘾模型认为吸烟行为是完全理性的,是吸烟者在当下的愉悦与未来的健康风险之间权衡取舍之后做出的符合自身效用最大化的最优选择。然而,这一理论遭到了很多经济学家的批评,其最致命的缺陷在于假定消费者具有时间一致性,即消费者的偏好不会随着时间的变化而变化。但是,现实情况是,吸烟者的成瘾行为一方面取决于自身的自我控制能力,一方面也会受到外界环境的影响,人们的偏好并不具有时间一致性。

(一)自我控制与拟双曲贴现模型

传统经济学采用贴现效用模型(Discounted Utility Model),用一个固定不变的贴现率对人们的跨期决策行为进行刻画,认为消费者具有时间一致性。而行为经济学家发现消费者的偏好会随着时间改变。1997年,Laibson(1997)提出了拟双曲贴现模型(Quasi-hyperbolic Discounting Model)来刻画消费者在跨期决策中的时间不一致性,认为人们存在当下享乐偏误:当人们评估未来收益的价值时,会倾向于对较近的时期使用更低的贴现率,对较远的时期使用更高的贴现率,从而导致计划与实施的不一致性。

贴现效用模型（Discounted Utility Model）：
$$U_t = u_t + \delta u_{t+1} + \delta^2 u_{t+2} + \delta^3 u_{t+3} + \cdots$$
拟双曲贴现模型（Quasi-hyperbolic Discounting Model）：
$$U_t = u_t + \beta\delta u_{t+1} + \beta\delta^2 u_{t+2} + \beta\delta^3 u_{t+3} + \cdots$$

拟双曲贴现模型对吸烟行为做出了合理的解释，相比于大额的延迟奖赏，人们会更愿意选择小额的即时奖赏，且消费者的贴现率越高，或者说贴现因子越小，其自我控制能力越低，越可能忽视长期的健康风险产生吸烟行为。Mitchell（1999）以金钱作为奖励考察了吸烟者与非吸烟者的自我控制能力，发现吸烟者的贴现率显著高于非吸烟者。Bickel等（1999）分别用金钱和香烟作为奖赏物，发现相比于从不吸烟和已经戒烟的人群，吸烟者在以金钱作为奖励的任务中的贴现率更高，这与Mitchell（1999）的研究结果一致；而从不吸烟者与戒烟者的贴现率并没有显著差异。除此之外，吸烟者在以香烟作为奖励的任务中的贴现率要比金钱奖励任务中的贴现率更高。

虽然大量研究都表明，吸烟者相比于非吸烟者具有更高的贴现率，但并未验证到底是低自控能力导致了尼古丁依赖，还是尼古丁依赖降低了人们的自控能力。Reynolds等（2003，2004）考察了青少年吸烟者与成年吸烟者的跨期贴现率，发现成年吸烟者的贴现率显著高于成年非吸烟者，但青少年吸烟者的贴现率与非吸烟者并无显著差异，由此推断吸烟会导致人们的自我控制能力降低，在跨期决策中展现出更高的冲动性。

（二）利他主义行为

不同于传统经济学中消费者只关注自身效用最大化的"理性人"假设，人类在日常生活中表现出大量的利他行为。关于利他主义行为的研究最早起源于20世纪60年代（Hamilton，1963），但主要局限于社会生物领域，研究以血缘和亲情为纽带的亲缘利他行为。到20世纪70年代，以Gary S. Becker为代表的一批经济学家开始将利他主义行为纳入经济学框架下进行研究（Becker，1976）。

配偶效应是人们利他主义行为的一个重要体现。婚姻可以减少人们的危险行为，例如，有配偶的人更不太可能吸烟，因此已婚人士比单身人士更健康。Cai和Zhou（2022）考察了新冠疫情时期人们的吸烟行为，发现尽管在封控状态下吸烟带来的愉悦和快感会比平时更多，但考虑到二手烟对家人健康的潜在危害，中国成年男性的吸烟行为在封控期间有所减少。McGeary（2013）则发现在戒烟行为上，女性相比于男性具有更高的利他性：女性更可能因为配偶健康状况恶化而选择戒烟；而男性则更可能因为自身的健康状况恶化而选择戒烟。

二 肥胖问题

肥胖问题已经成为全球性的健康问题。肥胖是亚健康人群最为常见的身体特征之一，是糖尿病、高血压、心血管疾病和一些癌症的主要诱因。近年来，我国居民的肥胖率持续上升，根据《中国居民营养与慢性病状况报告（2020年）》提供的数据，2015—2019年，我国成年男性和女性的平均体重分别增长了3.4kg和1.7kg，城乡各年龄组居民的肥胖率也在持续上升（中华人民共和国国务院新闻办公室，2020）。

前面提到的拟双曲贴现模型不仅能刻画人们的吸烟行为，还可以分析和解释人们的饮食消费和锻炼行为。跨期贴现率越高的人，越偏好味觉上的即时满足，从而不顾长期的健康风险选择食用甜食、高脂肪食物或者暴饮暴食，最终导致更高的体重指数（BMI）、肥胖和超重。同样，在跑步等锻炼行为中，跨期贴现率越高的人，越可能存在计划与实施的不一致性，导致其缺乏足够的锻炼。

三 健康卫生政策

2008年，行为经济学家Richard H. Thaler和法学家Cass R. Sunstein正式提出了"助推"（Nudge）的概念，即在充分考虑个体非理性行为的基础上，使用隐性的巧妙的干预策略引导个体行为向预期方向改变，而不强迫个体做选择或者显著地改变其经济激励（Thaler和Sunstein，2008）。助推政策相比于传统的经济激励政策往往成本更低，也更行之有效，因此受到了学术界和政府的广泛关注。世界各国政府正越来越多地将行为经济学方法纳入政策制定之中。2010年，英国内阁办公室设立了行为洞见小组（The Behavioral Insights Team，BIT），致力于运用行为经济学的方法，在政策设计与制定过程中考虑人们的行为模式以提高政策实施效果。随后，美国、德国、澳大利亚等政府也纷纷设立了行为科学的政策研究团队。目前，助推措施已经被广泛地应用于健康饮食、戒烟、减肥、免疫接种、医疗保险参与、器官捐献、癌症筛查等方面的健康卫生政策中。

（一）降低行为成本

增加健康食品的可见性和易得性可以促进人们在健康食品上的消费。例如，通过在超市中设置指引果蔬区的箭头标志，就可以使果蔬产品的消费增加。类似地，可以通过增加获取不健康食品的难度，来减少人们在不健康食品上的消费。例如，将零食放置在更远的地方可以有效减少人们的零食摄入。Appelhans 等（2018）利用延迟贴现理论，通过选择性地延长人们获得不健康食物的时间来促使人们更多地选择健康食品，发现通过把自动售货机交付普通零食的时间延长 25 秒，可以使得健康零食的购买比例从 40.1% 增加到 42.5%，其作用与对健康零食提供 0.25 美元的折扣的影响相当，且成本更小。

（二）简化信息

人并不是完全理性的，在决策过程中往往会因为缺乏信息、认知偏差或者决策时间有限而无法做出最优决策。基于 Herbert A. Simon 提出的有限理性理论，许多助推政策通过简化信息呈现方式来帮助人们更好地进行健康决策。例如，通过简化处方药计划的申报流程，可以大大提高居民的医疗保险参与率。通过发送电子邮件与患者预约流感疫苗的接种时间和地点，可以使疫苗接种率提高 36%。

（三）默认效应

人们在决策时存在惰性，往往会遵从默认选项，利用这一行为规律，许多助推措施通过调整医疗保险、器官捐献的默认选项以促进公共健康水平的提升。美国《平价医疗法案》第 1511 条要求企业将雇员参与医疗保险设为默认选项，从而提升了雇员的医疗保险覆盖率（Thaler 和 Sunstein，2008）。Johnson 和 Goldstein（2003）发现器官捐献书上默认选项为"同意"的国家，如奥地利、法国等，有超过 90% 的公民愿意捐献器官；而器官捐献书默认"不同意"的国家，如丹麦、英国等，只有 20% 的公民愿意成为器官捐献者。

（四）框架效应

框架效应指的是同一个问题采取不同的描述方式会导致人们不同的决策结果（Tversky 和 Kahneman，1974）。例如，强调潜在收益的信息可以促进健康预防行为，收益框架信息比损失框架信息更能说服人们戒烟、使用防晒霜、提高对输血安全性的信心等；而强调潜在损失的信息在鼓励人们进行疾病筛查方面更为有效。例如，Schneider 等（2001）的研究发现，损失框架信息可以有效鼓励低收入女性进行乳房 X 光检查。

第二节　基因及环境对健康影响的研究

遗传基因是健康代际传递的重要因素，不仅是医学和生命科学研究的重点，也是经济学等社会学科关注的焦点。已经有大量研究显示，基因不仅可以直接影响人们的体重、认知功能和慢性病发病率，同时还可以通过影响人们的吸烟行为、饮酒行为和风险偏好间接地影响人们的健康水平。本节将从直接影响和间接影响两个方面，探讨基因对健康的影响，同时也介绍了基因检测在披露个体遗传疾病风险、筛查和预防疾病中发挥的重要作用。

一　基因对健康的直接影响

根据致病基因数目的不同，基因所致疾病可划分为单基因疾病和多基因疾病，由单个基因突变引起的疾病称为单基因遗传病，如白化病、先天性聋哑、高度近视等。由多对微效基因和环境因素共同作用引起的疾病称为多基因遗传病，如糖尿病、高血压等。本小节将具体介绍基因对肥胖、认知能力以及糖尿病和高血压等慢性病的影响。

（一）肥胖症

大多数肥胖属于多基因遗传病，是由多对基因和环境因素共同作用引起的；少部分肥胖属于单基因遗传病，与POMC、PCSK1、LEPR等基因变异相关。许多研究验证了POMC基因、PCSK1基因和LEPR基因中罕见的纯合或双等位基因变异可以通过黑皮质素受体-4（MC4R）途径破坏信号传导，导致高血脂和严重早发性肥胖（Wabitsch等，2022）。Akbari等（2021）对来自英国、美国和墨西哥的64万多名个体的外显子组进行测序，并估计了罕见编码变异与体重指数（BMI）的关联。发现了16个与BMI显著相关的基因，包括五个编码大脑表达G蛋白偶联受体的基因（CALCR、MC4R、GIPR、GPR151和GPR75）以及LEP、POMC、PCSK1、MC4R、UBR2、ANO4等基因。

（二）认知能力

基因同样可以影响人们认知功能障碍的易感性。Grupe等（2007）对1808名晚发型阿尔茨海默病患者和2062名正常者的近2万个基因位点的分布差异进行了对比，证实ApoE基因是阿尔茨海默病的易感基因。

Kunkle 等（2019）的研究证实了 CR1、BIN1、CD2AP、IQCK、ACE、ADAM10 等基因变异也会增加阿尔茨海默病的患病风险。Dwyer 等（2012）研究发现 ApoE 基因同样会增加个体患仅次于阿尔茨海默病的第二大认知障碍疾病——血管性认知障碍的可能性。Gennarelli 等（2021）对精神分裂症患者的社会认知障碍进行了研究，通过全基因组关联研究发现 TMEM74 基因与精神分裂症患者的社会认知障碍存在显著关联。

（三）慢性病

已有研究同样发现了多种慢性病，如高血压、糖尿病、先天性心脏病的多个易感基因。Persu 等（2015）对 779 名高血压患者和 906 名正常血压者的基因进行研究分析，鉴定出 STK39 和 WNK1 是潜在的高血压易感基因。Kluth 等（2014）通过全基因组关联研究发现，TCF7L2、IGFBP2、CDKN2A、CDKN2B、GRB10、PRC1 等基因是二型糖尿病的易感基因。Wu 等（2015）对宁波地区 222 名二型糖尿病人和 140 名血糖正常者的基因进行分析，发现 CDKAL1、KCNQ1 和 IGF2BP2 基因突变会增加个体患糖尿病的风险。

二 基因对健康的间接影响

基因不仅能直接对人们的健康产生影响，还可以通过影响人们的健康行为及决策间接对人们的健康产生影响。2007 年，Benjamin 等（2007）首次提出了基因经济学（Genoeconomics）的概念，将人类的分子遗传信息（基因数据）运用到经济学的研究中，识别并解释人们行为及决策背后的生物机制，该学科交叉融合了生物学、经济学和心理学等学科的理论知识和研究方法，是近年来发展最为迅速的前沿交叉学科之一。在健康领域，基因经济学研究发现基因可以影响人们对烟草和酒精的使用，还能影响人们的风险承受能力。

（一）吸烟行为

Romanyuk 等（2014）采用 PCR-RFLP 方法分析了修复基因 XPD、XRCC1、OGG1 和 ERCC6 的多态性与预期寿命和吸烟倾向之间的联系，发现 XPD Asp312Asn 基因多态性与吸烟倾向有关。Risso 等（2017）研究了 TAS2R38 味觉受体基因变异与欧美人群的吸烟倾向的关系，发现 TAS2R38 味觉受体基因变异会影响人们感知苯硫代脲（PTC）苦味的能力，而那些无法品尝出烟草烟雾中的苦味化合物的人群更有可能吸烟。

此外，基因还会和环境产生交互作用从而对人们的吸烟行为产生影响。Bierut 等（2023）评估了童年时期的经济状况对吸烟倾向遗传的影响，发现在童年时期没有遭受过经济困境的人，其吸烟倾向相关基因对吸烟量的影响较轻。Schmitz 和 Conley（2016）研究了危险环境对吸烟倾向遗传的影响，发现参与过越南战争的退伍军人的吸烟遗传倾向更容易显现，有吸烟倾向遗传基因的退伍军人相比于有吸烟倾向遗传基因的未参军人群更有可能大量吸烟，并且在年老时被诊断患有癌症或高血压的风险更高。

（二）酒精依赖

遗传学研究已经证实了多个基因变异与人类酒精依赖之间的关联。Xuei 等（2006）对有多重酒精依赖史的 219 个家庭的 1860 名个体进行研究，发现 OPRK1 和 PDYN 基因变异会增加个体酒精依赖的风险。Kranzler 等（2019）对 27 万多名退伍军人进行全基因组关联研究，鉴定出 ADH1B、ADH39C、GCKR、SLC8A10、FTO 等 18 个与酒精依赖显著相关的基因。

（三）风险偏好

人们在风险偏好方面存在很大差异，风险追逐的个体往往更容易产生吸烟、饮酒和超速驾驶等冒险行为，从而对健康产生威胁。Linnér 等（2019）对 100 多万名个体进行全基因组关联研究，检验出 99 个与驾驶、饮酒、吸烟等方面的风险承受能力相关的基因位点。Aydogan 等（2021）运用神经科学的研究方法，进一步探究了风险偏好的遗传倾向是如何转化为冒险行为的，发现杏仁核、腹侧纹状体、下丘脑和背外侧前额叶皮层等大脑区域的灰质体积与个体风险行为的多基因评分呈显著负相关。关于神经科学在健康经济学领域应用的具体内容将在下一节中展开详细介绍。

三 基因的遗传风险披露

鉴于基因在健康代际传递中发挥的重要影响作用，许多临床研究开始通过基因检测向个体披露相关疾病的遗传风险，从而在早期阶段对疾病进行筛查和预防。1994 年，世界神经病学联合会（WFN）和国际亨廷顿协会（IHA）发布了亨廷顿病的预测测试指南，该指南不仅为亨廷顿病制定了预测检测标准，而且也为其他晚发型神经退行性疾病，如家族性额颞叶痴呆和脊髓小脑共济失调制定了标准（MacLeod 等，2013）。对于最常见的神经退行性疾病阿尔茨海默病，大量研究也开始运用基因检测来为阿尔茨海默病的早期筛查和预防提供建议。

第三节 脑科学对健康行为及决策的研究

1996 年，Kevin A. McCabe 首次提出了神经经济学（Neuroeconomics）的概念。神经经济学是经济学、心理学、神经科学等学科交叉融合后形成的一门新兴学科，其运用现代神经科学和脑科学的研究方法和技术手段，分析人类经济行为与决策背后的神经机制。在卫生健康领域，神经经济学对药物成瘾、尼古丁依赖和不健康饮食等方面进行了研究，揭示了人们延迟贴现、认知偏差背后的神经机制。本节将从成瘾行为和肥胖问题两个方面入手，具体地展示脑科学的研究方法和技术手段如何揭示人们健康行为及决策背后的神经机制。

一 成瘾行为

功能性磁共振（Functional Magnetic Resonance Imaging，fMRI）是神经科学和脑科学领域常见的一项技术手段，该技术利用磁振造影来测量大脑的神经激活和功能连通性，即不同脑区时间序列之间神经活动的相关性，对脑活动进行成像。功能性磁共振技术可以用于研究人们的延迟贴现，从而对成瘾行为做出解释。

（一）延迟贴现

McClure 等（2004）使用功能性磁共振成像，研究了大脑不同区域在人们进行金钱跨期选择时的神经活动，发现人的跨期决策涉及两个独立但相互作用的神经系统：与中脑多巴胺系统相连的大脑边缘系统以及与理性和计算相关的大脑前额叶和顶叶皮层。如图 12-1 所示，当个体选择即时奖励时，腹侧纹状体（VStr）、内侧眶额皮层（MOFC）、内侧前额叶皮层（MPFC）和后扣带皮层（PCC）的活跃度显著增强；如图 12-2 所示，当个体选择延迟奖励时，视觉皮层（VCtx）、运动前区（PMA）、运动辅助区（SMA）、左右侧内顶叶皮层（RPar, LPar）、右侧背外侧前额叶皮层（DLPFC）、右侧腹外侧前额叶皮层（VLPFC）和右侧外侧眶额皮层（LOFC）的活跃程度显著增强。

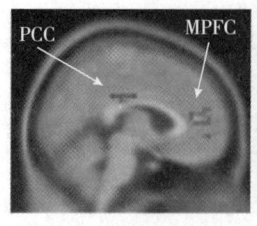

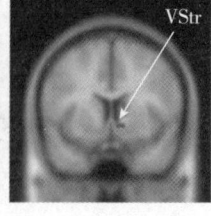

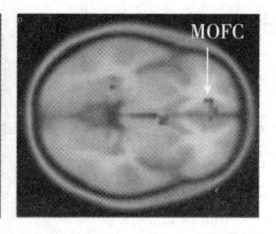

图 12-1 个体选择即时奖励时优先激活的脑区

资料来源：McClure, S. M., Laibson, D. I., Loewenstein, G., and Cohen, J., "Separate Neural Systems Value Immediate and Delayed Monetary Rewards", *Science*, Vol. 306, No. 5695, 2004, pp. 503-507.

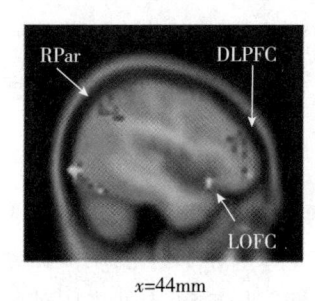

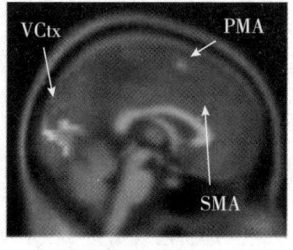

图 12-2 个体选择延迟奖励时优先激活的脑区

资料来源：McClure, S. M., Laibson, D. I., Loewenstein, G., and Cohen, J., "Separate Neural Systems Value Immediate and Delayed Monetary Rewards", *Science*, Vol. 306, No. 5695, 2004, pp. 503-507.

MacKillop 等（2012）使用功能性磁共振成像技术检查了 13 名吸烟者在金钱和香烟奖励任务中的脑部神经活动，发现内侧前额叶皮层（MePFC）和右侧前岛叶皮层（AIC-R）在人们选择即时奖励时活跃度较低，在人们选择延迟奖励时活跃度较高（见图 12-3），腹侧纹状体（VS）、左侧颞顶叶（TPL-L）和右侧前下前额叶皮层（AI-PFC-R）在人们选择金钱奖励时显著活跃，左侧下前额叶皮层（I-PFC-L）和左右侧后顶叶皮层（PPC-L, PPC-R）在人们选择香烟奖励时显著活跃（见图 12-4）。

Kobiella 等（2014）对 33 名非吸烟者和 27 名吸烟者在金钱跨期决策任务中的神经活动进行功能性磁共振成像，发现在跨期决策过程中，吸烟者的左右侧楔前叶激活程度相比于非吸烟者较低（见图 12-5）；吸烟者的腹侧纹状体激活程度低于安慰组（只食用了不含尼古丁的普通口

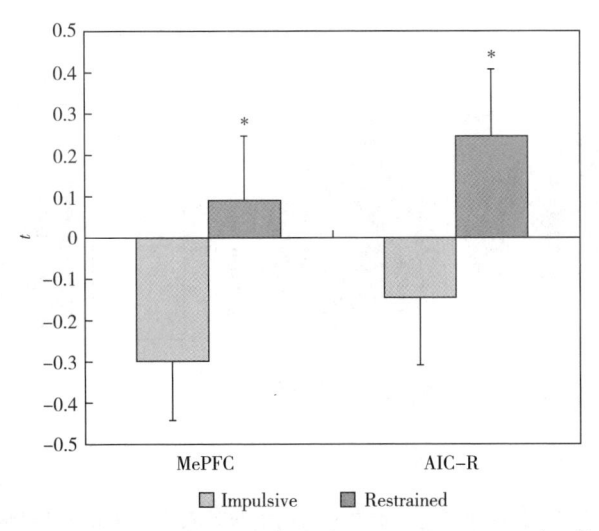

图 12-3　个体选择即时奖励和延迟奖励时 MePFC 和 AIC-R 脑区的活跃程度

资料来源：MacKillop, J., Amlung, M. T., Wier, L. M., David, S. P., Ray, L. A., Bickel, W. K., and Sweet, L. H., "The neuroeconomics of nicotine dependence: A preliminary functional magnetic resonance imaging study of delay discounting of monetary and cigarette rewards in smokers", Psychiatry Research: Neuroimaging, Vol. 202, No. 1, 2012, pp. 20-29.

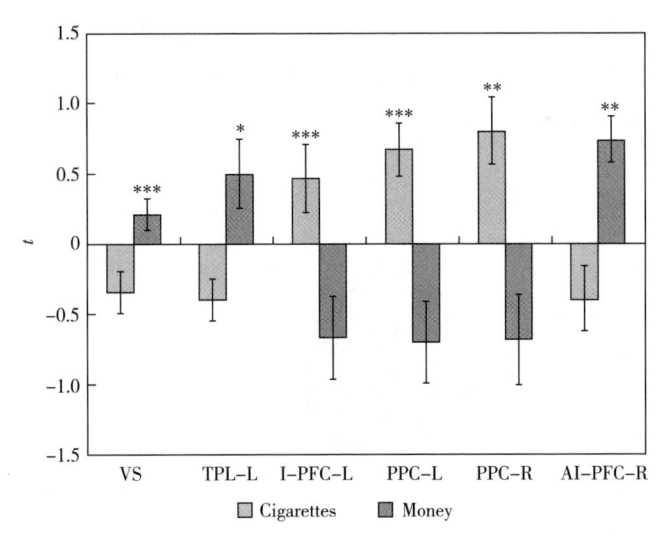

图 12-4　个体选择香烟奖励和金钱奖励时不同脑区的活跃程度

资料来源：MacKillop, J., Amlung, M. T., Wier, L. M., David, S. P., Ray, L. A., Bickel, W. K., and Sweet, L. H., "The neuroeconomics of nicotine dependence: A preliminary functional magnetic resonance imaging study of delay discounting of monetary and cigarette rewards in smokers", Psychiatry Research: Neuroimaging, Vol. 202, No. 1, 2012, pp. 20-29.

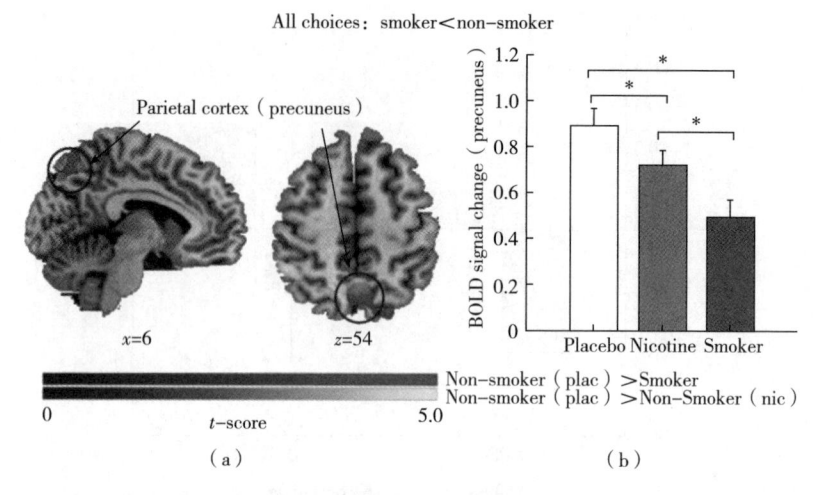

图 12-5　跨期决策时吸烟者左右侧楔前叶激活程度低于非吸烟者

资料来源：Kobiella, A., Ripke, S., Kroemer, N. B., Vollmert, C., Vollstadt-Klein, S., Ulshofer, D. E., and Smolka, M. N., "Acute and chronic nicotine effects on behaviour and brain activation during intertemporal decision making", Addiction Biology, Vol. 19, No. 5, 2014, pp. 918-930.

香糖）的非吸烟者，但与食用了尼古丁口香糖的非吸烟者的腹侧纹状体激活程度没有显著差异（见图 12-6）；与安慰组的非吸烟者相比，食用了尼古丁口香糖的非吸烟者的左侧海马体和邻近杏仁核的激活程度显著增加（见图 12-7）。

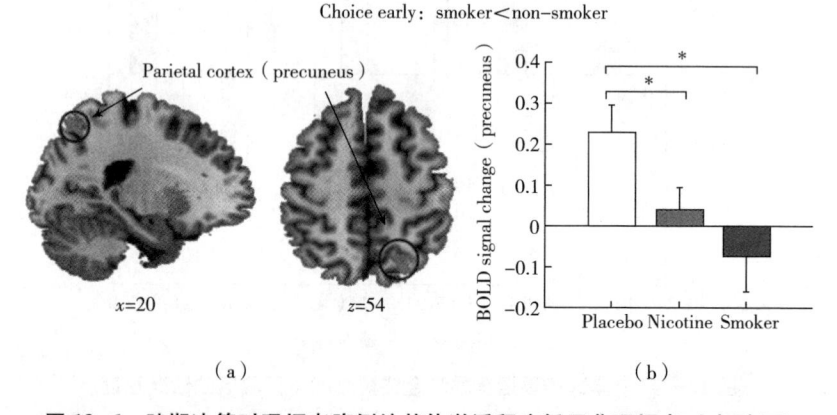

图 12-6　跨期决策时吸烟者腹侧纹状体激活程度低于非吸烟者（安慰组）

资料来源：Kobiella, A., Ripke, S., Kroemer, N. B., Vollmert, C., Vollstadt-Klein, S., Ulshofer, D. E., and Smolka, M. N., "Acute and chronic nicotine effects on behaviour and brain activation during intertemporal decision making", Addiction Biology, Vol. 19, No. 5, 2014, pp. 918-930.

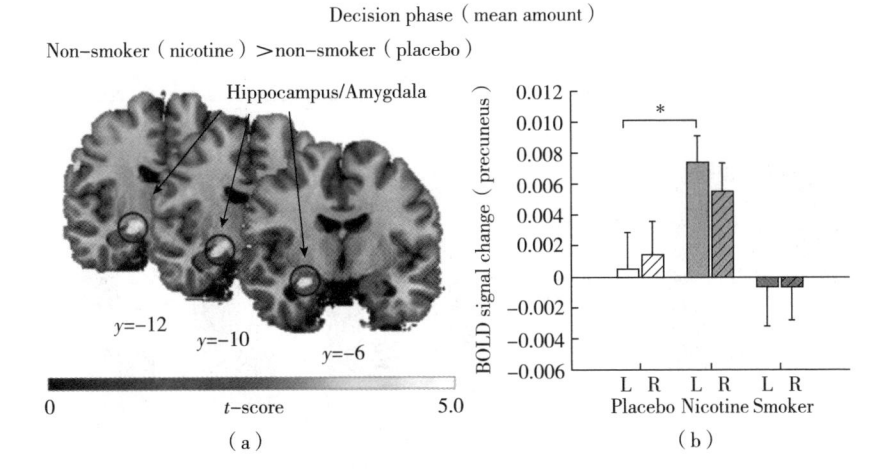

**图 12-7　跨期决策时摄入尼古丁的非吸烟者左侧海马体激活程度
高于未摄入尼古丁的非吸烟者**

资料来源：Kobiella, A., Ripke, S., Kroemer, N. B., Vollmert, C., Vollstadt-Klein, S., Ulshofer, D. E., and Smolka, M. N., "Acute and chronic nicotine effects on behaviour and brain activation during intertemporal decision making", Addiction Biology, Vol. 19, No. 5, 2014, pp. 918-930.

Amlung 等（2012）对 13 名酗酒者和 12 名非酗酒者延迟贴现的神经机制进行了分析，利用功能性磁共振成像技术，发现在进行延迟、容易和困难决策时酗酒者（alcohol use disorders，AUDs）的左侧楔前叶和左侧背外侧前额叶皮层的活跃程度显著高于非酗酒者，但在进行即时决策时并没有显著差异（见图 12-8 和图 12-9）；酗酒者的右侧背外侧前额叶皮层在进行延迟和困难决策时活跃程度显著高于非酗酒者，但在进行即时和容易决策时并没有显著差异（见图 12-10）。

（二）强化学习模型

学习是神经科学的一个中心主题，基于学习模型的神经科学的发展远远早于基于行为经济学的神经经济学。除了利用行为经济学的延迟贴现理论对成瘾的神经机制做出解释，神经科学还基于强化学习理论构建价值评估模型，以分析预测误差是如何影响人们的成瘾行为的（Schultz，2011）。

神经生理学实验证明，人们对成瘾物质价值的高估可能是产生成瘾行为的原因之一。强化学习模型构建了一个价值结构，认为人在价值评估时会存在预测误差，但这种误差可以通过足够长时间的学习而消除。

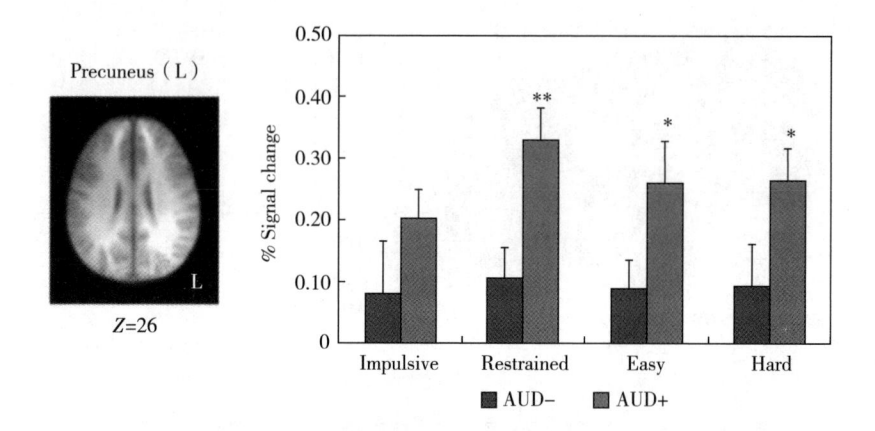

图 12-8　酗酒者与非酗酒者在进行决策时左侧楔前叶的活跃程度

资料来源：Amlung, M., Sweet, L. H., Acker, J., Brown, C. L., and Mackillop, J., "Dissociable brain signatures of choice conflict and immediate reward preferences in alcohol use disorders", Addiction Biology, Vol. 19, No. 4, 2012, pp. 743-753.

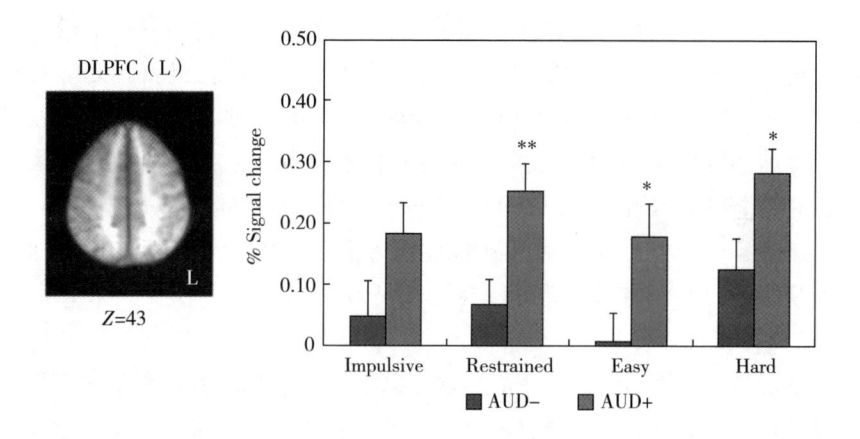

图 12-9　酗酒者与非酗酒者在进行决策时左侧背外侧前额叶皮层的活跃程度

资料来源：Amlung, M., Sweet, L. H., Acker, J., Brown, C. L., and Mackillop, J., "Dissociable brain signatures of choice conflict and immediate reward preferences in alcohol use disorders", Addiction Biology, Vol. 19, No. 4, 2012, pp. 743-753.

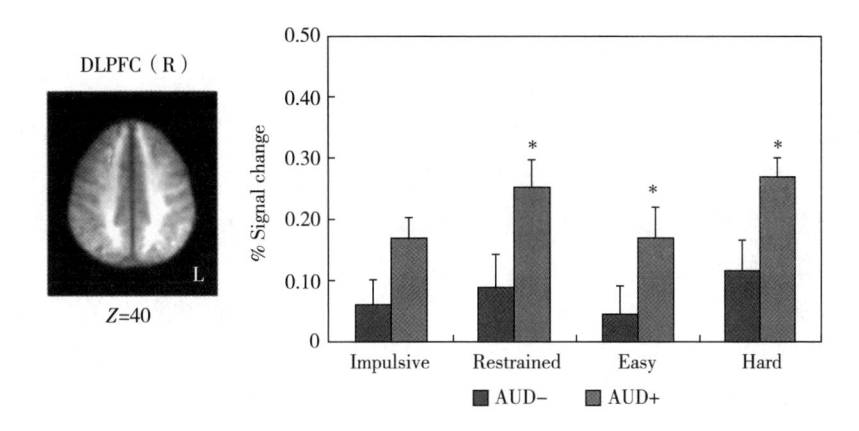

图 12-10　酗酒者与非酗酒者在进行决策时右侧背外侧前额叶皮层的活跃程度

资料来源：Amlung, M., Sweet, L. H., Acker, J., Brown, C. L., and Mackillop, J., "Dissociable brain signatures of choice conflict and immediate reward preferences in alcohol use disorders", Addiction Biology, Vol. 19, No. 4, 2012, pp. 743-753.

强化学习模型：

$$\delta = r_t + \gamma V(S_{t+1}) - V(S_t)$$

$$\overline{V(S_t)} \leftarrow V(S_t) + \alpha\delta$$

强化学习模型假设每一个状态 S_t 都会受到奖励或者惩罚 r_t，$V(S_t)$ 表示状态在 t 时期的估计价值，γ 是在[0，1]取值的贴现因子，α 代表学习速率。估计价值 $V(S_t)$ 与实际价值 $\overline{V(S_t)}$ 之间存在 $\alpha\delta$ 的预测误差，但这个预测误差在经过足够长的时间后会趋于0。

强化学习模型假设每一个状态都会受到奖励或者惩罚，表示状态在 t 时期的估计价值，是在 [0，1] 取值的贴现因子，代表学习速率。估计价值与实际价值之间存在 $\alpha\delta$ 的预测误差，但这个预测误差在经过足够长的时间后会趋于0。

神经科学和脑科学研究发现，某些大脑结构中的神经元会携带关于过去和未来奖励的特定信号：多巴胺神经元能显示短潜伏期、阶段性的奖励信号，来指示实际价值和预测价值之间的差异；纹状体、额叶皮层和杏仁核中的神经元能为识别和预测奖励提供更具差异化的信息，不同的奖励信号具有互补的功能。神经生理学实验证明，多巴胺神经元的阶段性活动可以对强化学习模型中的预测误差进行编码，让人们认识到估计价值是低于实际价值的（Bayer 和 Glimcher，2005）。然而，可卡因和尼古丁等成瘾物质会产生多巴胺，这种外源性的药物刺激会使得人们不断增加对成瘾物质的估计价值。与真实的预测错误不同，这种虚假的预测错误并不会随着奖励的可预测性增加而下降，因此，成瘾物质的估计价值会不断增加，导致人们上瘾（Montague 等，2004）。

二 肥胖问题

除了成瘾行为外，也有大量研究使用功能性磁共振技术探究导致人们肥胖的潜在神经机制。越来越多的证据表明，肥胖者相比于正常体重者表现出更强的进食冲动性和明显的抑制性认知控制缺陷。

（一）延迟贴现

前面提到 McClure 等（2004）利用功能性磁共振成像技术观测了人们进行金钱跨期选择时的神经活动，在之后的研究中，McClure 等（2007）将奖励物从金钱换成果汁或水，同样得到了类似的结论（见图 12-11），发现与中脑多巴胺系统相连的大脑边缘系统在人们选择即时奖励时相对活跃，包括伏隔核（NAc）、楔前叶（PCu）、前扣带皮层（ACC）、内侧眶额皮层（MOFC）、后扣带皮层（PCC）等脑区（见图 12-12）；而大脑前额叶和顶叶皮层相关区域在人们选择延迟奖励时相对活跃，包括视觉皮层（Vis Ctx）、前脑岛（Ant Ins）、运动辅助区（SMA）、后顶叶皮层（PPar）、后扣带皮层（PCC）和背外侧前额叶皮层（DLPFC）的几个区域（Brodmann area 9、10、44、16、BA9、BA10、BA44、BA66）（见图 12-13）。

肥胖者相比于正常体重者在跨期决策中有更高的贴现率。Miranda-Olivos 等（2021）使用功能性磁共振技术对 35 名肥胖者和 31 名正常体重者在金钱跨期决策中的神经活动进行了成像，发现肥胖者在进行跨期决策时左前脑岛（Anterior insula）的活跃程度要低于正常体重者（见图 12-14）。根据 McClure 等（2007）的研究结果，人们在选择延迟奖励时，前脑岛的活跃程度相对更高，因此，肥胖者更高的跨期贴现率与其左前脑岛较低的活跃程度有关。

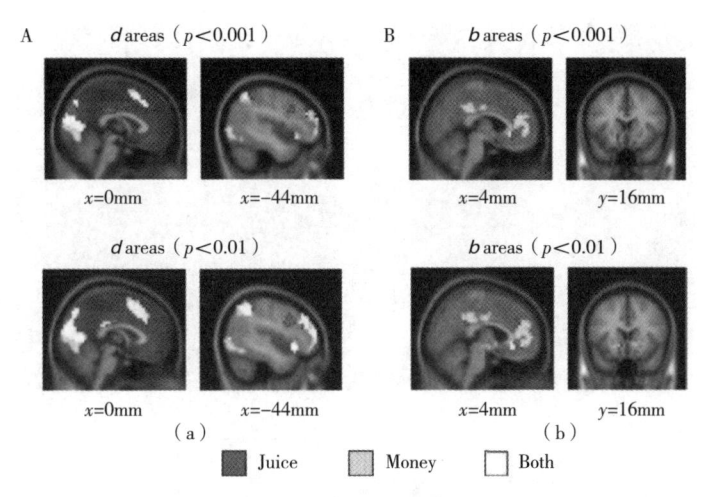

图 12-11　在进行果汁和金钱跨期选择任务时相对活跃的脑区

资料来源：McClure, S. M., Ericson, K. M., Laibson, D. I., Loewenstein, G., and Cohen, J. D., "Time Discounting for Primary Rewards", *Journal of Neuroscience*, Vol. 27, No. 21, 2007, pp. 5796-5804.

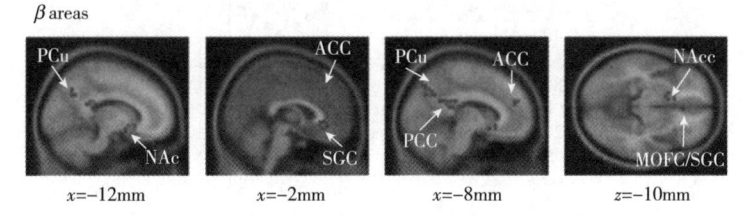

图 12-12　以果汁或水为奖励物的任务中个体选择即时奖励时相对活跃的脑区

资料来源：McClure, S. M., Ericson, K. M., Laibson, D. I., Loewenstein, G., and Cohen, J. D., "Time Discounting for Primary Rewards", *Journal of Neuroscience*, Vol. 27, No. 21, 2007, pp. 5796-5804.

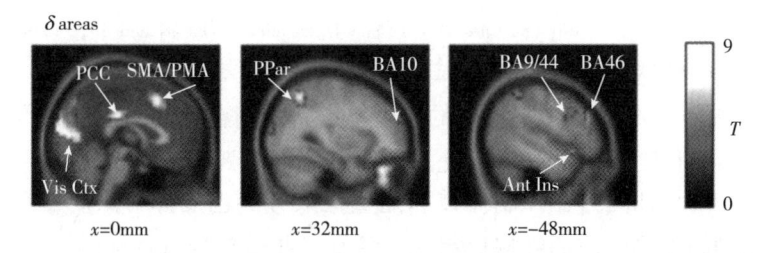

图 12-13　以果汁或水为奖励物的任务中个体选择延迟奖励时相对活跃的脑区

资料来源：McClure, S. M., Ericson, K. M., Laibson, D. I., Loewenstein, G., and Cohen, J. D., "Time Discounting for Primary Rewards", *Journal of Neuroscience*, Vol. 27, No. 21, 2007, pp. 5796-5804.

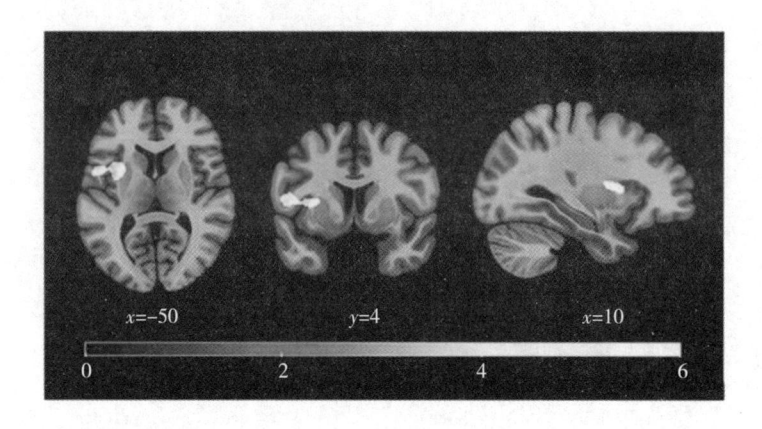

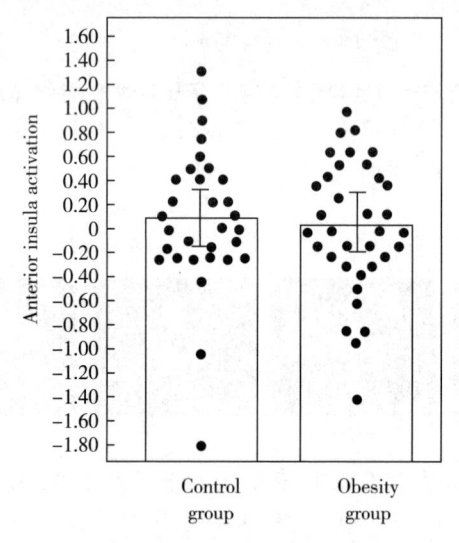

图 12-14　跨期决策时肥胖者前脑岛活跃程度低于正常体重者

资料来源：Miranda-Olivos, R., Steward, T., Martínez-Zalacaín, I., Mestre-Bach, G., and Fernandez-Aranda, F., "The Neural Correlates of Delay Discounting in Obesity and Binge Eating Disorder", *Journal of behavioral addictions*, 2021, pp. 498-507.

（二）认知缺陷

人们的认知能力在控制体重和能量摄入方面也发挥着重要作用。认知控制网络主要由前额叶皮层组成，特别是扣带皮层（cingulate cortex）、下额叶皮层（inferior frontal cortex）、前运动辅助区（pre-supplementary motor area，pre-SMA）和背外侧前额叶皮层（DLPFC），负责监督执行功能，包括抑制控制反应（inhibition of prepotent responses）。体重较重与前额叶皮层的灰质较少有关，前额叶皮层的灰质过少会导致认知缺陷。肥胖人群存在明显的抑制性认知控制缺陷，导致他们更多地摄入高热量食物和暴饮暴食，从而引起体重增加。

　　肥胖还会导致中枢神经系统（CNS）的结构以及大脑连通性发生改变，这也会使人们更可能暴饮暴食。Makaronidis 和 Batterham（2018）在超重和肥胖人群中观察到中枢神经系统的结构变化，包括灰质萎缩、海马体积减少和白质完整性降低。同时，肥胖会导致大脑连通性的改变，这可能会影响进食的动机，从而导致体重增加，研究发现，整体脑连通性（GBC）的降低与体重指数（BMI）的增加之间存在很强的正相关关系。

第十三章　全球健康不平等

　　国际新闻中时常报道健康危机在世界一些地区发生，如由 HIV 病毒、埃博拉病毒、登革病毒等所引起的各种疾病在非洲、东南亚和拉丁美洲国家和地区肆虐。为什么这些健康危机总是集中发生在一些欠发达的国家和地区？除了气候、环境等自然因素外，经济水平、基础设施和医疗体系也导致不同国家和地区在疾病的应对能力上存在差异。除此之外，各地不同的社会制度、生活方式和传统风俗也可能是影响疾病传播的重要原因。

　　在新冠疫情中，我国以相对完善的医疗系统、出色的动员能力和举世瞩目的坚定决心，率先控制住了新冠疫情肆虐。而在一些欠发达国家和地区，防护措施和医疗服务难以全面普及，且由于这些地区的经济体系比较脆弱单一，其控制新冠疫情所采取的特殊措施往往无法长期执行，最终导致更高的死亡率和经济损失。新冠疫情暴露并加剧了国家内部和国家之间的健康不平等问题，进一步拉大了欠发达国家和地区同其他国家和地区之间的健康差距。因此，在公共卫生事件频繁发生的背景下，研究不同国家、地区和人群的健康不平等问题对促进全球健康人力资本的发展具有非常紧迫的现实意义。

　　本章将首先介绍健康不平等的定义和研究意义，然后介绍全球健康不平等的历史和现状，为了缓解和消除[①]这种健康不平等，了解其主要影响因素也十分重要，因此进一步梳理了经济收入、社会生活、医疗体系等方面的现有研究成果，并在此基础上提出健康不平等的应对之策。

---

① 这里需要"消除"的是健康差异中的"不公平"（health inequity），由年龄等"天然"因素造成的健康差异当然既不可能完全消除，也不需要完全消除。

第一节　健康不平等的定义和研究意义

一　健康不平等的定义

"健康不平等"的概念起源于20世纪的美国，旨在描述社会弱势群体[①]与其他群体之间的健康状况差异。但是，这种定义方式较为模糊，不利于进行严谨的学术研究和相关政策制定。在2010年之后，各国政府和国际机构对健康不平等的定义逐渐清晰。美国联邦政府将"健康不平等"定义为"与社会、经济或环境劣势密切相关的特定类型的健康差异"。具体而言，一些群体因种族、民族、宗教、社会经济地位、年龄、性取向、心理或身体残疾等特征而在健康方面遭到更大阻碍。我国政府于2016年发布的《"健康中国2030"规划纲要》中明确将"公平公正"作为推进健康中国建设的四个重要原则之一，强调"以农村和基层为重点，推动健康领域基本公共服务均等化，维护基本医疗卫生服务的公益性，逐步缩小城乡、地区、人群间基本健康服务和健康水平的差异，实现全民健康覆盖，促进社会公平"。这体现了我国政府对于健康和医疗不平等的理解。

学术界也从不同角度给出了一些具有参考价值的健康不平等定义。例如，Whitehead（1992）提出通过区分健康差异的主导原因，对健康差异中的"健康不平等"进行定义。作者将导致健康差异的决定性因素归为七大类，分别是：（1）自然的、生物的变异；（2）可以自由选择的健康行为，如运动和娱乐活动；（3）当一个群体率先采取一种促进健康的行为时，该群体相对于另一个群体的短暂健康优势（前提是其他群体有办法很快赶上）；（4）受限于生活方式而选择的损害健康行为；（5）暴露于不健康、紧张的生活和工作环境中；（6）获得基本保健和其他公共服务的机会不足；（7）与健康相关的社会流动，包括病人的社会阶层下移。其中，第（1）至第（3）类因素决定的健康差异通常不被归类为健康不平等；而第（4）至第（7）类因素所产生的健康差异是不公平的，

[①] "社会弱势群体"特别是指处于不利地位的种族群体和族裔群体，以及所有种族和族裔群体中处于经济不利地位的人。

这里的"不公平"和"差异"就涉及"健康不平等"的深层内涵了。

Braveman（2003）从健康公平的角度定义健康不平等。健康公平将注意力集中在资源分配和其他导致某种卫生不平等的过程上，即健康公平是指，在优势和劣势社会群体之间，健康存在系统性的不平等。并非所有的健康差异都是不公平的。例如，年轻人普遍比老年人更健康；女性新生儿的平均出生体重往往低于男性新生儿；男性可能有前列腺问题，而女性不可能有。这些健康差异不涉及健康公平的范畴。然而，如果存在女孩和男孩之间营养状况或免疫水平的差异，或者在疾病治疗上存在种族或民族差异，就是健康不公平的。为了剔除一些由自然因素所造成的健康天赋和健康状况差异，Whitehead（1992）从健康的"机会平等"角度定义健康不平等。健康的"机会平等"是指每个人都有公平的机会充分发挥其健康潜力，否则就存在"健康不平等"。

二 健康不平等的研究意义

早在 1948 年世界卫生组织提出健康定义的时候，就明确指出"人人都应享受最高的健康标准，无论其种族、宗教、政治信仰、经济和社会状况如何"（WHO，1948）。在《2000 年世界卫生报告——卫生系统：改进业绩》的概要中，世界卫生组织进一步指出，要缩小国内和国家间的差距，以使得世界上所有人都享有最高可能水平的健康。同时，世卫组织提出评价一国卫生系统努力成果的三项业绩指标：即卫生条件是否改善、能否对人民的合理愿望做出有效反应，以及资源分配是否公平公正。世卫组织强调，要防止医疗系统发展的成果与效益集中在更健康人群之上，从而避免健康不平等状况的恶化。该报告将改善贫困人口健康作为卫生系统工作的优先项，并提出双重的良好健康标准（the objective of good health）：可达到的最佳平均水平——"良好性"（goodness），以及个人和群体之间合理的差异——"公平性"（fairness）。不难发现，世卫组织一直将保障每个人的健康权益作为关键任务，强调消除健康不平等的重要性。

第三章已经明确健康作为人力资本的重要组成部分，不仅能够提高个体的劳动参与、生产率和收入水平，同时还能通过增加幸福感、减少贫困和犯罪率等方面社会福祉，以及促进宏观经济的可持续增长。而健康不平等将导致健康所带来的效益在不同国家、不同地区和不同人群中存在异质性，从而导致各项微观和宏观经济指标存在发展不均衡的问题，这将不利于经济的持续、和谐发展。此外，影响健康不平等问题的因素涉及经济收入、社会生活、医疗系统等众多方面，即健康不平等是源于人类生产生活而又融入人类发展进程的关键问题。因此，研究健康不平等问题，并探索其背后原因和应对方式，具有重要的现实意义。

除了经济意义外，健康不平等蕴含的人权、公平观点，还具有十分深刻的伦理和政治意义。Whitehead（1992）指出，"健康不平等"一词具有道德和伦理层面的含义。可以避免且不可接受的健康差异一般被视为是"不公平"和"不公正"的。Braveman 和 Gruskin（2003）也在其研究中强调了健康不平等的伦理意涵，即公平既是一项伦理原则，也与人权原则密切相关。评估卫生公平需要比较条件较好的和条件较差的社会群体之间的卫生及其社会决定因素，这对于评估国家和国际政策是否朝着促进社会正义的方向发展至关重要。在此视角下，健康不平等背后隐藏的是社会资源分配的不公正和社会利益集团的作用。因此，研究健康不平等还具有维护社会正义和人民基本权利的政治乃至伦理意义。

第二节　全球健康不平等的历史和现状

一　国家间的健康不平等

19 世纪初到第二次世界大战期间，全球范围内的收入水平、预期寿命等指标的不平等程度都普遍恶化。这种不良的变化趋势直到 20 世纪下半叶才得到了一定程度的遏制。世界卫生组织的报告指出，世界总体健康状况和不平等问题自 1950 年以来得到持续改善，但近年来，接踵而至的公共卫生与医疗危机暴露出全球卫生健康系统仍然存在不少危险与隐患。尤其是欠发达国家在面对公共卫生事件时具有更强的脆弱性，因此会受到更严重的健康损害，这给应对全球健康不平等问题带来了巨大挑战。

如表 13-1 所示，世界大部分地区人们的预期寿命在 20 世纪的最后 20 年都有不同程度的增长，全球平均预期寿命从 1980 年的 62.5 岁上升至 66.4 岁。其中，政治相对稳定的新兴民族国家的进步最为明显。而在一些政治动荡、经济欠发达和科技落后的国家，人们的基本健康水平却发生恶化，如撒哈拉以南的非洲国家，其预期寿命在 1990—2000 年出现了大幅的下降。

表 13-1　　不同地区国家的人均预期寿命变化

地区①	预期寿命（岁）			百分比变化（%）	
	1980 年	1990 年	2000 年	1980—1990 年	1990—2000 年
欧洲西部	73.9	76.1	78.0	+3.1	+2.4
经济转型国家	68.1	69.3	68.0	+1.8	-1.9
"西方"的衍生国家	73.8	75.5	77.4	+2.3	+2.4
拉丁美洲和加勒比地区	64.7	68.0	70.4	+5.1	+3.6
中东和北非	59.2	65.0	68.5	+9.7	+5.4
撒哈拉以南的非洲	47.6	50.0	46.5	+5.0	-7.0
南亚	53.4	58.3	62.1	+9.1	+6.5
东亚（除了中国和日本）	59.7	65.1	68.5	+8.9	+5.2
中国	66.8	68.9	70.3	+3.0	+2.0
日本	76.1	78.8	80.7	+3.6	+2.4

---

①　欧洲西部（19 国）：奥地利、比利时、丹麦、芬兰、法国、德国、希腊、冰岛、爱尔兰、意大利、卢森堡、马耳他、荷兰、挪威、葡萄牙、西班牙、瑞典、瑞士、英国；经济转型国家（28 国）：阿尔巴尼亚、亚美尼亚、阿塞拜疆、白俄罗斯、保加利亚、克罗地亚、捷克、爱沙尼亚、格鲁吉亚、匈牙利、哈萨克斯坦、朝鲜、吉尔吉斯坦共和国、老挝、拉脱维亚、立陶宛、摩尔多瓦、蒙古国、波兰、罗马尼亚、俄罗斯联邦、斯洛伐克共和国、斯洛文尼亚、塔吉克斯坦、土库曼斯坦、乌克兰、乌兹别克斯坦、南斯拉夫；"西方"的衍生国家（4 国）：澳大利亚、加拿大、新西兰、美国；拉丁美洲和加勒比地区（29 国）：阿根廷、巴哈马、巴巴多斯、伯利兹、玻利维亚、巴西、智利、哥伦比亚、哥斯达黎加、古巴、多米尼加共和国、厄瓜多尔、萨尔瓦多、危地马拉、圭亚那、海地、牙买加、墨西哥、荷属安的列斯群岛、尼加拉瓜、巴拿马、巴拉圭、秘鲁、波多黎各、圣卢西亚、苏里南、特立尼达和多巴哥、乌拉圭、委内瑞拉；中东和北非（20 国）：阿尔及利亚、巴林、文莱、塞浦路斯、埃及、伊朗、伊拉克、以色列、科威特、黎巴嫩、利比亚、摩洛哥、阿曼、卡塔尔、沙特阿拉伯、叙利亚、突尼斯、土耳其、阿联酋、也门；撒哈拉以南的非洲（46 国）：安哥拉、贝宁、博茨瓦纳、布基纳法索、布隆迪、喀麦隆、佛得角、中非共和国、乍得、科摩罗、刚果民主共和国、刚果共和国、科特迪瓦、吉布提、赤道几内亚、厄立特里亚、埃塞俄比亚、加蓬、冈比亚、加纳、几内亚、几内亚比绍、肯尼亚、莱索托、利比里亚、马达加斯加、马拉维、马里、毛里塔尼亚、毛里求斯、莫桑比克、纳米比亚、尼日尔、尼日利亚、卢旺达、塞内加尔、塞拉利昂、索马里、南非、苏丹、斯威士兰、坦桑尼亚、多哥、乌干达、赞比亚、津巴布韦；南亚（8 国）：阿富汗、孟加拉国、柬埔寨、印度、缅甸、尼泊尔、巴基斯坦、斯里兰卡；中国和日本之外的东亚（13 个国家或地区）：斐济、中国香港、印度尼西亚、韩国、马来西亚、新喀里多尼亚、巴布亚新几内亚、菲律宾、萨摩亚、新加坡、所罗门群岛、泰国、越南。

续表

地区①	预期寿命（岁）			百分比变化（%）	
	1980年	1990年	2000年	1980—1990年	1990—2000年
世界	62.5	65.2	66.4	+4.3	+1.9

资料来源：Goseling, B., Firebaugh, G., "The Trend in International Health Inequality", Population and Development Review, Vol. 30, No. 1, 2004, pp. 131-146.

到2021年，全球平均预期寿命进一步提高至71.0岁。但是，不同地理区位国家的健康水平依然存在着较大的差异。世界上许多高收入国家的人口预期寿命超80岁，其中，日本的预期寿命最高，接近85岁。西班牙、瑞士、意大利和澳大利亚的预期寿命也均超过83岁。但在健康状况最差的国家，预期寿命还不到60岁。其中，中非共和国人口的预期寿命仅为53岁，为全球最低。除了预期寿命外，基本医疗覆盖率、婴儿和产妇死亡率等健康指标在不同国家也都存在较大差异。

二 国家内的健康不平等

国家间的健康不平等通常是由国家综合发展情况、医疗卫生条件等差异所导致的，而同一国家内部的不同地区、不同群体之间也会因为经济、社会、医疗等因素产生健康不平等问题，这也是全球健康不平等的主要构成部分。Smits和Monden（2009）经过统计分析后指出，全球人口寿命长度的不平等（90%）主要归因于国家内部的不平等。因此，研究国家内的健康不平等问题同样重要。

国家内的健康不平等又可以进一步分为不同地区间的健康不平等和不同群体间的健康不平等问题。在一些发展中国家内部有着相当明显的地区健康差异，例如城市人口的健康普遍优于农村人口，沿海地区的健康不平等程度要高于内陆地区。但是，这种国家内部地区间社会成员的健康差异在发达国家，如美国，相对没有那么显著。

而国家内不同群体的健康不平等情况在全球范围内普遍存在。例如，图13-1展示了全球范围内不同职业层级人群间的健康水平（由实际寿命衡量）差异，可以看到，管理人员的健康水平要显著高于文职人员，其背后可能反映的是收入水平、工作强度、工作环境等因素的差异，这个将在第三节中进行具体探讨。

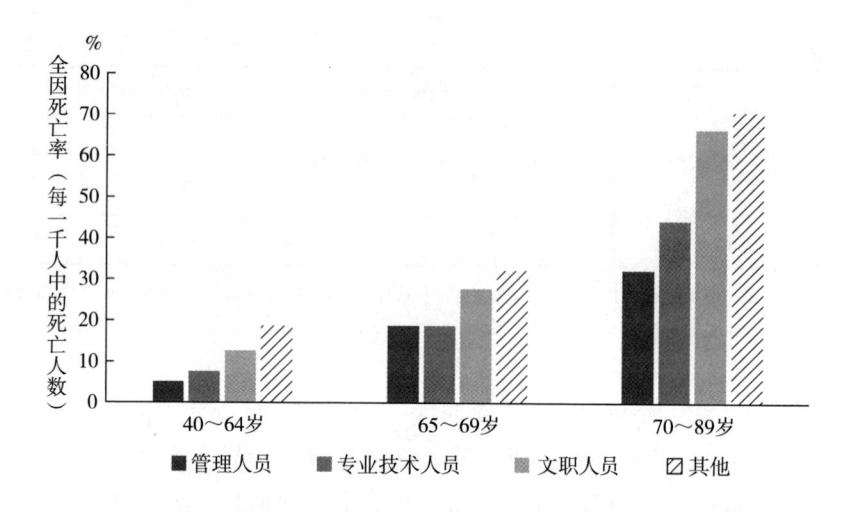

图 13-1　不同职业层级的死亡年龄

资料来源：WHO, "The World Health Organization on Health Inequality, Inequity, and Social Determinants of Health", Population & Development Review, Vol. 33, Issue 4, 2007, pp. 839-843.

第三节　全球健康不平等的影响因素

在全球健康不平等的探源过程中，不难发现其背后影响因素纷繁复杂。但是，无论是国家间还是国家内的健康不平等，都有一些共同的影响因素，例如社会经济状况、社会环境变化、医疗卫生系统改革等。这一节将从经济收入因素、社会生活因素、医疗体系因素和其他因素四个方面探讨不同因素对健康不平等的影响及其背后的机制。

一　经济收入因素

在造成全球健康不平等的诸多因素中，学者们讨论最多的莫过于健康不平等与经济收入的关联。Grossman（1972）从健康人力资本投资的角度揭示了经济收入对健康水平的影响。为了保持"健康"，人们需要进行健康投资，而经济收入较低的人群可能没有充足的资金进行健康投资，或者缺乏"健康"投资所必需的时间（如用于锻炼的时间）；而高收入人群则相反，他们往往拥有较高的健康投资水平，因此能保持更好的健康水平。还有学者直接从收入不平等角度来剖析健康不平等问题。Wilkinson（1992）的研究表明，收入不平等会对健康水平造成消极影响，从而危害健康的平等状况。Wagstaff 等（2003）的研究发现，1993 年和 1998 年越南人身高与年龄之比的不平等主要可以由消费不平等解释，这说明收入不平等可以通过影响消费水平间接地导致健康不平等。

以上这些认为个体所处社会经济地位决定其健康水平的观点，有时被称为"社会因果论"（social causation hypothesis）。而与之相对的理论，则被称为"健康选择假说"（health selection hypothesis），该假说认为，不同社会经济地位群体的健康差异可能是"选择"的结果，即健康状况更好的人更可能获得较高的社会经济地位，而健康状况较差的人往往从事低工资和非技术性工作，从而更可能流向较低的社会经济地位。由健康导致的这两种不同的社会流向最终扩大了不同社会经济阶层人群的健康不平等问题（Chandola 等，2003）。对于这两种理论到底哪一个更加符合实际，学术界目前尚存在争议，但大致可以认为健康状况和社会经济地位是相互塑造的。

还有一些研究表明，经济收入不仅可以影响人们的身体机能和健康情况，对于人们的心理健康和精神状态也会产生显著影响。Amroussia 等（2017）针对瑞典北部的研究中发现，无论在富人还是在穷人中，经济因素（就业状况、收入和现金利润率等）都对心理健康方面的不平等贡献巨大；单纯的社会心理因素①对于心理健康不平等的影响反而较小。Hong 和 Lee（2019）则聚焦韩国的已婚移民群体，也得到了相似的结论：反映在收入、主观社会地位和就业状况的社会经济地位，似乎比人口统计学因素和移民类型对心理健康不平等的贡献更大。

这种不同社会经济地位群体之间的健康差异随着年龄增长会有怎样的变化？有学者支持"累积优势"理论，即随着时间的推移，某一特征（如金钱、地位或健康）在个体间会形成具有差异的系统性趋势。在健康层面，由经济收入优势（劣势）带来的心理优势（劣势）会不断累积，最终扩大老年阶段的心理健康差异。而部分学者则反对"累积优势"理论，支持"年龄中和效应理论"。该理论认为不同社会经济地位群体之间的死亡率差异会随着年龄的增大而减小。Rehnberg（2020）将老年人健康水平差异随着年龄增大而减小的情形，形象地描述为"时间是一种平

---

① 包括感知到的歧视（perceived discrimination）和情感支持（emotional support）等。

衡器"（age-as-a-leveler）现象，并提出了几种可能的原因：其一，老年人中普遍存在虚弱、疾病等健康问题，它们可能逐渐取代累积的社会经济因素，而成为影响健康的主要因素；其二，老年人离开劳动力市场后，可能依靠再分配机制（主要是养老金计划）获得更大份额的收入，从而削弱经济因素与晚年健康之间的联系。当然，该作用效果依赖于相关政策的制定，在不同国家和地区之间可能存在较大差异；其三，"选择性死亡"（selective mortality）机制，它是指一些收入较低、经济状况不佳而处于较低健康状态的老年人可能较早去世，从而降低仍存活老年人的健康不平等与收入不平等间的相关度。可以简单理解为时间淘汰了一批极端值（这里是极低值），进而影响了相关性统计的精确程度。李丹和白鸽（2022）利用中国老年人的相关追踪数据，证实了"年龄中和效应"理论，指出身体失能削弱了收入在影响老年人心理健康方面的作用。

除了个体的经济收入外，地区的总体经济情况也会影响健康不平等的程度，但学术界目前尚未获得统一的结论。焦开山（2014）的研究发现，相较于贫困地区，较富裕地区人们的健康不平等程度更小。而王洪亮（2023）则得到了与之相悖的结论：虽然城市居民的健康水平相比农村居民更高，但健康不平等程度却显著大于农村；沿海地区居民的健康不平等程度明显高于内陆地区。

二　社会生活因素

相比于经济收入因素，社会生活因素对健康不平等的影响更为直接。社会经济因素能够通过促进健康的生活方式，提高人们的工作体验和幸福感，从而改善人们的健康状况。但是，社会生活因素作为经济收入影响健康的中间机制，会受社会制度和文化背景的影响，例如，洪岩璧等（2022）基于中国家庭追踪调查数据的研究发现，社会经济地位较高的人（管理人员）在体育锻炼方面的生活方式更健康，却有更高的饮酒和吸烟倾向。

此外，教育也是健康不平等的重要决定因素。教育是良好健康的根本原因，优质的教育通过培养习惯、技能和资源增加了个人的有效能动性，使人们能够过上更好、更健康的生活。王洪亮（2023）指出，教育主要是将居民从健康状况最差的底层中提升出来，随后对于健康的促进作用呈现逐渐减弱的趋势。此外，第三章曾提到，健康与教育之间互为因果关系，健康决定了教育投资，而教育水平又反过来增加了个人财富和健康水平，在这种相互作用下，人们的健康不平等可能会进一步扩大。

当前社会环境的变化，也深刻改变着健康不平等的总体格局。早在20世纪初，Soares（2007）针对战后发展中国家的研究指出，在战后时期，发展中国家预期寿命的增长在很大程度上似乎与经济发展没有直接关系，而新思想和新技术（包括思想、保健方法和公共产品）的传播则发挥了一定的作用。近几年，互联网技术的普及极大程度地改变了人们的生活方式，而其带来的数字鸿沟拉大了不同群体间的健康不平等。例如，相较于农村老年人，城市老年人更频繁地利用互联网进行医疗保健相关活动，从而加剧了城乡老年人间的健康水平差异。

第二节中提及，不同职业群体间的不平等是国家内健康不平等的重要表现，那么这种健康差异具体是如何产生的呢？较早的研究倾向于将职业作为社会分层结构的一项重要指标来研究健康不平等，这些学者倾向于将不同职业人群间的健康差别归因于社会经济地位因素，采用类似图13-1的职业分类方式，所得结论也基本与图13-1中所示的一致，即"高等级"职业人群[①]预期享有更高的健康水平。中国不同职业群体间也存在健康不平等问题。一方面，部分职业群体的工作强度和工作压力过大，会通过睡眠剥夺、生理机制紊乱等机制导致员工"过劳死"等健康问题。例如，流动竞争型教师聘任评估制度导致高校教师的职业负荷扩增，不利于其身心健康；另一方面，工作环境也对员工健康水平产生影响。例如，一些特殊职业环境中存在的过量二氧化硅、石棉等化学物质可能会造成职业疾病。

三 医疗体系因素

第五章中已经详细介绍了医疗体系和相关卫生政策在提高居民健康水平中的重要作用。本小节将主要关注中国医疗体系改革和相关政策在改善健康不平等方面的效果。杨磊（2021）分析了融入西方新古典主义思潮的卫生医疗系统对于健康不平等的影响，指出中国在医疗体制改革和"健康中国"发展进程中，既需要看到西方相关政策理论中的可取之处，也要学会甄别和批判。他基于对新古典主义思潮的反思，指出了中国当前医疗体制改革中存在的隐忧，尤其提到了部分群众医疗成本上升和公立医院盈利模式转变的问题。

---

① 图13-1中提到的管理人员和高技术人群。

我国近年实施的城乡医保统筹政策是当前学术界关注的一大热点。其中，许新鹏（2021）基于国内部分地区的调研数据，从机会平等理论的角度研究了大病保险城乡统筹制度对健康不平等和城乡医疗服务利用水平的影响，结果显示政策效果总体是积极的。此外，潘昌健和杨晶（2022）研究了我国分级诊疗政策对于老年人健康不平等状况的影响，发现该政策确实能够实现缓解我国老年人健康不平等状况的预期作用。

四 其他因素

影响健康不平等的因素难以枚举。除了经济收入、社会生活和医疗体系外，学术界关注最多的话题是生态环境和国际贸易，第九章和第十章对其进行了比较详细的探讨。这里简单介绍两个典型例子。生态环境方面的不平等最典型的一个表现是污染物接触上的差异，环境污染成为产生健康不平等的新源头。不同人群所处的生活环境不同，因此面临污染物的风险不同，其健康结果也会出现差异，从而导致不同发展地区、城乡间的健康不平等。

而国际贸易中的不平等则涉及更广泛的国际视角。例如，有学者关注生产医疗保健用品的血汗工厂对于国家间健康不平等的影响。一方面，血汗工厂能够提高卫生医疗器械的供给，为参与国带来丰厚的经济和健康收益；而另一方面，这些血汗工厂多设立于欠发达的国家和地区，当地的法律结构不够完善，且劳动权益保护机制也比较落后。因此，血汗工厂对员工的剥削和压榨将导致其严重的健康损失，最终加剧了全球范围内的健康不平等。

第四节 全球健康不平等的应对之策

一 优化和加强健康不平等的监测

应对健康不平等首先需要对健康不平等现状具有准确的认识和把握。这要求各国、各地区加强和优化监测健康不平等的方法。在此方面，相关的建设方案往往是长期性的。具体举措包括建立和优化国家健康统计体系；在人口普查中加入更多健康的统计指标；促成健康不平等监测的制度化、周期化；加强同世卫组织的合作等。

如果一些欠发达国家希望在短期内提升自身对健康不平等的监测水

平，可以借鉴全球范围内的调查数据。例如，美国国际开发署发起的人口与健康调查（Demographic 和 Health Surveys）和儿童基金会进行的多指标聚类调查（MICS），进而引入健康信息统计的核心工具（HEAT 软件等）、方法和指标等，加强对卫生数据的分析能力。

二 应对全球健康不平等的基本原则

为应对严峻的全球健康不平等形势，世卫组织专家 Whitehead（1992）列出了以下六条"行动原则"，以促进卫生和保健方面的更大公平：(1) 公平政策应关注改善生活和工作条件；(2) 公平政策应着眼于促进更健康的生活方式；(3) 公平政策需要真正实现权力下放，鼓励人们参与政策制定过程的每一个阶段；(4) 加强政策效果评估和部门间合作；(5) 在国际层面相互关注和协同控制；(6) 努力使所有人都能获得高质量保健。还有学者基于该行动原则，提出了一些具体建议。比如，Sanhueza 等（2021）基于可持续发展的要求，强调了在减轻全球健康不平等中设立合理目标的重要性。

鞠牛和梁玉成（2022）基于我国国情，提出了应对国内健康不平等的三点建议：将医疗卫生体制改革的重心从当前的治疗疾病扩展到疾病预防；将政策的目标从卫生保健的机会公平转向健康的结果公平；加强多部门的协作，并综合多种现实需求，消解可能的政策矛盾。

在制定防治健康不平等的相关政策中，不少学者都强调通过跨部门协作，发挥各主体的主动性，以达到最好的治理效能。例如，Gertel-Rosenberg 等（2022）提议通过加强社区合作伙伴（community partners）关系，来建立和维持长期的跨部门人口保健网络（cross-sector population health networks），以助力实现健康公平目标的愿景。Reddy 等（2018）则更为明确地指出，政策制定者、卫生服务研究人员、社区领导人和卫生保健组织作为关键利益相关者，对经济、环境、社会和系统等导致社区卫生不公平的因素具有重要作用，因而需要团结他们的力量以更好地制定和执行健康公平相关政策。该研究明确了在解决健康不平等问题时，进行有效的跨部门合作、精心维护共赢的利益关系和坚持以公平为导向原则的必要性。

第十四章 中国健康人力资本问题研究

前面的章节已对健康人力资本进行了丰富的讨论。当今世界有200多个国家和地区、2500多个民族，各国国情不同，历史文化背景、经济发展阶段、传统价值观念等等都千差万别。这意味着，不同国家可能存在着具有本国特色的健康人力资本问题。

以中国为例，自"十三五"时期以来，中国已进入全面建成小康社会的决定性阶段，正处于经济转型升级、加快推进社会主义现代化的重要时期，也处于新型城镇化建设的关键时期。许多人投身中国大规模的城乡人口流动大潮，从农村涌向城市。第七次全国人口普查数据显示，中国的城镇化率已达到63.89%，流动人口为3.76亿人，10年增长了近70%，一些城市流动人口的比例稳定超过10%（冯奎，2021）。而在大量农村富裕劳动力持续流向城市的进程中，一些新的问题逐渐凸显，如农民工、留守儿童、流动儿童、空巢老人等弱势群体的健康状况引发了广泛关注和讨论，政府部门也为之出台了多项引导性政策文件。其中，发达国家和地区的农村剩余劳动力转移并没有产生农村留守儿童现象，即农村留守儿童是中国背景下的城镇化和工业化进程的特有产物。在这个意义上，关爱和保障上述弱势群体的健康人力资本，对于保障中国全体居民共享城镇化发展成果具有重要意义。

需要说明的是，本章仅从外出农民工、农村留守儿童、农村流动儿童和空巢老人四类弱势群体为观察视角，基于中国城镇化背景，关注快速城镇化下产生的健康人力资本问题。实际上中国背景下的健康人力资本问题研究不胜枚举，涵盖了健康人力资本投资、医疗卫生服务体系、医保和医药政策、公共卫生政策，以及人口老龄化、气候环境变化、国际贸易等带来的健康挑战等众多视角，这些内容在本书的其他章节中都已经详细探讨过，本章不再赘述。

第一节 外出农民工的健康人力资本研究

农民工是指户籍仍在农村、年内在本地从事非农产业或外出从业6个月及以上的劳动者,外出农民工则是指在户籍所在乡镇地域外从业的农民工。《2022年农民工监测调查报告》显示,2022年我国农民工总量已达29562万人,其中外出农民工17190万人,且仍呈增加趋势(国家统计局,2023)。外出农民工的健康问题不仅关乎这一庞大群体自身的福利,而且在健康人力资本的角度上,对我国城乡的经济发展和社会公平也有重要的意义。近年来在国际移民文献中已有大量实证研究证实了移民健康效应(Healthy Immigrant Effect)的存在性,即和当地居民相比,移民的健康状况更好,尽管这种健康优势会随着移入时间的推移而不断损耗(马超和曲兆鹏,2022)。那么在中国城镇化背景下,健康移民效应是否同样存在?外出农民工群体的健康状况如何,又受到哪些因素影响?上述问题在我国学术界产生了广泛的讨论。

一 外出农民工的身体健康

通常认为,农民工群体的健康水平和健康获得都明显处于劣势地位,例如Yang等(2015)对上海市农民工的调研发现,9.9%的农民工患有高血压,27%患有超重或肥胖。原因主要有以下三点。其一,在生活环境方面,大量农民工生活和居住条件恶劣,例如集中居住在狭窄拥挤的城中村、工地或工人集体宿舍,卫生设施匮乏或根本不存在,为传染病的传播提供了肥沃的土壤。其二,在就业方面,受到劳动力市场二元分割以及自身知识和技能水平的限制,农民工在城市中往往只能从事城市居民不愿意做的低端工作岗位,工作时间长、劳动强度大、工作环境差等不利因素都加速其健康折旧,职业安全和健康保护等劳动权益保障也严重不足。且他们可能为了获得更高收入而自愿超时工作,带来巨大的健康风险。其三,在医疗卫生服务方面,基于我国户籍分割的医保制度,农民工的城镇职工医疗保险参保率很低,绝大多数依然在户籍所在地参加医疗保险,在大城市就医时报销比例低且手续繁杂。他们很少选择去医院看病,处理日常病痛的方法往往是自购药品治疗。医疗政策缺乏可便捷性和医疗服务的高成本进一步加剧了农民工的健康劣势累积。有学者指出，所谓的健康移民效应主要存在于城市全体居民和处于青壮年的农民工群体之间，这种说法忽视了农民工群体的年龄优势（姚俊和赵俊，2015）。

健康不平等也同样反映在农民工群体内部。例如，与短期迁移农民工相比，长期迁移农民工的自评健康状况更差，高血压、糖尿病、冠心病等慢性病患病率更高，即随着时间的推移，农民工健康状况会呈恶化趋势。本地农民工的健康水平显著高于外出农民工，即跨市和跨省迁移对农民工健康可能存在一定的损耗作用。新生代农民工的健康水平显著高于老一代农民工，这或可归因于新生代农民工更年轻，因长期体力劳动造成的身体损伤程度相对偏低；更注重个人健康管理，如保证饮食营养、定期体检、日常保健；城镇医疗保险参保率更高，等等。社会资本高的农民工往往身体健康状况更好，因为社会网络可以降低疾病防治知识的搜寻成本，提高避险能力，特别是能有效降低农民工职业病和生殖相关疾病的患病风险。

二　外出农民工的心理健康

迁移对农民工精神健康通常有着负面影响，一是因为农民工进城后缺乏社会关系网络的支持，同时还面临社会和文化转变、排斥、不公平待遇等压力，社会适应不足；二是因为农民工迁移后需要重构经济来源，生活压力较大。因此，与城市本地居民相比，外出农民工遇到困难时更容易逃避、自信心更弱、精神压力更大、幸福感与生活热情度更低、心理素质更差、抑郁症等心理疾病的患病率更高，等等。马超和曲兆鹏（2022）将健康移民效应与机会平等的哲学理念相结合，在添加了一系列控制变量后，回归结果显示外出农民工心理健康更好。这意味着，外出农民工本该比城市居民更健康，即健康移民效应本该存在，只是由于户籍分割导致的外出农民工和城市居民之间的机会不平等，拉低了农民工的心理健康水平，最终造成这种健康不平等。与农村留守劳动力相比，研究发现，农民工具有心理健康优势（朱慧劼，2017），即心理健康状况相对较好的农村劳动力会更倾向于外出务工，但控制了自选择机制后，外出务工行为实际增加了农村劳动力心理不健康的可能性（尚越等，2019）。

在农民工群体内部，与县内迁移相比，跨县迁移的农民工面临更大的空间摩擦效应和短期冲击效应，新环境的歧视和排斥使得他们社会融入程度较低，不适应感和孤独感更强，更可能有抑郁倾向。与个人迁移相比，家庭化迁移往往伴随着就业不稳定、子女上学难和工作收入低等一系列压力，对农民工心理健康产生负面影响。在城镇务工的年限越长，农民工越会反复感知到多阶剥夺（例如自己的工作条件和劳动权益难以得到有效保障），因此心理健康状况也越差。此外，劳动时间过长、社会交往不足、居住环境差、生活方式不健康、普通话水平低等因素也都会对农民工心理健康产生不利影响。

第二节 农村留守儿童的健康人力资本研究

留守儿童是指父母双方外出务工或一方外出务工另一方无监护能力、不满十六周岁的未成年人（国务院，2016）。我国农村留守儿童问题随着城镇化的深化而加剧。《2020年中国儿童人口状况：事实与数据》显示，2020年，我国农村留守儿童规模达到了4177万人，占全部农村儿童的37.9%，即每10名农村儿童近4名是留守儿童（国家统计局等，2023）。下面将从身体健康和心理健康两个层面，对农村留守儿童的健康问题进行探讨。

一 农村留守儿童的身体健康

留守状态对农村儿童身体健康的影响机制主要包含两个方面。一是收入效应，即父母外出务工改善了家庭的经济状况，其寄回家乡的汇款可用于改善儿童的生活环境，提高饮食标准，增加自费医疗能力，从而提升留守儿童健康水平。二是分离效应，即父母外出务工导致留守儿童缺少父母的照管和关怀，且这种负面影响会随着外出务工时间的增长而不断累积。父母外出最终对农村留守儿童的身体健康产生积极还是消极的影响，取决于收入效应和分离效应的相对强度，现有研究并没有统一的结论。

有大量研究发现，农村留守儿童的身体健康状况显著低于非留守儿童，并且该负面效应具有持续性。例如，留守状态会使得农村儿童的营养状况更差、发育迟缓（身高偏矮、明显消瘦等）、BMI值偏高等，许多负面影响在他们长大成人后仍将长期存在（Zheng等，2022）。

然而，外出成员性别不同可能带来截然相反的影响。父亲异地就业、母亲本地务农时，收入效应通常会高于分离效应，这会显著提高儿童营养结构和膳食质量，从而促进留守儿童的健康发育。反之，若母亲外出、父亲留守，父亲对儿童的照料质量不及母亲，儿童在营养、卫生和规律生活等方面会相对欠缺。若儿童父母均外出并进行隔代抚养，一方面，祖辈往往更偏好高淀粉、低蛋白的家庭饮食；另一方面，隔代溺爱也降低了其管控儿童的效力。这都会导致农村留守儿童对高脂肪、高糖以及高食品添加剂的不健康食物消费偏多，因收入效应不足以抵消分离效应，最终恶化了儿童的营养状况。

也有研究发现，农村留守儿童与非留守儿童健康水平并没有明显差异（梁在和李巧，2022），父母外出务工也可能对留守儿童身体健康情况有正面改善作用（丁继红和徐宁吟，2018）。对此，有学者强调，这并不意味着留守儿童不再需要特殊关注，相反，这说明两类农村儿童的健康状况都比较差，面临较大的健康风险（边慧敏等，2018）。

二 农村留守儿童的心理健康

目前，父母外出务工对农村留守儿童心理健康的影响也未达成一致的结论。大量研究发现，处于留守状态会对农村儿童的心理健康产生不利影响，增加孤独感和社交焦虑、失眠、抑郁等问题发生（如精神分裂、强迫症、多动症、攻击行为、犯罪等），降低非认知能力、主观幸福感、亲社会行为、自尊和自我效能感等。该影响可能是长期的，即使农民工父母回归家庭，也不一定能扭转长期缺席孩子生活所造成的严重后果（Wang等，2019）。

关于父母外出务工对留守儿童心理健康的影响路径，主要有以下两种观点。从社会支持的角度来看，心理学中的依恋理论认为，儿童最初的人际关系来源于父母，一般起始于婴儿同与自己长期互动的人建立的紧密依恋关系。这是一个长期的社会化过程，决定了儿童能否拥有信任他人和建立亲密关系这一基本的生存能力。父母在孩子婴儿期和儿童期给予陪伴和照料、维持依恋关系，对于孩子的心理健康成长具有重要意义。从教养方式的角度来看，除父母外的其他监护人往往其他琐事缠身，如忙于干农活、照料不能自理的老人等，身心疲惫使其更容易责骂和惩罚儿童，较少采取鼓励和表扬的教养方式。以祖父母教养为例，他们的教养观念比较落后，往往更注重养大而非教育孩子、注重物质而非精神养育，对儿童施加的心理压力和过度保护都与儿童情绪和行为问题呈正相关，容易造成儿童过度自我或过度胆怯。

从外出成员性别来看，母亲外出务工对孩子心理健康的损害程度大于父亲外出，父母同时外出务工对子女影响最大。从监护人类型来看，与单亲或祖父母照料相比，由自己或由其他亲戚照料更可能导致留守儿童当前和未来的心理问题。从留守时间来看，留守开始时间越早、持续时间越长，对心理健康的负向作用越大。从儿童性别来看，农村留守女孩心理健康水平劣于男孩，可能因为这种性别差距本身就存在，父母亲情教育和关爱环境的缺失使之进一步加剧；也可能因为中国农村存在基于性别的劳动分工，父母外出务工后，女孩被迫牺牲自由、放弃学业，以承担更多的家务劳动，导致女孩心理健康水平降低。从儿童年龄来看，留守儿童的心理异常存在阶段性特征，年龄较小时可能只会表现出孤独、自卑等先兆，进入初中之后便会出现明显的社交回避甚至是社交恐惧。在面临毕业、升学及青春期剧烈的心理变化时，由于缺乏父母充分的关爱与支持，更容易出现心理问题。

有些研究则认为，留守对儿童心理健康的负面作用未呈现出统计显著性，或者在不同维度上存在好坏交织的作用，所以不能将留守儿童"污名化"（郭申阳等，2019）。这可能是因为儿童与父母分开后会得到替代看护人的妥善照顾，与之重新构建的稳定的依恋关系可以为儿童心理健康发展提供基础支持。基于此，父母缺席时间越长，意味着儿童与替代看护人的相处时间越长，反而会使得留守儿童的心理健康状况越好。此外，长时间的留守生活还可能增强个人的抗逆力，使得儿童具有较强的自我调适能力。

第三节　农村流动儿童的健康人力资本研究

流动儿童是指0—17周岁未成年人中的人户分离人口，不包括市辖区内人户分离的情况（指居住地与户口登记地所在的乡镇街道不一致且离开户口登记地半年以上）。与城镇化大趋势相一致，2020年，我国流动儿童数量达到7109万人，是2010年的两倍，已占到我国全部儿童总数的23.9%。其中，79.7%的流动儿童来自于农村地区；90.1%的流动儿童集中在城镇地区，占全部城镇儿童的34.2%，即每三名城镇儿童中就有一名是流动儿童（国家统计局等，2023）。流动儿童既脱离了本土，又不能融入城市，缺乏归属感与认同感。在适应城市生活的过程中，其心理和行为会经历一个起伏期。此外，流动儿童父母大多受教育程度偏低，工作技能不足，从事相对低级的体力劳动，社会经济地位低于其他本地家庭，也没有足够的时间和精力照料和陪伴孩子，这都可能对流动儿童造成负面影响。基于比较视角的研究发现，流动儿童的健康状况通常比城市本地儿童更差，但优于农村留守儿童。

一　农村流动儿童的身体健康

与城市本地儿童相比，流动儿童的饮食更不健康、身高和体重偏低、体格发育情况更差、贫血等慢性病的患病率更高，等等。流动儿童对公共卫生服务的利用率也偏低，定期体检率、医疗保险参与率、免费疫苗接种率都大大低于城市户籍儿童。其中，预防接种不足会影响群体免疫，增加流动儿童对可预防疾病的易感性。

与农村留守儿童相比，随父母外出务工改善了农村流动儿童自我报告的健康水平，儿童体格发育情况更好，患病率也更低（Zhang 和 Zheng，2022）。一是，流动儿童有父母照料和完整的家庭关系，父母健康照料效应、父母收入增加效应可以进一步叠加城市发展效应，共同提高流动儿童的身体健康。二是，流动儿童跟随父母来到城市，物质生活条件和生活环境有了较大改善，也能接触到更丰富的社会保障和健全的医疗卫生资源，有利于儿童健康发展。但也有研究发现，流动儿童的肥胖率远高于农村儿童，营养过剩问题开始显现（Lu 等，2019）。

二　农村流动儿童的心理健康

研究普遍发现，与城市本地儿童相比，流动儿童心理健康水平更低，显现出各种心理问题。具体来看，其抑郁水平更高、幸福感和生活满意度更低、自杀意念和自残行为更高、抗逆性更差、更容易焦虑，主要有以下四种原因。其一，随父母进城务工不仅意味着儿童要离开熟悉的亲人和朋友，丧失家园感，还需要适应新的文化环境、价值观念和行为准则，在同化过程中会遭遇制度和文化的阻碍。其二，与城市本地儿童相比，流动儿童的社会经济地位普遍偏低，所享有的家庭和社区资源相对贫瘠，这也会影响其心理健康发展。其三，流动儿童经常转学，频繁的环境变化需要不断经历人际关系的改变和重建。学校融入程度低正是导致流动儿童的心理健康低于本地儿童的重要原因。其四，无形中被贴上的"外来人口"标签也将带来较高的歧视知觉，对流动儿童而言是负性社会反馈。但也有研究发现，与城市本地儿童相比，流动对儿童心理健康水平的负面影响很小或不存在，这可能与流动的自选择性相关（Cheung，2013）。此外，积极的同学关系、师生关系和家庭关系也都能对流动儿童的心理健康水平起到一定的调节作用。

与留守儿童相比，农村流动儿童的非认知能力显著更高（于爱华等，2020）。周皓（2016）进一步借助反事实因果推论指出，尽管流动有利于儿童的心理健康，但流动本身具有自选择性，真正能通过流动改善健康的反而是那些不容易流动的儿童。

第四节 空巢老人的健康人力资本研究

空巢老人是指无子女或虽有子女但子女长大后离开家庭，剩下老人独居或与配偶共住的纯老年人家庭构成的老龄群体。截至2021年，我国60岁及以上老年人口已达2.67亿，其中空巢老人占比超过一半，部分地区的空巢老年人比例甚至超过70%，这意味着我国空巢老年人数量已破1亿（南方都市报，2022）。看病取药困难、无人陪护、孤独寂寞等都是空巢老人普遍的难言之隐，或将导致其健康相关生活质量明显下降。下面将对空巢老人的健康相关研究进行详细探讨。

一 空巢老人的身体健康

对于空巢是否会影响中国老年人的身体健康，现有研究一直存在争论。诸多学者认为，不与子女同住会导致老年群体身体健康状况的恶化。这主要是因为空巢老人无法从子女那里得到足够的日常照料和经济支持，需要更多依靠自己来获得养老保障，而这一过程常常会对自身健康产生严重损耗。

也有研究持相反结论，认为空巢老人和与子女合住的非空巢老人的身体健康状况并没有显著差异（Chang等，2016）。且空巢老人可能具有更强的自我实现意识和健康责任意识，这种独立的生活方式会促使其积极照顾自己，例如在膳食上更注重营养，从而提高健康水平（Zhang等，2018）。

此外，部分研究强调了空巢老人群体内部的异质性。例如，没有配偶的老人在处于空巢状态时会面临更大的健康风险，因为在缺失子女陪伴的前提下，配偶是空巢老人重要的照料资源和精神伴侣，有利于老人保持社会交流、采取健康的生活方式和获取经济资源等，从而更好地保障健康。农村空巢老人的身体状况也比城市空巢老人更差，一个原因是农村老人在身体允许的情况下往往坚持从事农业劳动，而过度的劳动参与会降低其健康水平。而农村的社会保障标准低、养老服务资源供给不足、安全教育与安全设施缺乏等宏观因素也是造成农村空巢老人健康困境的关键。基于山东省的一项调查显示，农村空巢老人的患病率在80%以上，甚至有50%以上的老人患有两种以上的慢性疾病（张晓琼和侯亚丽，2015），而其社交网络主要由亲戚、邻居和乡村医生组成，慢性疾病急性发作时往往因得不到及时帮助而错失抢救时机。

二　空巢老人的心理健康

对于空巢是否会影响中国老年人的心理健康，研究结论也不尽相同。大量研究发现，与非空巢老人相比，空巢老人普遍存在孤独感、焦虑、抑郁等负面情绪，自杀倾向更强，主观幸福感更低。这主要是因为空巢老人的社会参与度不足，存在较大的社交孤立风险，阻碍其保持健康的心理状态（苏镜安等，2022）。但也有研究发现，空巢老人的心理健康状况总体上优于非空巢老人。可能是因为独居或仅与配偶同住能够为老人提供充分的时间和空间进行娱乐和社交活动，而不是将精力耗费在做家务和照顾孙辈上，有利于提高其心理健康水平（Guo等，2016）。

进一步细化人口结构特征发现，居住在农村地区且子女探望频率低、社会经济地位低、身体健康状况差、无配偶的空巢老人更容易出现焦虑和抑郁症状。这部分空巢老人的健康问题尤其需要得到社会的广泛关注。

第十五章 结论与展望

在过去的 70 年，全球健康人力资本水平显著提升。但是，全球健康人力资本仍然存在诸多问题，且还需面对不断出现的新挑战。实现全球健康人力资本的可持续发展，需要从历史中吸取教训，充分认识当今全球挑战，立足中国背景，探索未来发展路径。

第一节 历历征程：健康人力资本研究现状

健康人力资本研究最早可以追溯到 1961 年，Schultz 首次将健康视为一种重要的人力资本。过去六十年，健康人力资本研究硕果累累，有关健康人力资本影响因素、经济外部性、投资形式等领域的研究层出不穷。本书的第二章至第五章详细梳理了这些传统研究领域的前沿研究结果。

一 健康人力资本的影响因素

健康人力资本研究的基础是了解影响健康的各方面因素。本书第二章从个体因素、群体因素、社会因素和自然因素四个方面的各个维度梳理了近年来的研究结果。其中，个体因素中，年龄、性别、受教育程度等人口基本学特征，以及体育锻炼、睡眠情况、饮食质量、抽烟习惯、就医选择等行为特征都可能影响一个人的健康水平。而处于家庭、社会或工作群体中的个体，其健康水平还会受到群体因素的影响。例如，家庭层面的经济状况、父母教养方式和兄弟姐妹数量，社区层面的居住环境和集体社会资本，工作层面的工作时长和不安全感。

除了个体因素和群体因素外，宏观环境中的社会因素和自然因素则带来更为广泛的影响。社会因素中，医疗保险、药品价格等医疗卫生服务特征，以及最低工资标准、养老保险等社会福利特征都与居民的健康水平息息相关。此外，个体所处的自然环境若存在空气污染、水污染、噪声污染等环境问题，会直接导致个体健康受损。

二 健康人力资本的经济外部性

健康人力资本具有经济外部性，本书第三章从理论和实证两方面梳理了其正、负外部性。首先，健康人力资本会影响微观个体决策，例如，劳动者的健康情况会影响其劳动力市场决策、储蓄决策和教育决策，其中需要特别注意的是，健康和教育作为人力资本的两种构成会产生交互影响，从而影响个体决策。其次，健康人力资本也会影响宏观经济增长。第三章第二节中介绍了健康人力资本的理论模型，并梳理了各类实证研究加以诠释健康人力资本对经济增长的贡献。此外，健康人力资本还可以通过减少贫困、降低犯罪率、提高个人幸福感等促进社会福祉的提升。最后，还需要注意健康人力资本也存在其经济负外部性，如对于物质资本的挤出效应，第三章第四节从理论和实证两方面对此进行了说明。

三 健康人力资本投资

鉴于健康人力资本的经济外部性，健康人力资本投资将带来经济、福利方面的多重收益。本书第四章梳理了四种较为常见的健康人力资本投资方式，包括健康产业投资、企业社会责任、政府职能和卫生人才培养。首先，健康产业投资包括对数字化（信息技术）医疗、医疗保险等方面的投资，特别需要关注的是融入了信息技术的智慧医疗，信息技术使医疗过程更加高效、便捷和个性化，代表着现代医学的未来发展方向。其次，企业在健康人力资本投资中也发挥着重要作用。例如，企业在履行社会责任的过程中需要保障员工的健康和福利，在突发公共卫生事件发生时也需要承担相应的企业社会责任。此外，目前各个国家和地区仍然存在部分弱势群体处于贫穷和疾病交加的生存困境中，这需要有社会授权和组织能力的政府承担起这份职责，加大对健康投资的财政投入并进行合理的分配，如改善医疗设施的硬件条件、开展医疗健康扶贫、积极应对医疗保险逆向选择及道德风险等问题。最后，培养优秀的卫生人才，增强卫生系统韧性和防范危机能力也成为健康人力资本投资的重要内容。

四 健康政策评估

健康政策评估帮助政策制定者了解不同政策在提高公众健康水平、降低疾病负担、促进医疗资源合理配置等方面的效果，从而更好地制定有效且可持续的健康政策。本书第五章梳理了健康政策评估领域的现有成果。首先，介绍健康政策的基本概念，包括健康政策的定义和具体分类。其次，经济学、管理学和政治学领域的学者基于各自侧重的研究内容、研究对象和数据资源采取了不相同的政策评估方法。该部分着重介绍经济学领域常用的几种政策评估方法，包括随机对照试验、工具变量、双重差分法、倾向得分匹配、断点回归、合成控制法、随机前沿模型和机器学习。最后，丰富的实证研究显示，健康政策具有可观的健康效应，例如针对烟草、酒精、食物和营养、传染病控制的多项健康政策对提高国民健康水平、降低死亡率具有显著成效。但是，需要强调的一点是，健康政策可能存在无法普及弱势群体、加重健康不平等的局限性，亟待政策制定者解决。

第二节 共迎挑战：健康人力资本的全球护卫战

当今时代，全球健康人力资本面临诸多挑战。全球老龄化现象日益突出，老年人口的快速增加可能导致长期的医疗需求压力过载；大流感、埃博拉病毒等全球公共卫生事件时有发生，对人类生命和健康构成巨大威胁；气候灾害频发、环境恶化，对本地居民尤其是脆弱群体的健康状况带来巨大冲击；开放经济下国际贸易飞速增长，对劳动力市场、食品安全和药品价格等多个领域产生影响；文化多样性随着全球人口流动日渐凸显，可能进一步加剧健康认知偏差带来的健康损害；健康不平等导致弱势群体无法享受公平的医疗资源和服务，从而在现代化进程中进一步边缘化。全球各国需要紧密合作，共同应对上述挑战，保障健康人力资本的可持续发展。

一 如何健康地老去

2021年，全球65岁及以上人口已经达到7.61亿，而到2050年这一数字可能达到16亿人（联合国，2023）。不仅全世界的老龄化问题突出，我国的老龄化问题也逐渐深化，2021年底，中国60岁及以上老年人口达2.67亿人，占总人口的18.9%；2035年左右，60岁及以上老年人口将突破4亿人，在总人口中的占比将超过30%，进入重度老龄化阶段（国家卫建委，2022）。人们是长寿且健康，还是以较差的健康状态存活更长的时间，这是老龄化背景下亟待回答的问题。人口老龄化对个体和家庭的微观挑战，给社区带来的中观后果，对国家社会的宏观影响，以及该如何促进健康老龄化，本书第七章做了回答。不同于青壮年，老年人的机体患病风险高、容易出现认知障碍和心理问题。同时，老年人的失能和依赖常有发生，需要家庭成员照顾生活起居，在生育率降低的背景下，少子女化问题进一步加重了这种家庭养老负担。此外，由性别、户籍和经济地位带来的老年人健康不平等问题也值得社会和学者的关注。在背景下，社区养老服务应运而生，但目前还存在着供给不平衡、不充分、服务质量参差不齐以及缺乏统一监管标准问题。除了社区养老服务外，国家医疗机构也肩负着养老的重大责任。老龄人口数量的增加加大了医疗机构就诊压力，再加上由慢性病带来的人均医疗费用增加，给医保基金的收支平衡带来了巨大风险和挑战。

该如何在这种全球老龄化的大背景下，保证老有所养、病有所医？第七章最后一节探讨了公共卫生体系在促进健康老龄化中的重要作用，并以中国《"十四五"健康老龄化规划》的政策为例进行了评价与讨论。卫生系统需要重视老龄人口需求，建立长期照护系统，构建关爱老年人的环境，提高评估、监测和知识水平，以"健康优先，全程服务；需求导向，优质发展；政府主导，全民行动；公平可及，共建共享"为行动原则，保障居民健康地老去。

二 应对全球公共卫生事件

与老龄化这种随着社会发展而逐渐生成的问题不同，全球公共卫生事件往往具有突发性，对世界范围内的健康人力资本造成严重损害。只有充分认识全球公共卫生事件带来的健康危害，并从历史上的公共卫生事件应对中吸取教训并总结经验，才能更好地应对未来可能发生的全球公共事件，减少健康人力资本损失。

本书第八章首先对1918年西班牙大流感以后的全球九大公共卫生事件，以及艾滋病、疟疾等长期存在的全球卫生挑战进行了回顾。从中充分认识到，全球公共卫生事件不仅对健康人力资本存在直接、短期的影响，同时也可能间接地、长期地影响人们一生的健康状况。长期来看，全球公共卫生事件除了持续影响人们的身心健康，还对受教育程度、劳动力市场表现与职业收入产生间接影响，最后还可能进一步加剧健康不平等。此外，第八章还介绍了各国在应对全球公共卫生事件的健康威胁以及迅速恢复健康人力资本时曾采取的各种手段和措施，如加强全民免疫、培训医护人员、强化医疗体系、执行严格防疫政策、实施疾病消除计划等。通过总结历史经验教训，未来全球各国需要特别重视医疗卫生系统应对、政府干预、心理健康损害、健康不平等问题和国际合作。

三 应对全球气候与环境变化

全球气候与环境变化是当今世界面临的最大健康挑战之一，对健康人力资本产生了广泛而深远的影响。本书第九章讨论了气候与环境变化对健康人力资本的直接和间接影响。随着全球气候变暖，极端高温事件发生得更加频繁和严重，直接引发中暑、热衰竭、心脑血管疾病、呼吸系统疾病等健康问题，高温还会影响病原体传播，增加登革热、疟疾和莱姆病等传染疾病的感染风险。同时，极端天气带来的经济损失和各种创伤还可能引发创伤后应激障碍（PTSD）、抑郁等心理健康问题。气候变化的健康危害远远不止直接的健康损失，极端天气事件还可能通过影响医疗体系运作、农业生产、生态系统等间接地带来健康损害。

环境污染和人们的衣食住行联系紧密，对健康的影响具有危害大、隐蔽性强、潜伏期长、影响因素多等特点。短期空气污染会引起急性健康问题，长期空气污染将带来更大的影响，可能增加呼吸道疾病、肺癌、高血压、心血管疾病等慢性疾病的患病率，且这种健康损害还可能进一步引发心理健康问题。除了空气污染，水土重金属污染也日益严重的全球环境问题，重金属可以富集在土壤中的植物、海洋中的海鲜体内，通过食物链进入人体，引发癌症、心血管、肾脏、神经系统等各种身体疾病。此外，森林作为重要的生态环境之一，其面积的不断萎缩不仅会危害身心健康，同时也会引发山体缓坡、疾病传播等健康风险。

需要特别注意的是，气候与环境变化对一些脆弱国家、地区和群体具有更大的健康影响。经济欠发达的国家、地区和人群，往往在医疗卫生、基础设施、科技水平、受教育水平和环保意识等方面存在劣势，因此缺乏应对气候与环境变化的资源和手段，面临着更大的健康风险。沿海地区和岛屿国家由于具有地理位置上的劣势，需要应对海平面上升、极端海平面事件等气候冲击。而老年人和婴幼儿由于生理方面的劣势，是任何国家和地区内最脆弱的人群，对其在气候和环境变化中的健康状况需要给予更大的重视。

应对全球气候与环境变化，保护和增强人类身心健康和社会福祉，需要多方合作和综合措施。首先，应该加强空气质量、饮用水安全监测等相关环境指标监督，并做到气候环境危机时的及时处理，降低环境带来的健康风险。此外，在政策制定和执行过程中促进不同领域合作，包括卫生、环境、气候等部门之间的合作，以综合性方法应对气候和环境挑战。最后，气候和环境变化是一个全球性的问题，应当加强国际合作，促进知识共享、资源调配和技术支持，以促进全球健康人力资本的可持续发展。

四 应对国际贸易的不利影响

在经济全球化时代背景下，国际贸易是当今经济活动中的重要一环。本书第十章梳理了国际贸易可能带来的直接和间接健康影响。直接影响方面，国际贸易发展意味着有更多商品跨境贸易，其中，健康食品贸易改善了进口国居民的饮食结构和营养质量，而烟草等不健康食品则有损进口国的健康水平。同时，商品跨国贸易还可能伴随污染物传播、物种入侵等健康风险。此外，国际贸易对健康的间接影响也不容忽视，包括就业水平、工资水平和工作强度方面的变化，以及环境污染问题。

国际贸易发展还可能加剧全球健康不平等问题。烟草、酒精和高度加工食品在自由贸易中可能导致不健康的生活方式广泛传播，特别是向发展中国家传播；延长药品专利期、限制仿制药生产等贸易相关知识产权协定条款在促进药物研发的同时也会降低药品的可获得性和可负担性，特别是给药品研发能力相对落后的国家和地区患者带来较大的经济负担；贸易开放背景下，一些发展中国家采用宽松的环境标准来吸引跨国公司生产污染密集型产品，导致污染产业从发达国家向发展中国家迁移。这些都可能导致欠发达国家和地区的健康问题进一步恶化，从而加剧全球健康不平等。预防和减轻贸易自由化的负面影响，需要加强健康教育、增加健康投资、建设健康环境以及重视国际合作。

五 应对文化多样性下的健康问题

本书第十一章介绍了文化与健康人力资本的交叉性研究。地理因素、发展历史和宗教信仰等因素孕育了全球多样的文化和国家内部的多元文化。文化对健康人力资本的影响具有积极作用，例如，中医药学充分体现了医学融合文化在促进个体健康投资和养生行为上的积极作用。此外，由宗教信仰和传统文化形成的处事思维、社会支持和饮食习惯等都对人们的心理健康和身体健康产生积极的影响。

为了更好地应对全球文化交融背景下文化对于健康人力资本的消极

影响，并发扬其对健康投资和健康行为的积极促进作用，需要提高医疗从业者的文化能力、加强对健康消费者的健康教育并建立起医患之间的信任关系以促进健康和疾病信息的交流，缓解文化认知偏差带来的消极影响。同时，辩证地认识文化在健康领域的积极作用，将优秀的传统文化融入医学中，从理论体系、治疗方案和健康知识传播三个方面助力未来医学的发展。

六　消灭健康不平等

不同国家、地区和社会群体之间在获得医疗资源和健康服务方面存在差异，这种不平等现象限制了弱势群体的健康发展和人力资本积累，加剧了贫富差距和社会不公平。本书第十三章从国家间健康不平等和国家内健康不平等两个角度梳理了健康不平等问题的历史和现状，虽然20世纪下半叶健康不平等恶化趋势得到遏制，但近年来偶有发生的公共卫生危机等全球挑战仍然可能进一步恶化全球健康不平等。

在此背景下，需要充分认识影响健康不平等的各方面因素，例如经济收入因素、社会生活因素、医疗体系因素等。健康不平等首先体现在经济收入不同的人群中，收入较低人群可能没有充足的资金或时间进行健康投资，从而拉大了不同经济收入群体的健康差距。社会生活因素对健康的影响则更为直接，优质教育可以通过培养习惯、技能和资源增加个人的有效能动性，使人们能够过上更健康的生活，而互联网技术带来的数字鸿沟则拉大了不同群体间的健康不平等。此外，中国医疗体系改革和相关政策在改善健康不平等方面也起到了重要作用，不少学者证明了城乡医保、分级诊疗等政策能够有效缓解健康不平等问题。

消灭全球健康不平等，使每个人享有平等的健康权利任重而道远。一方面，医疗卫生体制改革的重心应从治疗疾病扩展到疾病预防，政策目标应从卫生保健的机会公平转向健康的结果公平。另一方面，在制定防治健康不平等的相关政策中，要加强跨部门协作，发挥各主体的主动性，以达到最好的治理效能。

第三节　立足中国：构筑中国健康
　　　　人力资本发展道路

在中国这片古老而又充满活力的土地上，曾历经战火洗礼、饥荒磨难和大流行病冲击，中华民族以坚韧的毅力度过重重挫折，到21世纪仍然保持着勃勃生机和巨大发展潜力。改革开放以来，中国的经济成就令人瞩目，中国以持续高速的经济增长、坚实的产业基础和广泛的国际影响力而著称。如今，中国已经成为全球第二大经济体。展望未来，健康人力资本将为中国发展提供强大的动能。

一　中国健康人力资本现状

中国的健康人力资本研究已经取得了相当的进展，研究者关注了不同维度的健康人力资本发展状况，包括不同人群的健康状况，教育、医疗的发展，以及其对经济社会发展的影响。本书第十三章聚焦于中国城镇化进程中最值得关注的四类弱势群体，即空巢老人、农村留守儿童、城市流动儿童和农民工，探讨他们在城镇化过程中可能面临的身心健康问题。在城镇化的过程中，这四类群体容易被遗忘在高速的经济发展中，遭遇社会孤立、精神抑郁、教育和医疗资源不足等问题。

城镇化进城中产生了大量空巢老人。空巢老人由于无法得到足够的日常照料和经济支持，同时缺乏社会参与和休闲体育活动，身体健康容易出现问题，也容易出现孤独、焦虑和抑郁等负面情绪。其中，无配偶的空巢老人获得的生活照料和精神陪伴更少，农村空巢老人拥有的社会保障和养老服务资源较差，是最容易出现身心健康问题的两类空巢老人。

我国农村留守儿童规模也在进一步扩大，农村留守儿童是实现城乡均等化发展中值得关注的群体。身体健康方面，父母外出务工带来的分离效应会导致农村留守儿童缺乏父母的科学照料，健康发育可能受到阻碍。但是，父母外出务工带来的收入效应也可能会改善留守儿童的生活质量，从而提升健康水平。最终影响取决于两种效应的相对强度大小。心理健康方面，父母照顾和关怀的缺失可能会导致留守儿童产生孤独感、社交焦虑、抑郁等消极情绪，且这种不利影响将伴随终身，留守越早则影响越大。

相较于农村留守儿童,城市流动儿童不用遭受与父母分离带来的负面影响,因此健康水平通常高于农村留守儿童。但是,城市流动儿童往往在医疗保障方面面临挑战,由于户籍或医疗保险等问题,他们可能无法获得稳定的医疗保障,难以应对突发的健康问题。由于家庭背景和流动性,他们往往也面临教育机会不足的问题,可能难以获得良好的教育资源。同时,如何融入当地社会也是一大挑战,城市流动儿童可能由于适应问题产生心理压力。

在我国城镇化进程中产生了庞大的农民工群体。农民工往往从事体力劳动且工时较长,可能导致身体疲劳、高血压等健康问题。其次,农民工可能在城市中居住在拥挤、卫生条件恶劣的环境中,患呼吸道疾病和传染病的风险较高。与流动儿童类似,农民工也可能因为户籍、文化差异等原因,在城市中感到孤立,缺乏社会支持网络,从而损害他们的自尊心和心理健康。其中,长期迁移的农民工、远距离迁移的农民工、老一代农民工以及普通话水平低的农民工,其身体和心理健康受损更加严重,更加需要社会的关注和支持。

消除这四类群体的健康隐患需要政府、社会和家庭共同努力,提供更好的教育、医疗、社会支持等资源,以保障他们的身心健康。在高速发展的经济中,只有关注到每一类弱势群体,才能携手走向健康中国的新发展阶段。

二 走向健康中国

站在历史的十字路口,中国面临着双重挑战:一方面,健康问题与人民福祉紧密相连,中国政府于 2016 年提出"健康中国 2030"的重要国家战略,旨在从国家战略层面统筹解决关系健康的重大和长远问题。这一战略被视为中国在全面建设社会主义现代化国家过程中的重要组成部分,强调了健康在人民生活中的重要地位,旨在构建全社会共同参与的健康体系。另一方面,高质量发展已然成为引领国家未来发展方向的关键词,党的十九届五中全会明确将"高质量发展"作为"十四五"时期经济社会发展的重要指导思想之一。高质量发展战略强调从速度型增长向质量型增长的转变,致力于在发展的过程中实现更高水平的经济、社会和环境效益。通过优化产业结构、推动技术创新、提升生态环境质量等举措,中国旨在实现经济更可持续、更具活力和更具竞争力的发展,造福全体人民。在新的时代背景下,健康人力资本的构筑成为连接两者的桥梁，不仅为全民健康提供了有力支撑，也为经济的蓬勃发展提供了强大动力。

如何在"健康中国"战略的引领下，构建全面健康服务体系，提升医疗水平，让每个人都能受益？如何发挥中国的优势，培养高素质的人才，以满足高质量发展的需求？

第一，强化基层医疗体系。基于中国庞大的人口基数和广泛的地理分布，加强基层医疗机构的建设和人员培养，使其能够提供充足的初级医疗保健服务，缓解大城市医院的就诊压力。第二，强调中西医结合。作为一个拥有长久中医药学历史的国家，中国应该努力推动中西医结合的医疗模式，从而提供更加综合的医疗服务。第三，加强医疗信息化建设，利用中国庞大的数字市场，加速医疗信息化的进程，建立电子健康档案，提供远程医疗、健康管理等服务，提升医疗效率。第四，普及健康保险制度，进一步完善健康保险体系，覆盖更多人口，减轻患者就医负担，使得人们及早就医，降低患病风险。

健康人力资本不仅是高质量发展的重要支持，更为中国走向全球舞台提供坚实的力量，是共同构筑一个繁荣昌盛中国梦的基石。展望未来，健康人力资本将继续在中国的发展中发挥重要作用。在"健康中国"战略和"十四五"规划的指引下，我们有理由相信，中国将进一步加强健康人力资本的建设，实现人民的健康幸福和国家的蓬勃发展。

第四节 塑造未来：实现全球健康人力资本可持续发展

从本书各章节的研究梳理和探讨中可以看出，塑造健康人力资本是一个综合性挑战，需要政府、市场和社会的共同努力，各传统和新兴领域的交叉融合，以及各国之间的国际合作。

一 市场、社会、政府各司其职

构筑健康人力资本是实现可持续发展和国家繁荣的关键一步，政府、市场和社会在这一过程中都扮演着不可或缺的角色，应当各司其职、相互合作，共同保障和增强人们的健康素质水平，从而为国家的发展奠定坚实基础。

政府在构建健康人力资本方面具有至关重要的责任。政府是公共卫生政策的制定者和推动者，不仅能够通过法律法规和政策措施提高医疗服务供给水平，还能够引导社会资源向健康领域倾斜。首先，政府可以制定并实施全面的健康政策，优化医疗资源配置，加强公共卫生体系建设，提供全民健康保障，确保每一个公民都能享有基本的医疗服务。其次，针对不同的弱势群体提供多样的公共卫生服务，要注意到医疗服务获取的城乡差别、流动人口和常住人口的差别、还应该更加关注孕妇、儿童以及老年人的健康水平，对医疗资源获取不平等的弱势群体提供专门的扶持和援助。再次，政府还可以通过教育体系将健康知识融入课程，做好健康知识普及和健康教育，培养健康素质更高的新一代，为经济的高质量发展注入新的活力。此外，政府还可以通过税收优惠和奖励等手段，鼓励企业和个人投资于健康领域，促进健康产业的发展。最后，政府应当协同各相关部门以及医疗卫生系统，做好面对突发卫生事件的紧急预案，从历史教训中吸取经验，更自信、沉稳地应对未来可能出现的卫生挑战。

市场机制在引导健康产业发展和创新中扮演着不可或缺的角色。首先，市场机制能够引导资源流向健康领域，鼓励医疗科技创新，推动医疗技术的不断进步，为患者提供更有效的诊断和治疗手段。同时，市场为医疗机构和健康服务提供商创造竞争环境，激发其提供更高质量、更多样化的医疗卫生服务。比如，在我国当前老龄化加剧的背景下，医疗和养老服务结合发展出的医养结合产业正蓬勃发展，截至2021年底，全国已有6492家两证齐全的医养结合机构，共有175万张床位（丁玲，2022）。

社会在提升健康意识、传播健康知识方面起到了积极作用。首先，社会组织可以开展健康教育活动，提高公众对于健康的认知水平。在整个社会应当倡导健康的价值观，推动全民健康理念，强调个人责任和积极参与，促使人们养成健康的生活方式，使健康成为每个人的自觉选择。此外，社会应该在宣扬健康平等、减少歧视上发挥作用。比如，减少对精神病人、艾滋病人、乙肝病人的歧视，做到科学预防、科学对待传染病，从而减少疾病的发生和传播。

政府提供政策支持和法律保障，市场提供资源和机制，社会传播健康意识。除了各自履行职责，三者之间的协同作用更能够推动健康人力资本的全面发展。例如，政府可以提供经费支持，鼓励市场在健康领域进行创新，同时鼓励社会组织进行健康宣传和教育。此外，政府还可以建立监管机制，确保市场提供的健康产品和服务的质量和安全。

二 发展数字健康

数字技术的发展为健康人力资本的发展提供了前所未有的机遇，处于当前数字技术蓬勃发展的时代，医疗卫生领域的数字化建设是推动健康人力资本发展的重要引擎，是实现"人人享有健康"的全新动力，能够引领人们走向更加先进便捷的智能医疗时代。

本书第六章介绍了数字经济对医疗服务产生的深远影响。数字医疗通过互联网医院、远程医疗、线上挂号和问诊、数字疗法等就医手段和诊断技术，提高了医疗服务供给能力。借助数字化手段，医疗从业者可以更加便捷地了解个体的健康状况，提供个性化的健康管理方案，实现医疗资源的优化配置，促进医患之间的有效沟通。国内外的先进经验也验证了数字医疗手段的实效，数字技术在抗灾、抗疫时期的应用成效显著，大数据和云计算等数字技术为疾病管理和防治提供了便利，提高了对公共卫生事件的应对能力。

然而，数字医疗的发展在一定程度上也引发了一些担忧。首先，在医疗资源分配不均和个人数字技能水平有差异的情况下，数字医疗可能扩大健康不平等现象。数字技术在给就医带来方便的同时，也可能挤压了数字技能水平较低的人群如老年人、农村群体、低受教育水平群体的就医空间，加剧了数字鸿沟和健康不平等。对于设计者，在设计数字技术时要考虑到不同群体的需求，如确保界面简单易懂、易于操作，以便不同层次的人都能够轻松使用。还可以通过社会组织、志愿者等渠道，开展广泛的数字素养培训，使人们熟练掌握在线医疗等数字医疗技术的使用方式。此外，还需要注意隐私和数据安全问题。例如，当前人们的健康意识提高，为了实时了解和监测自身的健康状况，智能穿戴设备变得越来越普及，这可能导致个人信息泄露的问题。在疫情发生时，追踪隔离措施所获取的个人信息和健康数据，也要警惕被不法势力利用。

三 探索交叉领域

跨学科领域的发展对于健康人力资本研究具有不可忽视的重要意义。不同学科的知识和方法可以为健康和疾病研究提供全新的洞察视角和解决方案，从而推动健康人力资本的全面提升。本书第十二章介绍了跨学科视角下的健康人力资本研究，涉及心理学、基因研究以及脑科学等学科。

首先，跨学科领域的发展可以深化对健康决策机制的理解。心理学、行为经济学和脑科学等学科的融合可以揭示人们进行健康决策背后的认知、情感和神经机制。通过了解人们在面对健康选择时的心理和生理反应，可以更精准地制定健康干预措施，从而促使人们做出更健康的选择。其次，跨学科领域的发展可以提供个性化的健康管理方案。基因研究、早期环境影响研究等可以揭示不同的个体健康脆弱性和潜在风险。结合数字技术和大数据分析，可以制定针对个体需求的个性化健康管理计划，实现精准的预防和干预，从而有效降低患病率和提高生命质量。此外，跨学科领域的发展还可以推动医疗服务的创新和提升。比如脑科学在肥胖和成瘾行为方面的应用也有望改进医疗器械和诊断技术，提高疾病早期诊断的准确性。

四 从1978"人人享有健康"到2030"可持续发展目标"

世界卫生组织是联合国系统中负责国际公共卫生问题的主要机构，致力于促进全球卫生和预防疾病。自1945年于旧金山计划成立以来，世卫组织就认识到了各国在控制危险疾病方面的行动缺乏共同努力，应通过国际合作提高全球健康水平。1946年，《世界卫生组织组织法》设想，"……将健康的最高可达标准视为每个人类的基本权利"（WHO，1946）。1978年，在哈萨克斯坦阿拉木图举行的国际初级卫生保健会议上确定了"人人享有健康"的理想目标，为世卫组织呼吁的"全民健康覆盖"奠定了基础。"人人享有健康"是世界卫生组织（WHO）的重要口号和使命之一，这一目标强调了所有人都应该有平等的机会获得健康，无论其社会经济地位、种族、性别和国家如何。

健康人力资本的价值在于，它不仅仅关乎个体的福祉，还关乎着社会繁荣和可持续发展。人力资本是经济生产中最重要的投入品之一，而健康的人力资本则是经济高质量发展的基础，一个国家的经济发展质量与健康人力资本水平密切相关。健康的人力资本意味着更多的劳动生产力、更少的劳动力流失、更少的医疗支出，进而促进创新、提升产业竞争力、推动社会进步。正如世界卫生组织对"人人享有健康"的追求，不仅仅是为了解决当前卫生问题，也不仅是关注某一特定人群、某一特定区域的健康问题，而是一个全局性的、整体性的提高全世界每一个人的身体素质的愿望，致力于建设一个更加繁荣、稳定和充满活力的社会。

当前是全球化的时代，人类作为一个命运共同体紧密相连。实现人人健康的愿景不可能只靠某一个人、某一个国家单打独斗，健康问题早已超越国界，成为全球性挑战，需要全世界人们齐心协力，共同创造更加健康的生活环境。自 1978 年的"人人享有健康"到 2000 年的《联合国千年宣言》，接着到 2005 年修订《国际卫生条例》，再到 2015 年提出 2030 年可持续发展目标（SDG）。世卫组织在促进全球健康的道路上加强全球国际合作，切实为提高全人类的健康水平做出了贡献。

2015 年 9 月，"联合国可持续发展峰会"在纽约联合国总部召开，193 个成员国共同通过了《改变我们的世界——2030 年可持续发展议程》（*Transforming our World: The 2030 Agenda for Sustainable Development*），其中共包含 17 个可持续发展目标和 169 个具体指标，涵盖了人类、地球、繁荣、和平和伙伴关系五个主题。在文件中提到"为了促进身体和心理健康，并延长所有人的预期寿命，我们必须实现全民健康覆盖和获得优质医疗服务"且"没有人应该被落下"（United Nations, 2015）。对于实现该愿景的具体做法，集中在该议程文件的第三个目标：确保人们健康地生活和所有年龄段人群的福祉。该目标一共包含 8 个子目标和 4 条措施，对于 2030 年的健康目标做了细致的计划，比如实现降低孕产妇的活产死亡率、消灭传染病和减少非传染病的致死率，以及注重生殖健康、解决滥用药物问题等。

在全球健康共赢的愿景下，每个国家都应该承担起责任，扩大医疗卫生服务覆盖范围并提高质量，加强疾病预防控制，推动健康产业发展，以确保全球人类的健康福祉。让我们携手并进，共同推动构建人类卫生健康共同体，共同守护人类健康的美好未来！

参考文献

鲍震宇、赵元凤：《农村居民医疗保险的反贫困效果研究——基于PSM的实证分析》，《江西财经大学学报》2018年第1期。

边慧敏、崔佳春、唐代盛：《中国欠发达地区农村留守儿童健康水平及其治理思考》，《社会科学研究》2018年第2期。

柴嵘：《中医药传播至196个国家和地区》，《北京日报》2022年9月24日第8版。

车凯、陈崇明、郑庆宇等：《燃煤电厂重金属排放与周边土壤中重金属污染特征及健康风险》，《环境科学》2022年第43期。

戴璟、龚钰雯、张雪等：《互联网信息环境对居民健康素养的影响》，《中国卫生统计》2021年第6期。

丁继红、徐宁吟：《父母外出务工对留守儿童健康与教育的影响》，《人口研究》2018年第1期。

方鹏骞、苏敏：《论我国健康扶贫的关键问题与体系构建》，《中国卫生政策研究》2017年第6期。

费孝通：《中华民族的多元一体格局》，《北京大学学报（哲学社会科学版）》1989年第4期。

冯冬冬、陆昌勤、萧爱铃：《工作不安全感与幸福感、绩效的关系：自我效能感的作用》，《心理学报》2008年第4期。

冯奎：《低碳城镇化蕴藏巨大内需潜力——"推进以人为核心的新型城镇化"系列评论》，《经济日报》2021年10月11日第5版。

冯雅靖、董文兰、何民富等：《禁烟令实施前后北京市公共场所吸烟与控烟措施比较分析》，《中国卫生政策研究》2013年第6期。

顾海、刘曦言：《互联网医疗信息外溢对健康人力资本的传导机制——基于劳动力微观数据的中介效应研究》，《河北经贸大学学报》2019年第6期。

郭申阳、孙晓冬、彭瑾等：《留守儿童的社会心理健康——来自陕西省泾阳县一个随机大样本调查的发现》，《人口研究》2019年第6期。

洪岩璧、曾迪洋、沈纪：《自选择还是情境分层？——一项健康不平等的准实验研究》，《社会学研究》2022年第2期。

解垩：《公共转移支付与老年人的多维贫困》，《中国工业经济》2015年第11期。

景怀斌：《儒家式应对思想及其对心理健康的影响》，《心理学报》2006年第1期。

鞠牛、梁玉成：《健康不平等产生机制及其治理途径探析——健康消费分层的视角》，《公共行政评论》2022年第6期。

李春凯、彭华民：《贫困与留守儿童心理健康关系研究——以江西省修水县分析为例》，《浙江工商大学学报》2018年第1期。

李丹、白鸽：《收入差异下的老年心理健康不平等及影响机制》，《北京社会科学》2022年第7期。

梁在、李巧：《劣势处境对农村儿童身体健康的影响——基于社会支持和饮食摄入视角的分析》，《人口学刊》2022年第5期。

刘欢：《人力资本投入对农村贫困家庭的减贫效应分析——基于健康、教育、社会保险、外出务工比较视角》，《经济经纬》2017年第5期。

刘生龙、李军：《健康、劳动参与及中国农村老年贫困》，《中国农村经济》2012年第1期。

刘子宁、郑伟、贾若、景鹏：《医疗保险、健康异质性与精准脱贫——基于贫困脆弱性的分析》，《金融研究》2019年第5期。

卢娟、李斌、彭洋：《国际贸易对健康的影响研究进展》，《经济学动态》2019年第9期。

马超、曲兆鹏：《机会平等哲学下对我国农民工"健康移民效应"的再考察》，《产业经济评论》2022年第2期。

马骏主编：《中国人口老龄化及其政策应对研究》，南京大学出版社2023年版。

马源、高太山：《数字经济发展的制度支撑体系亟待完善》，《中国经济时报》2020年3月23日第4版。

毛泽东：《体育之研究》，《新青年》1917年4月1日。

聂景春、庞晓鹏、曾俊霞、龙文进：《农村儿童兄弟姐妹的影响研究：交流互动或资源稀释？》，《人口学刊》2016 年第 6 期。

潘昌健、杨晶：《分级诊疗政策实施对中国老年人健康不平等影响研究》，《社会保障研究》2022 年第 1 期。

潘杰、雷晓燕、刘国恩：《医疗保险促进健康吗？——基于中国城镇居民基本医疗保险的实证分析》，《经济研究》2013 年第 4 期。

戚聿东、刘翠花：《数字经济背景下流动人口工时健康差异问题研究》，《中国人口科学》2021 年第 1 期。

尚越、丁士军、石智雷：《是健康选择还是迁移影响？——不同迁移类型农村劳动力健康差异分析》，《南方人口》2019 年第 3 期。

申梦晗：《中国大型城市流动儿童医疗保险参保问题研究——基于断点回归与双重差分模型的实证分析》，《社会保障评论》2022 年第 2 期。

申秋红、刘鸿雁：《药品降价与健康权益保障》，《人权》2019 年第 1 期。

苏浩然：《农村中老年人社会医疗保险中的道德风险实证研究》（硕士），南京大学 2021 年。

苏镜安、李岩、张敏强等：《老年人抑郁情绪发展轨迹及社会参与的作用：空巢与非空巢老人的对比研究》，《心理科学》2022 年第 3 期。

孙世彦：《疫情防控措施对人权的限制——基于国际人权标准的认识》，《国际法研究》2020 年第 4 期。

汪三贵、刘明月：《健康扶贫的作用机制、实施困境与政策选择》，《新疆师范大学学报（哲学社会科学版）》2019 年第 3 期。

汪伟、咸金坤：《人口老龄化、教育融资模式与中国经济增长》，《经济研究》2020 年第 55 期。

王弟海、龚六堂、李宏毅：《健康人力资本、健康投资和经济增长——以中国跨省数据为例》，《管理世界》2008 年第 3 期。

王弟海、龚六堂、邹恒甫：《物质资本积累和健康人力资本投资：两部门经济模型》，《中国工业经济》2010 年第 5 期。

王弟海：《健康人力资本、经济增长和贫困陷阱》，《经济研究》2012 年第 6 期。

王弟海等：《健康投资如何影响经济增长：来自跨国面板数据的研究》，《经济科学》2019 年第 1 期。

王广慧、苏彦昭：《工作时间对劳动者健康影响的阈值效应分析》，《劳动经济研究》2021 年第 4 期。

王洪亮：《中国居民健康不平等的测度及影响因素研究》，《人口与经济》2023 年第 2 期。

武宁、程明羕、闫丽娜、钱文溢、张光鹏：《中国全科医生培养发展报告（2018）》，《中国全科医学》2018 年第 10 期。

许新鹏：《医保城乡统筹对大病患者医疗利用及健康不平等的影响——基于东中西部微观调研数据的实证研究》，《保险研究》2021 年第 8 期。

薛镇、郝晓宁、刘星月：《财政投入对医疗卫生服务供给水平的影响研究：基于财政运行效率与收入不平等的双调节效应》，《中国卫生经济》2020 年第 7 期。

闫慧慧、杨小勇：《平台经济下数字零工的劳动权益保障研究》，《经济学家》2022 年第 5 期。

杨建芳、龚六堂、张庆华：《人力资本形成及其对经济增长的影响——一个包含教育和健康投入的内生增长模型及其检验》，《管理世界》2006 年第 5 期。

杨磊：《医疗卫生政策与健康不平等——兼对西方新古典自由主义思潮的批判》，《福建论坛（人文社会科学版）》2021 年第 4 期。

杨梦瑶、李知一、李黎明：《互联网使用与老年人的心理健康——基于两级数字不平等的视角》，《人口与发展》2022 年第 6 期。

杨希、徐嘉茹、闫文收：《国际贸易与人口健康：基于多种环境指标的实证研究》，《生态经济》2019 年第 6 期。

姚俊、赵俊：《农村人口流动的健康不平等结果——基于劳动力再生产的视角》，《江苏社会科学》2015 年第 4 期。

于爱华、王琳、刘华：《随迁对农民工子女非认知能力的影响——基于家校教育过程的中介效应分析》，《中国农村观察》2020 年第 6 期。

于大川、潘光辉：《健康人力资本与农户收入增长——基于 CHNS 数据的经验研究》，《经济与管理》2013 年第 3 期。

余静文、苗艳青：《健康人力资本与中国区域经济增长》，《武汉大学学报（哲学社会科学版）》2019 年第 5 期。

岳崴、王雄、张强：《健康风险、医疗保险与家庭财务脆弱性》，《中国工业经济》2021 年第 10 期。

张本波:《我国人口老龄化的经济社会后果分析及政策选择》,《宏观经济研究》2002 年第 3 期。

张芬、周浩、邹薇:《公共健康支出、私人健康投资与经济增长:一个完全预见情况下的 OLG 模型》,《经济评论》2012 年第 6 期。

张力文、高博:《政策性城市新移民社会资本对个体健康的影响研究——基于成都市的调查》,《北京行政学院学报》2022 年第 1 期。

张拓红:《人口老龄化对健康服务体系的影响》,《北京大学学报》2015 年第 47 卷第 3 期。

张晓琼、侯亚丽:《晚年何以安度:农村空巢老人安全保障问题研究——基于山东省部分新型农村社区的实证调查》,《华中农业大学学报（社会科学版）》2015 年第 6 期。

张颖熙、夏杰长:《健康预期寿命提高如何促进经济增长?——基于跨国宏观数据的实证研究》,《管理世界》2020 年第 10 期。

赵琦:《空气污染对中老年人日常生活自理能力的影响》,硕士学位论文,浙江大学,2023 年,第 41 页。

赵颖智、李星颖:《互联网使用对个体健康的影响——基于中国家庭追踪调查数据的实证分析》,《江汉论坛》2020 年第 5 期。

中国气象局:《中国气候变化蓝皮书 2023》,科学出版社 2023 年版。

周皓:《人口流动与儿童心理健康的异质性》,《人口与经济》2016 年第 4 期。

朱慧劼:《老年农民工的健康、工作和社会保障状况》,《南方人口》2017 年第 6 期。

Abadie, A., & Gardeazabal, J., "The economic costs of conflict: A case study of the Basque Country", *American economic review*, Vol. 93, No. 1, 2003, pp. 113-132.

Abadie, A., Diamond, A., & Hainmueller, J., "Synthetic control methods for comparative case studies: Estimating the effect of California's tobacco control program", *Journal of the American statistical Association*, Vol. 105, No. 490, 2010, pp. 493-505.

Adler, N. E. and Ostrove, J. M., "Socioeconomic status and health: What we know and what we don't", *Annals of the New York Academy of Sciences*,

Vol. 896, 1999, pp. 3-15.

Adler-Milstein, J., Holmgren, A. J., Kralovec, P., Worzala, C., Searcy, T., and Patel, V., "Electronic health record adoption in US hospitals: The emergence of a digital 'advanced use' divide", *Journal of the American Medical Informatics Association*, Vol. 24, No. 6, 2017, pp. 1142-1148.

Aghion, P., Howitt, P. & Murtin, F., "The relationship between health and growth: When Lucas meets Nelson-Phelps", *National Bureau of Economic Research*, 2010.

Ahn, T., "Reduction of working time: Does it lead to a healthy lifestyle?", *Health Economics*, Vol. 25, No. 8, 2016, pp. 969-983.

Aina, O. F., *Culture and Mental Health*, Bookbuilders Nigeria, 2018.

Aizer, A., Stroud, L. & Buka, S., "Maternal stress and child outcomes: Evidence from siblings", *Journal of Human Resources*, Vol. 51, No. 3, 2016, pp. 523-555.

Akbari, P., Gilani, A., Sosina, O., ... Ferreira, M. A. R., and Lotta, L. A., "Sequencing of 640, 000 exomes identifies GPR75 variants associated with protection from obesity", *Science*, Vol. 373, No. 6550, 2021, p. eabf8683.

Alexander, J. K., David, W. H., Grace, Y. C., & Allecia, E. R., "Community-level age bias and older adult mortality", *Social Science & Medicine*, Vol. 320, 2023.

Alfano, M., "Islamic Law and Investments in Children: Evidence from the Sharia Introduction in Nigeria", *Journal of Health Economics*, Vol. 85, 2022, p. 102660.

Allington, D., Duffy, B., Wessely, S., Dhavan, N., and Rubin, J., "Health-protective behaviour, social media usage and conspiracy belief during the COVID-19 public health emergency", *Psychological Medicine*, Vol. 51, No. 10, 2021, pp. 1763-1769.

Almond, D. and Mazumder, B., "Health Capital and the Prenatal Environment: The Effect of Ramadan Observance During Pregnancy", *American Economic Journal: Applied Economics*, Vol. 3, No. 4, 2011, pp. 56-85.

Almond, D., Mazumder, B. and Van Ewijk, R., "In Utero Ramadan

Exposure and Children's Academic Performance", *The Economic Journal*, Vol. 125, No. 589, 2015, pp. 1501-1533.

Amlung, M., Sweet, L. H., Acker, J., Brown, C. L., and Mackillop, J., "Dissociable brain signatures of choice conflict and immediate reward preferences in alcohol use disorders", *Addiction Biology*, Vol. 19, No. 4, 2012, pp. 743-753.

Amroussia, N., Gustafsson, P. E., and Mosquera, P. A., "Explaining mental health inequalities in Northern Sweden: a decomposition analysis", *Global health action*, Vol. 10, No. 1, 2017, pp. 1-10.

Andrew, P., and Atske, S., "About three-in-ten U.S. adults say they are 'almost constantly' online", 2021, https://www.pewresearch.org/short-reads/2021/03/26/about-three-in-ten-u-s-adults-say-they-are-almost-constantly-online/.

Appelhans, B. M., French, S. A., Olinger, T., Bogucki, M., Janssen, I., Avery-Mamer, E. F., and Powell, L. M., "Leveraging delay discounting for health: Can time delays influence food choice?", *Appetite*, Vol. 126, 2018, pp. 16-25.

Appels, A., Bosma, H., Grabauskas, V., Gostautas, A. and Sturmans, F., "Self-Rated Health and Mortality in a Lithuanian and a Dutch Population", *Social Science & Medicine*, Vol. 42, No. 5, 1996, pp. 681-689.

Ashlee, C. & Ellis, N. R., "Ecological grief as a mental health response to climate change-related loss", *Nature Climate Change*, Vol. 8, 2018, pp. 275-281.

Ashraf, Q. H., Lester, A. & Weil, D. N., "When does improving health raise GDP?", *NBER macroeconomics annual*, Vol. 23, No. 1, 2008, pp. 157-204.

Atkin, D., "Trade, tastes, and nutrition in India", *American economic review*, Vol. 103, No. 5, 2013.

Aum, S., Lee, S. Y. T. & Shin, Y., "Inequality of fear and self-quarantine: Is there a trade-off between GDP and public health?", *Journal of Public Economics*, Vol. 194, 2021, pp 104354.

Aydogan, G., Daviet, R., Linnér, R. K., Hare, T. A., Kable, J.

W., Kranzler, H. R., Wetherill, R. R., Ruff, C. C., Koellinger, P. D., and Nave, G., "Genetic underpinnings of risky behaviour relate to altered neuroanatomy", *Nature human behaviour*, Vol. 5, No. 6, 2021, pp. 787-794.

Baird, S., Hicks, J. H., Kremer, M. & Miguel, E., "Worms at work: long-run impacts of child health gains", *Berkeley: University of California at Berkeley*, 2011.

Bambrick, H., "Resource extractivism, health and climate change in small islands", *International Journal of Climate Change Strategies and Management*, Vol. 10, No. 2, 2018, pp. 272-288.

Banderali, G., Martelli, A., Landi, M., Moretti, F., Betti, F., Radaelli, G., Lassandro, C., and Verduci, E., "Short and long term health effects of parental tobacco smoking during pregnancy and lactation: A descriptive review", *Journal of Translational Medicine*, Vol. 13, No. 1, 2015, p. 327.

Banerjee, R. & Maharaj, R., "Heat, infant mortality, and adaptation: Evidence from India", *Journal of Development Economics*, Vol. 143, 2020, pp. 102378.

Barcellos, S. H. & Jacobson, M., "The effects of Medicare on medical expenditure risk and financial strain", *American Economic Journal: Economic Polocy*, Vol. 7, No. 4, 2015.

Barofsky, J., Anekwe, T. D., & Chase, C., "Malaria Eradication and Economic Outcomes in Sub-Saharan Africa: Evidence from Uganda", *Journal of Health Economics*, Vol. 44, 2015, pp. 118-136.

Barro, R., "Health and economic growth", *World Health Organization*, 1996, pp. 1-47.

Bayer, H. M., and Glimcher, P. W., "Midbrain Dopamine Neurons Encode a Quantitative Reward Prediction Error Signal", *Neuron*, Vol. 47, No. 1, 2005, pp. 129-141.

Beach, B., Ferrie, J., Saavedra, M. & Troesken, W., "Typhoid fever, water quality, and human capital formation", *The Journal of Economic History*, Vol. 76, No. 1, 2016, pp. 41-75.

Beach, B., Ferrie, J., Saavedra, M. and Troesken, W., "Typhoid Fever, Water Quality, and Human Capital Formation", *The Journal of Economic

History, Vol. 76, No. 1, 2016, pp. 41-75.

Becker, G. S., "Altruism, Egoism, and Genetic Fitness: Economics and Sociobiology", *Journal of Economic Literature*, Vol. 14, No. 3, 1976, pp. 817-826.

Becker, G. S., and Murphy, K. M., "A Theory of Rational Addiction", *Journal of Political Economy*, Vol. 96, No. 4, 1988, pp. 675-700.

Becker, G. S., "Health as Human Capital: Synthesis and Extensions", *Oxford Economic Papers*, Vol. 59, No. 3, 2007, pp. 379-410.

Becker, G. S., "Human Capital: A Theoretical and Empirical Analysis, with Special Reference to Education", 1964.

Beckert, W., "Choice in the presence of experts: The role of general practitioners in patients' hospital choice", *Journal of health economics*, Vol. 60, No., 2018, pp. 98-117.

Beeler, M. F., Aleman, D. M., & Carter, M. W., "A Simulation Case Study to Improve Staffing Decisions at Mass Immunization Clinics for Pandemic Influenza", *Journal of the Operational Research Society*, Vol. 65, No. 4, 2014, pp. 497-511.

Behr, L. C., Simm, A., Kluttig, A., & Grosskopf, A., "60 years of healthy aging: On definitions, biomarkers, scores and challenges", *Ageing Research Reviews*, Vol. 88, 2023.

Benjamin, D. J., Chabris, C. F., Glaeser, E., Gudnason, V., and Purcell, S., *Genoeconomics*, Biosocial Surveys, National Academies Press (US), 2007.

Benmarhnia, T., Deguen, S., Kaufman, J. S., & Smargiassi, A., "Vulnerability to heat-related mortality", *Epidemiology*, Vol. 26, No. 6, 2015, pp. 781-793.

Bennett, T., Holloway, K. & Farrington, D., "The statistical association between drug misuse and crime: A meta-analysis", *Aggression violent behavior*, Vol. 13, No. 2, 2008, pp. 107-118.

Berry, L., Mirabito, A. M., & Baun, W. B., "What's the hard return on employee wellness programs?", *SSRN*, 2020.

Bhalotra, S., Clots-Figueras, I. and Iyer, L., "Religion and Abortion:

The Role of Politician Identity", *Journal of Development Economics*, Vol. 153, 2021, p. 102746.

Bhalotra, S. R. & Venkataramani, A. , "Shadows of the captain of the men of death: Early life health interventions, human capital investments, and institutions", *Human Capital Investments, Institutions*, 2015.

Bharadwaj, A. , El Sawy, O. A. , Pavlou, P. A. , and Venkatraman, N. , "Digital business strategy: toward a next generation of insights", *MIS Quarterly*, 2013, pp. 471-482.

Bickel, W. K. , Odum, A. L. , Madden, G. J. , "Impulsivity and cigarette smoking: delay discounting in current, never, and ex-smokers", *Psychopharmacology*, Vol. 146, No. 4, 1999, pp. 447-454.

Bierut, L. , Biroli, P. , Galama, T. J. , and Thom, K. , "Challenges in studying the interplay of genes and environment. A study of childhood financial distress moderating genetic predisposition for peak smoking", *Journal of Economic Psychology*, Vol. 98, 2023, p. 102636.

Black, A. P. , Brimblecombe, J. , Eyles, H. , Morris, P. , Vally, H. , & O'Dea, K. , "Food subsidy programs and the health and nutritional status of disadvantaged families in high income countries: a systematic review", *BMC public health*, Vol. 12, 2012, pp. 1-24.

Black, S. E. , Devereux, P. J. , L? ken, K. V. & Salvanes, K. G. , "Care or cash? The effect of child care subsidies on student performance", *Review of Economics Statistics*, Vol. 96, No. 5, 2014, pp. 824-837.

Blackburn, K. and Cipriani, G. P. , "A Model of Longevity, Fertility and Growth", *Journal of Economic Dynamics and Control*, Vol. 26, No. 2, 2002, pp. 187-204.

Blake, J. , "Family size and the quality of children", *Demography*, Vol. 18, 1981, pp. 421-442.

Blakemore, K. , & Warwick-Booth, L. , *Social Policy: An Introduction: An Introduction*, UK: Mcgraw-Hill Education, 2013.

Bleakley, H. , "Health, human capital, and development", *Annu. Rev. Econ.* , Vol. 2, No. 1, 2010, pp. 283-310.

Bloom, D. E. & Canning, D. , "The health and wealth of nations", *Sci-*

ence, Vol. 287, No. 5456, 2000, pp. 1207-1209.

Bloom, D. E. , Canning, D. & Fink, G. , "Disease and development revisited", *Journal of political Economy*, Vol. 122, No. 6, 2014, pp. 1355-1366.

Bloom, D. E. , Canning, D. & Graham, B. , "Longevity and life-cycle savings", *The Scandinavian Journal of Economics*, Vol. 105, No. 3, 2003, pp. 319-338.

Bloom, D. E. , Canning, D. & Sevilla, J. , "The effect of health on economic growth: a production function approach", *World development*, Vol. 32, No. 1, 2004, pp. 1-13.

Bloom, D. E. , Canning, D. and Graham, B. , "Longevity and Life-Cycle Savings", *The Scandinavian Journal of Economics*, Vol. 105, No. 3, 2003, pp. 319-338.

Bloom, D. E. , Canning, D. , Kotschy, R. , Prettner, K. & Schünemann, J. J. , "Health and economic growth: reconciling the micro and macro evidence", *National Bureau of Economic Research*, 2019.

Bombardini, M. and Li, B. , "Trade, pollution and mortality in China", *Journal of International Economics*, No. 125, 2020, p. 103321.

Boniol, M. , McIsaac, M. , Xu, L. , Wuliji, T. , Diallo, K. , & Campbell, J. , "Gender equity in the health workforce: analysis of 104 countries", World Health Organization, 2019.

Boonen, A. , Brinkhuizen, T. , Landewé, R. , Van Der Heijde, D. & Severens, J. L. , "Impact of ankylosing spondylitis on sick leave, presenteeism and unpaid productivity, and estimation of the societal cost", *Annals of the Rheumatic Diseases*, Vol. 69, No. 6, 2010, pp. 1123-1128.

Borgschulte, M. , & Vogler, J. "Did the ACA Medicaid expansion save lives?" . *Journal of health economics*, Vol. 72, 2020, pp. 102333.

Borrescio-Higa, F. , "Can Walmart make us healthier? Prescription drug prices and health care utilization", *Journal of Health Economics*, Vol. 44, 2015, pp. 37-53.

Braveman, P. and Gruskin, S. , "Defining equity in health", *Journal of Epidemiology and Community Health*, Vol. 57, No. 4, 2003, p. 254.

Burki, T. , "Who's New Vision for Traditional Medicine", *The Lancet*,

Vol. 402, No. 10404, 2023, pp. 763-764.

Burnett, R., Chen, H., Szyszkowicz, M., Fann, N., Hubbell, B., Pope III, C. A., ... Spadaro, J. V., "Global estimates of mortality associated with long-term exposure to outdoor fine particulate matter", *Proceedings of the National Academy of Sciences*, Vol. 115, No. 38, 2018, pp. 9592-9597.

Buszkiewicz, J. H., Hajat, A., Hill, H. D., Otten, J. J., and Drewnowski, A., "Racial, ethnic, and gender differences in the association between higher state minimum wages and health and mental well-being in US adults with low educational attainment", *Social Science & Medicine*, Vol. 322, 2023, pp. 115817.

Cai, L. & Kalb, G., "Health status and labour force participation: evidence from Australia", *Health Economics*, Vol. 15, No. 3, 2006, pp. 241-261.

Cai, L., "The relationship between health and labour force participation: Evidence from a panel data simultaneous equation model", *Labour Economics*, Vol. 17, No. 1, 2010, pp. 77-90.

Cai, W., & Zhou, Y., "Men smoke less under the COVID-19 closure policies: The role of altruism", *Social Science & Medicine*, Vol. 306, 2022, p. 115159.

Cairns, J., Warren, J., Garthwaite, K., Greig, G., & Bambra, C. "Go slow: an umbrella review of the effects of 20 mph zones and limits on health and health inequalities", *Journal of Public Health*, Vol. 37, No. 3, 2015, pp. 515-520.

Calvi, R. and Mantovanelli, F. G., "Long-Term Effects of Access to Health Care: Medical Missions in Colonial India", *Journal of Development Economics*, Vol. 135, 2018, pp. 285-303.

Campbell, J., Buchan, J., Cometto, G., David, B., Dussault, G., Fogstad, H., Fronteira, I., Lozano, R., Nyonator, F., & Pablos-Méndez, A., "Human resources for health and universal health coverage: fostering equity and effective coverage", *Bulletin of the World Health Organization*, Vol. 91, No., 2013, pp. 853-863.

Cao, J., Xu, Y. and Zhang, C., "Clans and Calamity: How Social Capital Saved Lives During China's Great Famine", *Journal of Development Eco-

nomics, Vol. 157, 2022, p. 102865.

Cawley, J., & Meyerhoefer, C., "The medical care costs of obesity: an instrumental variables approach", *Journal of health economics*, Vol. 31, No. 1, 2012, pp. 219-230.

Cervellati, M. & Sunde, U., "The effect of life expectancy on education and population dynamics", *Empirical Economics*, Vol. 48, 2015, pp. 1445-1478.

Chaabouni, S., & Mbarek, M. B., "What Will Be the Impact of the COVID-19 Pandemic on the Human Capital and Economic Growth? Evidence from Eurozone", *Journal of the Knowledge Economy*, 2023, pp. 1-17.

Chakraborty, S., "Endogenous lifetime and economic growth", *Journal of Economic Theory*, Vol. 116, No. 1, 2004, pp. 119-137.

Chandola, T., Bartleya, M., Sackera, A., Jenkinsonb, C., and Marmota, M., "Health selection in the Whitehall II study, UK", *Social Science & Medicine*, Vol. 56, No. 10, 2003, pp. 2059-2072.

Chang, Y., Guo, X., Guo, L., Li, Z., Yang, H., Yu, S., Sun, G., and Sun, Y., "Comprehensive comparison between empty nest and non-empty nest elderly: a cross-sectional study among rural populations in Northeast China", *International journal of environmental research and public Health*, Vol. 13, No. 9, 2016, p. 857.

Chen, Y. J., Li, P., & Lu, Y., "Career concerns and multitasking local bureaucrats: Evidence of a target-based performance evaluation system in China", *Journal of Development Economics*, Vol. 133, 2018, pp. 84-101.

Chen, Z., Choe, C., Cong, J., & Matsushima, N., "Data-driven mergers and personalization", *The RAND Journal of Economics*, Vol. 53, No. 1, 2022, pp. 3-31.

Cheung, N. W. T., "Rural-to-urban migrant adolescents in Guangzhou, China: Psychological health, victimization, and local and trans-local ties", *Social Science & Medicine*, Vol. 93, 2013, pp. 121-129.

Christensen, D., Dube, O., Haushofer, J., Siddiqi, B., & Voors, M., "Building Resilient Health Systems: Experimental Evidence from Sierra Leone and The 2014 Ebola Outbreak", *The Quarterly Journal of Economics*, Vol. 136, No. 2, 2021, pp. 1145-1198.

Cirera, L., Castelló, J. V., Brew, J., Saúte, F., & Sicuri, E., "The Impact of a Malaria Elimination Initiative on School Outcomes: Evidence from Southern Mozambique", *Economics & Human Biology*, Vol. 44, 2022, p. 101100.

Coe, D. T. and Helpman, E., "International r&d spillovers", *European economic review*, Vol. 39, No. 5, 1995.

Cohen, F. & Dechezleprêtre, A., "Mortality, Temperature, and Public Health Provision: Evidence from Mexico", *American Economic Journal: Economic Policy*, Vol. 14, No. 2, 2022, pp. 161-192.

Cole, M. A., "Trade, the pollution haven hypothesis and the environmental Kuznets curve: examining the linkages", *Ecological economics*, Vol. 48, No. 1, 2004.

Cometto, G., Buchan, J., & Dussault, G., "Developing the health workforce for universal health coverage", *Bulletin of the World Health Organization*, Vol. 98, No. 2, 2020, p. 109.

Cranston, J. S., Tiene, S. F., Nielsen-Saines, K., Vasconcelos, Z., Pone, M. V., Pone, S., ... Moreira, M. E. L., "Association Between Antenatal Exposure to Zika Virus and Anatomical and Neurodevelopmental Abnormalities in Children", *JAMA Network Open*, Vol. 3, No. 7, 2020, p. e209303.

Cruz, J., White, P. C., Bell, A., & Coventry, P. A., "Effect of extreme weather events on mental health: a narrative synthesis and meta-analysis for the UK", *International journal of environmental research and public health*, Vol. 17, No. 22, 2017, p. 8581.

Cui, Y., & Han, Y., "The Impact of the COVID-19 Pandemic on the Mental Health of Urban Residents-Evidence from China", *International Journal of Environmental Research and Public Health*, Vol. 19, No. 23, 2022.

de Sa, J., & Lock, K., "Will European agricultural policy for school fruit and vegetables improve public health? A review of school fruit and vegetable programmes", *The European Journal of Public Health*, Vol. 18, No. 6, 2008, pp. 558-568.

Degrandpre, R. J., Bickel, W. K., Hughes, J. R., and Higgins, S. T., "Behavioral economics of drug self-administration", *Psychopharmacology*,

Vol. 55, No. 1-2, 1992, pp. 1-10.

Deng, K., Ding, Z. and Liu, X., "Clan Loyalty and COVID-19 Diffusion: Evidence from China", *Health Economics*, Vol. 32, No. 4, 2023, pp. 910-938.

Devaraj, S., & Kohli, R., "Information technology payoff in the healthcare industry: a longitudinal study", *Journal of management information systems*, Vol. 16, No. 4, 2000, pp. 41-67.

Dhamrait, G., O'Donnell, M., Christian, H., and Pereira, G., "Is early childhood development impeded by the birth timing of the younger sibling?", *Plos One*, Vol. 17, No. 5, 2022, pp. e0268325.

Dickie, S., Woods, J., Machado, P., & Lawrence, M., "A novel food processing-based nutrition classification scheme for guiding policy actions applied to the Australian food supply", *Frontiers in Nutrition*, Vol. 10, 2023, p. 1071356.

Dillender, M., "Evidence and Lessons on the Health Impacts of Public Health Funding from the Fight against Hiv/Aids", *American Economic Review*, Vol. 113, No. 7, 2023, pp. 1825-1887.

Ding, H., Chen, Y., Yu, M., Zhong, J., Hu, R., Chen, X., Wang, C., Xie, K., & Eggleston, K., "The effects of chronic disease management in primary health care: evidence from rural China", *Journal of health economics*, Vol. 80, No., 2021, pp. 102539.

Ding, W., Lehrer, S. F., Rosenquist, J. N. & Audrain-Mcgovern, J., "The impact of poor health on academic performance: New evidence using genetic markers", *Journal of Health Economics*, Vol. 28, No. 3, 2009, pp. 578-597.

Dobkin, C. & Nicosia, N., "The war on drugs: methamphetamine, public health, and crime", *American Economic Review*, Vol. 99, No. 1, 2009, pp. 324-349.

Dolton, P., & Pathania, V., "Can increased primary care access reduce demand for emergency care? Evidence from England's 7-day GP opening", *Journal of health economics*, Vol. 49, No., 2016, pp. 193-208.

Dong, F., Wang, P., Qian, W., Tang, X., Zhu, X., Wang, Z.,

Cai, Z., and Wang, J., "Mitigation Effects of Co2-Driven Ocean Acidification on Cd Toxicity to the Marine Diatom Skeletonema Costatum", *Environmental Pollution*, Vol. 259, 2020, p. 113850.

Droppert, H., & Bennett, S., "Corporate social responsibility in global health: an exploratory study of multinational pharmaceutical firms", *Globalization and health*, Vol. 11, No. , 2015, pp. 1-8.

Dunn, A., "Health insurance and the demand for medical care: Instrumental variable estimates using health insurer claims data", *Journal of health economics*, Vol. 48, 2016, pp. 74-88.

Dunn, J. & Layard, R., A good childhood: Searching for values in a competitive age: Penguin UK, 2009.

Eichenbaum, M. S., Rebelo, S. & Trabandt, M., "The macroeconomics of epidemics", *The Review of Financial Studies*, Vol. 34, No. 11, 2021, pp. 5149-5187.

Ercsey-Ravasz, M., Toroczkai, Z., Lakner, Z. and Baranyi, J., "Complexity of the international agro-food trade network and its impact on food safety", *PloS one*, Vol. 7, No. 5, 2012.

Fan, H., Yan, Q., Coyte, P. C., & Yu, W., "Does public health insurance coverage lead to better health outcomes? Evidence from Chinese adults", *INQUIRY: The Journal of Health Care Organization, Provision, and Financing*, Vol. 56, No. , 2019, pp. 0046958019842000.

Fan, M. Y., Ge, S. Q., Li, H. Y., & Zhao, J. H., "State capitalism, marketization, and pollution abatement: Firm-level evidence", Available at SSRN 3924031, 2021.

FDA, "What is Digital Health?", 2020, https://www.fda.gov/medical-devices/digital-health-center-excellence/what-digital-health.

Fei, X., Lou, Z., George, C., Ren, Z., Liu, Q., & Lv, X., "The association between heavy metal soil pollution and stomach cancer: a case study in Hangzhou City, China", *Environmental geochemistry and health*, Vol. 40, No. 6, 2018, pp. 2481-2490.

Felix, C. & Sibongiseni, N. B., "Climate Change-Related Hazards and Livestock Industry Performance in (Peri-) Urban Areas: A Case of the City of

Masvingo, Zimbabwe", *Climate*, Vol. 10, No. 12, 2022.

Flammer, C., & Luo, J., "Corporate social responsibility as an employee governance tool: Evidence from a quasi-experiment", *Strategic Management Journal*, Vol. 38, No. 2, 2017, pp. 163-183.

Frazer, K., Callinan, J. E., McHugh, J., van Baarsel, S., Clarke, A., Doherty, K., & Kelleher, C., "Legislative smoking bans for reducing harms from secondhand smoke exposure, smoking prevalence and tobacco consumption", *Cochrane database of systematic reviews*, No. 2, 2016.

Friel, S., Hattersley, L., Snowdon, W., et al., "Monitoring the impacts of trade agreements on food environments", *Obesity Reviews*, No. 14, 2013, pp. 120-134.

Froio, Nicole., "Zika's Spread in Brazil Is a Crisis of Inequality as Much as Health", *The Guardian*, 2016.

Fu, R., Noguchi, H., Kawamura, A., Takahashi, H., & Tamiya, N., "Spillover effect of Japanese long-term care insurance as an employment promotion policy for family caregivers", *Journal of health economics*, Vol. 56, No., 2017, pp. 103-112.

Fuligni, A. J., & Zhang, W., "Attitudes toward family obligation among adolescents in contemporary urban and rural China", *Child development*, Vol. 75, No. 1, 2004, pp. 180-192.

Galea, S., Brewin, C. R., Gruber, M., Jones, R. T., King, D. W., King, L. A., ... Kessler, R. C., "Exposure to hurricane-related stressors and mental illness after Hurricane Katrina", *Archives of general psychiatry*, Vol. 64, No. 12, 2007, pp. 1427-1434.

Gertel-Rosenberg, A., Viveiros, J., Koster, A., Thompson, G., Taylor, B., Blackburn, K. B. and Cindy, B., "Moving the needle on health inequities: principles and tactics for effective cross-sector population health networks", *Current Opinion In Pediatrics*, Vol. 34, No. 1, 2022, pp. 27-32.

Gibson, J., & Olivia, S., "Direct and Indirect Effects of COVID-19 On Life Expectancy and Poverty in Indonesia", *Bulletin of Indonesian Economic Studies*, Vol. 56, No. 3, 2020, pp. 325-344.

Gibson, K. E., Barnett, J., Haslam, N., & Kaplan, I., "The mental health impacts of climate change: Findings from a Pacific Island atoll nation", *Journal of Anxiety Disorders*, Vol. 73, 2020.

Gleeson, D., Lopert, R. and Reid, P., "How the Trans Pacific Partnership Agreement could undermine PHARMAC and threaten access to affordable medicines and health equity in New Zealand", *Health Policy*, Vol. 112, No. 3, 2013.

Goetzel, R. Z., Gibson, T. B., Short, M. E., Chu, B. -C., Waddell, J., Bowen, J., Lemon, S. C., Fernandez, I. D., Ozminkowski, R. J., Wilson, M. G. J. J. O. O. & Medicine, E., "A multi-worksite analysis of the relationships among body mass index, medical utilization, and worker productivity", *Journal of Occupational Environmental Medicine*, 2010, pp. S52-S58.

Goseling, B., Firebaugh, G., "The Trend in International Health Inequality", *Population & Development Review*, Vol. 30, No. 1, 2004, pp. 131-146.

Greenhalgh, L., and Rosenblatt, Z., "Job Insecurity: Toward Conceptual Clarity", *The Academy of Management Review*, Vol. 9, No. 3, 1984, p. 438.

Grossman, M., "On the Concept of Health Capital and the Demand for Health", *Journal of Political Economy*, Vol. 80, No. 2, 1972, pp. 223-255.

Grossman, M., *The Demand for Health: A Theoretical and Empirical Investigation*, New York, NY: Columbia University Press, 1972.

Gubler, T., Larkin, I., & Pierce, L., "Doing well by making well: The impact of corporate wellness programs on employee productivity", *Management Science*, Vol. 64, No. 11, 2018, pp. 4967-4987.

Guimbeau, A., Menon, N., & Musacchio, A., "Short- and Medium-Run Health and Literacy Impacts of the 1918 Spanish Flu Pandemic in Brazil", *The Economic History Review*, Vol. 75, No. 4, 2022.

Guimbeau, A., Menon, N., & Musacchio, A., *The Brazilian Bombshell? The Long-Term Impact of the 1918 Influenza Pandemic the South American Way*, National Bureau of Economic Research 26929, 2020.

Guo, Y., Zhang, C., Huang, H., Zheng, X., Pan, X., and Zheng, J., "Mental health and related influencing factors among the empty-nest elderly and the non-empty-nest elderly in Taiyuan, China: a cross-sectional study", *Public Health*, Vol. 141, 2016, pp. 210-217.

Gupta, S. , Nguyen, T. , Freeman, P. R. , & Simon, K. , "Competitive effects of federal and state opioid restrictions: Evidence from the controlled substance laws", *Journal of health economics*, No. , 2023, pp. 102772.

Gutierrez, E. , & Rubli, A. , "Shocks to Hospital Occupancy and Mortality: Evidence from the 2009 H1N1 Pandemic", *Management Science*, Vol. 67, No. 9, 2021, pp. 997–1025.

Hallam, J. , Boswell, R. G. , DeVito, E. E. , and Kober, H. , "Focus: Sex and gender health: gender-related differences in food craving and obesity", *The Yale Journal of Biology and Medicine*, Vol. 89, No. 2, 2016, p. 161.

Hamilton, D. W. , "The Evolution of Altruistic Behavior", *The American Naturalist*, Vol. 97, No. 896, 1963, p. 354.

Hanigan, I. C. , Butler, C. D. , Kokic, P. N. , & Hutchinson, M. F. , "Suicide and drought in new South Wales, Australia, 1970–2007", *Proceedings of the National Academy of Sciences*, Vol. 109, No. 35, 2012, pp. 13950–13955.

Hanna, E. G. , and Tait, P. W. , "Limitations to Thermoregulation and Acclimatization Challenge Human Adaptation to Global Warming", *International Journal of Environmental Research and Public Health*, Vol. 12, No. 7, 2015, Article 7.

Hansen, C. W. & L? nstrup, L. , "The rise in life expectancy and economic growth in the 20th century", *The Economic Journal*, Vol. 125, No. 584, 2015, pp 838–852.

Hayden, E. C. , "Maternal Health: Ebola's Lasting Legacy", *Nature: International Weekly Journal of Science*, Vol. 519, No. 7541, 2015, pp. 24–26.

Hazan, M. & Zoabi, H. , "Does longevity cause growth? A theoretical critique", *Journal of Economic Growth*, Vol. 11, 2006, pp. 363–376.

Heckman, J. J. , & Robb, Jr, R. , "Alternative methods for evaluating the impact of interventions: An overview", *Journal of econometrics*, Vol. 30, No. 1–2, 1985, pp. 239–267.

Helliwell, J. , Layard, R. and Sachs, J. , *World Happiness Report* 2012, New York, NY: UN Sustainable Development Solutions Network, 2012.

Hemmi, N. , Tabata, K. & Futagami, K. , "The long-term care problem, precautionary saving, and economic growth", *Journal of Macroeconomics*, Vol. 29, No. 1, 2007, pp. 60-74.

Herzer, D., "The Macro-Level Effect of Religiosity on Health", *Health Economics*, Vol. 31, No. 6, 2022, pp. 993-1011.

Hoffmann, R., "Illness, not age, is the leveler of social mortality differences in old age", *Journals of Gerontology Series B-Psychological Sciences And Social Sciences*, Vol. 66, No. 3, 2011, pp. 374-379.

Hofstede, G., "Culture and Organizations", *International Studies of Management & Organization*, Vol. 10, No. 4, 1980, pp. 15-41.

Holmes, J., Meng, Y., Meier, P. S., Brennan, A., Angus, C., Campbell-Burton, A., Guo, Y., Hill-McManus, D., & Purshouse, R. C., "Effects of minimum unit pricing for alcohol on different income and socioeconomic groups: a modelling study", *The lancet*, Vol. 383, No. 9929, 2014, pp. 1655-1664.

Hong, J. and Lee, J., "Decomposing Income-Related Inequalities in Self-Reported Depression and Self-Rated Health Among Married Immigrants in South Korea", *International journal of environmental research and public health*, Vol. 16, No. 10, 2019, pp. 1-15.

Horn, B. P., Maclean, J. C., and Strain, M. R., "Do minimum wage increases influence worker health?", *Economic Inquiry*, Vol. 55, No. 4, 2017, pp. 1986-2007.

Hossain, S. S., Cui, Y., Delin, H., & Zhang, X., "The economic influence of climate change on Bangladesh agriculture: application of a dynamic computable general equilibrium model", *International Journal of Climate Change Strategies and Management*, Vol. 15, No. 3, 2023, pp. 353-370.

Hucklesby, A., Eastwood, C., Seddon, T. & Spriggs, A., "The evaluation of the Restriction on Bail pilots: Final report", *Home Office Online Report* 06, Vol. 7, 2007.

Iheozor-Ejiofor, Z., Worthington, H. V., Walsh, T., O'Malley, L., Clarkson, J. E., Macey, R., Alam, R., Tugwell, P., Welch, V., & Glenny, A. M., "Water fluoridation for the prevention of dental caries", *Cochrane database of systematic reviews*, No. 6, 2015.

Isen, A., Rossin-Slater, M. & Walker, W. R., "Every breath you take—every dollar you'll make: The long-term consequences of the clean air act of 1970", *Journal of political Economy*, Vol. 125, No. 3, 2017, pp. 848-902.

Johnson, E. J., and Goldstein, D., "Do Defaults Save Lives?", *Science*, Vol. 302, No. 5649, 2003, pp. 1338-1339.

Johnson, N. P., & Mueller, J., "Updating the Accounts: Global Mortality of the 1918-1920 'Spanish' Influenza Pandemic", *Bulletin of the History of Medicine*, Vol. 76, No. 1, 2002, pp. 105-115.

Jouni, P., "Health impacts of climate change and health and social inequalities in the UK", *Environmental Health*, Vol. 16, 2017, pp. 61-68.

Katelin, C., Li, L., Pearl, S., Elizabeth, R., & Liu, J. H., "Climate Change and Mental Health: A Review of Empirical Evidence, Mechanisms and Implications", *Atmosphere*, Vol. 13, No. 12, 2022.

Khan, S. J., "Genetically modified organisms (GMOs): Food security or threat to food safety", *Pakistan Journal of Science*, Vol. 64, No. 2, 2012.

Kingdon, J. W., & Stano, E., *Agendas, alternatives, and public policies*, Boston: Little, Brown, 1984.

Kluth, O., Matzke, D., Schulze, G., Schwenk, R. W., Joost, H.-G., and Schürmann, A., "Differential transcriptome analysis of diabetes-resistant and -sensitive mouse islets reveals significant overlap with human diabetes susceptibility genes", *Diabetes*, Vol. 63, No. 12, 2014, pp. 4230-4238.

Knowles, S. & Owen, P. D., "Health capital and cross-country variation in income per capita in the Mankiw-Romer-Weil model", *Economics Letters*, Vol. 48, No. 1, 1995, pp. 99-106.

Kobiella, A., Ripke, S., Kroemer, N. B., Vollmert, C., Vollst?dt-Klein, S., Ulsh?fer, D. E., and Smolka, M. N., "Acute and chronic nicotine effects on behaviour and brain activation during intertemporal decision making", *Addiction Biology*, Vol. 19, No. 5, 2014, pp. 918-930.

Kowalski, A. E., "Estimating the tradeoff between risk protection and moral hazard with a nonlinear budget set model of health insurance", *International journal of industrial organization*, Vol. 43, No., 2015, pp. 122-135.

Kranzler, H. R., Zhou, H., Kember, R. L., ..., Zhao, H., and Gelernter, J., "Genome-wide association study of alcohol consumption and use disorder in 274, 424 individuals from multiple populations", *Nature Communications*, Vol. 10, No. 1, 2019, p. 1499.

Kreski, N., Platt, J., Rutherford, C., Olfson, M., Odgers, C., Schulenberg, J., and Keyes, K. M., "Social media use and depressive symptoms among United States adolescents", *Journal of Adolescent Health*, Vol. 68, No. 3, 2021, pp. 572-579.

Kroeber, A. L. and Kluckhohn, C., *Culture: A Critical Review of Concepts and Definitions*, Cambridge, MA: Peabody Museum of American Archaeology and Ethnology, Harvard University, 1952.

Kuecken, M., Thuilliez, J., & Valfort, M. A., "Disease and Human Capital Accumulation: Evidence from the Roll Back Malaria Partnership in Africa", *The Economic Journal*, Vol. 131, No. 637, 2021, pp. 2171-2202.

Kunkle, B. W., Grenier-Boley, B., Sims, R., ..., Keller, L., and Koutroumani, M., "Genetic meta-analysis of diagnosed Alzheimer's disease identifies new risk loci and implicates A beta, tau, immunity and lipid processing", *Nature Genetics*, Vol. 51, No. 3, 2019, pp. 414-430.

Laibson, D., "Golden Eggs and Hyperbolic Discounting", *The Quarterly Journal of Economics*, Vol. 112, No. 2, 1997, pp. 443-478.

Lasswell, H. D., "The political science of science: An inquiry into the possible reconciliation of mastery and freedom", *American Political Science Review*, Vol. 50, No. 4, 1956, pp. 961-979.

Layte, R., "The association between Income inequality and mental health: testing status anxiety, social capital, and neo-materialist explanations", *European Sociological Review*, Vol. 28, No. 4, 2011, pp. 498-511.

Leisinger, K. M., "The corporate social responsibility of the pharmaceutical industry: idealism without illusion and realism without resignation", *Business Ethics Quarterly*, Vol. 15, No. 4, 2005, pp. 577-594.

Liamputtong, P. and Suwankhong, D., "Culture as a Social Determinant of Health", *Social Determinants of Health*, 2019, pp. 51-82.

Liamputtong, P., *Public Health: Local and Global Perspectives*, Melbourne, VIC: Cambridge University Press, 2022.

Linnér, R. K., Biroli, P., Kong, E., Meddens, S. F. W., and Beauchamp, J. P., "Genome-wide association analyses of risk tolerance and risky behaviors in over 1 million individuals identify hundreds of loci and shared genetic influences", *Nature Genetics*, Vol. 51, No. 2, 2019, pp. 245-257.

Liu, B. L., Gao, L., Ding, L. J., Lv, L. Y., & Yu, Y., "Trophodynamics and bioaccumulation of polycyclic aromatic hydrocarbons (PAHs) in marine food web from Laizhou Bay, China", *Marine pollution bulletin*, Vol. 194, 2023.

Lopreite, M., & Mauro, M., "The effects of population ageing on health care expenditure: A Bayesian VAR analysis using data from Italy", *Health Policy*, Vol. 121, No. 6, 2017, pp. 663-674.

Lowell, A. L., "Culture", *The North American Review*, Vol. 202, No. 719, 1915, pp. 553-559.

Lu, J., Xu, Yongsheng, Xu, Yongli, Liu, G., and Xiang, J., "Sedentary behavior associated with obesity in rural-to-urban migrant children by comparison of those in rural and urban area in China", *Iranian Journal of Public Health*, Vol. 48, No. 11, 2019, p. 2083.

Lu, Y., Song, S., Wang, R., Liu, Z., Meng, J., Sweetman, A. J., Jenkins, A., Ferrier, R. C., Li, H., Luo, W., and Wang, T., "Impacts of soil and water pollution on food safety and health risks in China", *Environment International*, Vol. 77, 2015, pp. 5-15.

Lucas, Jr, R. E., "On the mechanics of economic development", *Journal of Monetary Economics*, Vol. 22, No. 1, 1988, pp. 3-42.

Lucas, A. M., & Wilson, N. L., "Adult Antiretroviral Therapy and Child Health: Evidence from Scale-up in Zambia", *American Economic Review*, Vol. 103, No. 3, 2013, pp. 456-461.

Lund, C., Orkin, K., Witte, M., Davies, T., Haushofer, J., Bass, J., Bolton, P., Murray, S., Murray, L. & Tol, W., 2019, The economic effects of mental health interventions in low and middle-income countries: Working paper.

MacKillop, J., Amlung, M. T., Wier, L. M., David, S. P., Ray, L.

A., Bickel, W. K., and Sweet, L. H., "The neuroeconomics of nicotine dependence: A preliminary functional magnetic resonance imaging study of delay discounting of monetary and cigarette rewards in smokers", *Psychiatry Research: Neuroimaging*, Vol. 202, No. 1, 2012, pp. 20-29.

Mak, I. W. C., Chu, C. M., Pan, P. C., Yiu, M. G. C., & Chan, V. L., "Long-Term Psychiatric Morbidities among SARS Survivors", *General Hospital Psychiatry*, Vol. 31, No. 4, 2009, pp. 318-326.

Makaronidis, J. M., and Batterham, R. L., "Obesity, body weight regulation and the brain: Insights from fMRI", *The British Journal of Radiology*, Vol. 91, No. 1089, 2018, p. 20170910.

Mambrey, V., Wermuth, I., & B? se-O'Reilly, S., "Extreme weather events and their impact on the mental health of children and adolescents", *Bundesgesundheitsblatt Gesundheitsforschung Gesundheitsschutz*, Vol. 62, 2019, pp. 599-604.

Managi, S., Hibiki, A. and Tsurumi, T., "Does trade openness improve environmental quality?", *Journal of environmental economics and management*, Vol. 58, No. 3, 2009.

Manandhar, M., Hawkes, S., Buse, K., Nosrati, E., and Magar, V., "Gender, health and the 2030 agenda for sustainable development", *Bulletin of the World Health Organization*, Vol. 96, No. 9, 2018, p. 644.

Mankiw, N. G., Romer, D. & Weil, D. N., "A contribution to the empirics of economic growth", *The Quarterly Journal of Economics*, Vol. 107, No. 2, 1992, pp. 407-437.

Martini, D., Godos, J., Bonaccio, M., Vitaglione, P., & Grosso, G., "Ultra-processed foods and nutritional dietary profile: a meta-analysis of nationally representative samples", *Nutrients*, Vol. 13, No. 10, 2021, pp. 3390.

Mason, D. J., Talbott, S. W., & Leavitt, J. K., "Policy and politics for nurses: Action and change in the workplace, government, organizations, and community", 1993.

McClure, S. M., Ericson, K. M., Laibson, D. I., Loewenstein, G., and Cohen, J. D., "Time Discounting for Primary Rewards", *Journal of Neuroscience, Vol. 27, No. 21, 2007, pp. 5796-5804.

McClure, S. M., Laibson, D. I., Loewenstein, G., and Cohen, J., "Separate Neural Systems Value Immediate and Delayed Monetary Rewards", Science, Vol. 306, No. 5695, 2004, pp. 503-507.

McGeary, K. A., "Spousal Effects in Smoking Cessation: Matching, Learning, or Bargaining?", National Bureau of Economic Research, No. 01, 2013, pp. 40-50.

McKenzie, T., & Gaw, I. M., "Climate change exacerbates almost two-thirds of pathogenic diseases affecting humans", Nature climate change, Vol. 12, No. 9, 2022.

McManus, T. C. and Schaur, G., "The effects of import competition on worker health", Journal of International Economics, No. 102, 2016, pp. 160-172.

McNeill, D., Birkbeck, C. D., Fukuda-Parr, S., Grover, A., Schrecker, T. and Stuckler, D., "Political origins of health inequities: trade and investment agreements", The Lancet, No. 389, 2007, pp. 760-762.

Menon, N. M., Lee, B., & Eldenburg, L., "Productivity of information systems in the healthcare industry", Information Systems Research, Vol. 11, No. 1, 2000, pp. 83-92.

Menzies, R., & McIntyre, P., "Vaccine preventable diseases and vaccination policy for indigenous populations", Epidemiologic reviews, Vol. 28, No. 1, 2006, pp. 71-80.

Mesenbourg, T. L., "Measuring the digital economy", US Bureau of the Census, Vol. 1, 2001, pp. 1-19.

Mestrovic, S., Durkheim and Postmodern Culture, New York: Aldine de Gruyter, 1992.

Miranda-Olivos, R., Steward, T., Martínez-Zalacaín, I., Mestre-Bach, G., and Fernandez-Aranda, F., "The Neural Correlates of Delay Discounting in Obesity and Binge Eating Disorder", Journal of behavioral addictions, 2021, pp. 498-507.

Mitchell, S. H., "Measures of impulsivity in cigarette smokers and non-smokers", Psychopharmacology, Vol. 146, No. 4, 1999, pp. 455-464.

Molyneaux, R., Gibbs, L., Bryant, R. A., ... Forbes, D., "Interpersonal violence and mental health outcomes following disaster", *BJPsych open*, Vol. 6, No. 1, 2020, p. e1.

Monahan, J., Steadman, H. J., Silver, E., Appelbaum, P. S., Robbins, P. C., Mulvey, E. P., Roth, L. H., Grisso, T. & Banks, S., Rethinking risk assessment: The MacArthur study of mental disorder and violence: Oxford University Press, 2001.

Montague, P. R., Hyman, S. E., and Cohen, J. D., "Computational roles for dopamine in behavioural control", *Nature*, Vol. 431, No. 7010, 2004, pp. 760-767.

Monteiro, C. A., Cannon, G., Levy, R. B., Moubarac, J.-C., Louzada, M. L., Rauber, F., Khandpur, N., Cediel, G., Neri, D., & Martinez-Steele, E., "Ultra-processed foods: what they are and how to identify them", *Public health nutrition*, Vol. 22, No. 5, 2019, pp. 936-941.

Moodie, R., Stuckler, D., Monteiro, C., Sheron, N., Neal, B., Thamarangsi, T., Lincoln, P., & Casswell, S., "Profits and pandemics: prevention of harmful effects of tobacco, alcohol, and ultra-processed food and drink industries", *The lancet*, Vol. 381, No. 9867, 2013, pp. 670-679.

Mulvaney, C. A., Smith, S., Watson, M. C., Parkin, J., Coupland, C., Miller, P., Kendrick, D., & McClintock, H., "Cycling infrastructure for reducing cycling injuries in cyclists", *Cochrane database of systematic reviews*, No. 12, 2015.

Murdock, G. P., *Theories of Illness: A World Survey*, University of Pittsburgh Press, 1980.

Murthi, M., "Preparing now for the next health emergencies", 2023, https://blogs.worldbank.org/voices/preparing-now-next-health-emergencies.

Mushkin, S. J., "Health as an Investment", *Journal of Political Economy*, Vol. 70, No. 5, 1962, pp. 129-157.

Neelsen, S., & Stratmann, T., "Long-Run Effects of Fetal Influenza Exposure: Evidence from Switzerland", *Social Science & Medicine*, Vol. 74, No. 1, 2012, pp. 58-66.

Niederdeppe, J., Kuang, X., Crock, B., & Skelton, A., "Media campaigns to promote smoking cessation among socioeconomically disadvantaged populations: what do we know, what do we need to learn, and what should we do now?", *Social science & medicine*, Vol. 67, No. 9, 2008, pp. 1343-1355.

Noymer, A., "The 1918 Influenza Pandemic Hastened the Decline of Tuberculosis in the United States: An Age, Period, Cohort Analysis", *Vaccine*, Vol. 29, 2011, pp. B38-41.

Nystoriak, M. A., and Bhatnagar, A., "Cardiovascular Effects and Benefits of Exercise", *Frontiers in Cardiovascular Medicine*, Vol. 5, 2018, pp. 408204.

OECD, *Measuring the Digital Economy: A New Perspective*, Paris: OECD Publishing, 2014.

Office of Community Development and Foundation for Louisiana, *Our Land and Water: A Regional Approacah to Adaptation*, 2019.

Ortiz-Ospina, E., "The rise of social media", 2019b, https://ourworldindata.org/rise-of-social-media.

Oswald, A. J. and Powdthavee, N., "Does Happiness Adapt? A Longitudinal Study of Disability with Implications for Economists and Judges", *Journal of Public Economics*, Vol. 92, No. 5-6, 2008, pp. 1061-1077.

Paolo, C., Batul, H., Daniele, H., & Luigi, J., "Is climate change affecting mental health of urban populations?", *Current Opinion in Psychiatry*, 2023.

Park, J. Y., Fabian, S., Axel, T., Dipayan, C., Lee, J. Y., & Nellikkattil, A. B., "Future sea-level projections with a coupled atmosphere-ocean-ice-sheet model", *Nature Communications*, Vol. 14, 2023.

Parsons, T., "Definitions of Health and Illness in Light of American Values and Social Structure", *Patients, Physicians and Illness*, 1979, pp. 120-144.

Patel, M. K., Goodson, J. L., Alexander Jr, J. P., Kretsinger, K., Sodha, S. V., Steulet, C., ... Crowcroft, N. S., "Progress Toward Regional Measles Elimination – Worldwide, 2000–2019", *Morbidity and Mortality Weekly Report*, Vol. 69, No. 45, 2020, pp. 1700-1705.

Pearl, J., "Models, reasoning and inference", *Cambridge*, UK: Cambridge University Press, Vol. 19, No. 2, 2000, p. 3.

Perner, J., Ruffman, T., and Leekam, S. R., "Theory of mind is contagious: You catch it from your sibs", *Child Development*, Vol. 65, No. 4, 1994, pp. 1228-1238.

Persson, P. & Rossin-Slater, M., "Family Ruptures and Intergenerational Transmission of Stress", *IFN Working Paper*, 2014.

Persu, A., Evenepoel, L., Jin, Y., Mendola, A., and Vikkula, M., "STK39 and WNK1 Are Potential Hypertension Susceptibility Genes in the BELHYPGEN Cohort", *Journal of Hypertension*, Vol. 33, Suppl 1, No. 15, 2015, p. e2968.

Pufendorf, S., *Of the Law of Nature and Nations: Eight Books*, Clark, NJ: The Lawbook Exchange, Ltd, 1672.

Putri, L. P., O'Sullivan, B. G., Russell, D. J., & Kippen, R., "Factors associated with increasing rural doctor supply in Asia-Pacific LMICs: a scoping review", *Human resources for health*, Vol. 18, No. 1, 2020, pp. 1-21.

Quaglio, G., Dario, C., Stafylas, P., Tiik, M., McCormack, S., Zilgalvis, P., d'Angelantonio, M., Karapiperis, T., Saccavini, C., and Kaili, E., "E-Health in Europe: Current situation and challenges ahead", *Health Policy and Technology*, Vol. 5, No. 4, 2016, pp. 314-317.

Ranasinghe, S., Ramesh, S., & Jacobsen, K. H., "Hygiene and mental health among middle school students in India and 11 other countries", *Journal of Infection and Public Health*, Vol. 9, No. 4, 2016, pp. 429-435.

Reddy, S., Paode, P., Speer, M., Semenchuk, N., Goble, K., and White, A., "Moving the Needle towards Health Equity: A Policy-Driven Transdisciplinary Approach to Address Health Disparities for Vulnerable Communities", *Health Education Journal*, Vol. 77, 2018, pp. 1018-1024.

Redfern, J., "Smart health and innovation: facilitating health-related behaviour change", *Proceedings of the Nutrition Society*, Vol. 76, No. 3, 2017, pp. 328-332.

Rees, D. I. & Sabia, J. J., "The effect of migraine headache on educational attainment", *Journal of Human Resources*, Vol. 46, No. 2, 2011, pp. 317-332.

Rehnberg, J., "What levels the association between income and mortality in later life: Age or health decline?", *The Journals of Gerontology: Series B*, Vol. 75, No. 2, 2020, pp. 426-435.

Remler, D. K., "Poor smokers, poor quitters, and cigarette tax regressivity", *American journal of public health*, Vol. 94, No. 2, 2004, pp. 225-229.

Reynolds, B., Karraker, K., Horn, K., and Richards, J. B., "Delay and probability discounting as related to different stages of adolescent smoking and non-smoking", *Behavioural Processes*, Vol. 64, No. 3, 2003, pp. 333-344.

Reynolds, B., Richards, J. B., Horn, K., and Karraker, K., "Delay discounting and probability discounting as related to cigarette smoking status in adults", *Behavioural Processes*, Vol. 65, No. 1, 2004, pp. 35-42.

Richard, B., Chen, H., Mieczys? aw, S., & Spadaro, J. V., "Global estimates of mortality associated with long-term exposure to outdoor fine particulate matter", *Proceedings of the National Academy of Sciences*, Vol. 115, No. 38, 2018.

Richard, G., Wilkinson, I. K., and Bruce, P. K., "Mortality, the social environment, crime and violence", *Sociology of Health & Illness*, Vol. 20, No. 5, 1998, pp. 578-597.

Risso, D. S., Kozlitina, J., Sainz, E., Gutierrez, J., and Drayna, D., "Genetic Variation in the TAS2R38 Bitter Taste Receptor and Smoking Behaviors", *PLoS ONE*, Vol. 11, No. 10, 2017, p. e0164157.

Ritter, P. I., & Sanchez, R. A., "The Effects of an Epidemic on Prenatal Investments, Childhood Mortality and Health of Surviving Children", *Journal of Population Economics*, Vol. 36, No. 1, 2023, pp. 505-544.

Robin, C., Beck, C., Armstrong, B., Waite, T. D., Rubin, G. J., & Oliver, I., "Impact of flooding on health-related quality of life in England: results from the National Study of Flooding and Health", *Eur J Public Health*, Vol. 30, 2020, pp. 942-948.

Rodgers, B. L., "Exploring Health Policy as a Concept", *Western Journal of Nursing Research*, Vol. 11, No. 6, 1989, pp. 694-702.

Romanyuk, O., Nikitchenko, N., Savina, N., Kuzhir, T., and Goncharova, R., "The polymorphism of DNA repair genes XPD, XRCC1, OGG1, and ERCC6, life expectancy, and the inclination to smoke", *Russian Journal of Genetics*, Vol. 50, No. 8, 2014, pp. 975–985.

Romer, P., "Increasing Returns and Long-Run Growth", *Journal of Political Economy*, Vol. 94, 1986, pp. 1002–1037.

Rosenbaum, P. R., & Rubin, D. B., "The central role of the propensity score in observational studies for causal effects", *Biometrika*, Vol. 70, No. 1, 1983, pp. 41–55.

Rupi, F., Bernardi, S., Rossi, G., & Danesi, A., "The Evaluation of Road Network Vulnerability in Mountainous Areas: A Case Study", *Networks and Spatial Economics*, Vol. 15, No. 2, 2015, pp. 397–411.

Saavedra, M., "Early-Life Disease Exposure and Occupational Status: The Impact of Yellow Fever during the 19th Century", *Explorations in Economic History*, Vol. 64, 2017, pp. 62–81.

Sabia, J. J., "The effect of body weight on adolescent academic performance", *Southern Economic Journal*, Vol. 73, No. 4, 2007, pp. 871–900.

Saha, N., Rahman, M. S., Jolly, Y., Rahman, A., Sattar, M. A., & Hai, M. A., "Spatial distribution and contamination assessment of six heavy metals in soils and their transfer into mature tobacco plants in Kushtia District, Bangladesh", *Environmental Science and Pollution Research*, Vol. 23, 2016, pp. 3414–3426.

Sala-I-Martin, X., Doppelhofer, G. & Miller, R. I., "Determinants of long-term growth: A Bayesian averaging of classical estimates (BACE) approach", *American Economic Review*, Vol. 94, No. 4, 2004, pp. 813–835.

Salehi, M., Zimon, G., Ghaderi, A. R., & Hasan, Z. A., "The Relationship between Prevention and Panic from COVID-19, Ethical Principles, Life Expectancy, Anxiety, Depression and Stress", *International Journal of Environmental Research and Public Health*, Vol. 19, No. 10, 2022, p. 5841.

Saltman, D. C., "Is COVID-19 an opportunity to improve virtual leadership". *Aust J Gen Pract*, Vol. 49, No. 12, 2020.

Sandner, M., Cornelissen, T., Jungmann, T., & Herrmann, P., "Evaluating the effects of a targeted home visiting program on maternal and child health outcomes", *Journal of health economics*, Vol. 58, 2018, pp. 269–283.

Sanhueza, A. , Espinosa, I. , and Mújica, O. J. , "Leaving no one behind: a methodology for setting health inequality reduction targets for Sustainable Development Goal 3", *Pan American journal of public health*, Vol. 45, 2021, pp. 1-7.

Sarkar, R. & Vogt, J. , "Drinking water vulnerability in rural coastal areas of Bangladesh during and after natural extreme events", *International Journal of Disaster Risk Reduction*, Vol. 14, 2015, pp. 411-423.

Sarmiento, J. H. , "Into the tropics: Temperature, mortality, and access to health care in Colombia", *Journal of Environmental Economics and Management*, Vol. 119, 2023, p. 102796.

Schiff, E. , & Mallinson, D. J. , "Trumping the Centers for Disease Control: A Case Comparison of the CDC's Response to COVID-19, H1N1, and Ebola", *Administration & Society*, Vol. 55, No. 1, 2023, pp. 158-183.

Schmitz, L. , and Conley, D. , "The Long-Term Consequences of Vietnam-Era Conscription and Genotype on Smoking Behavior and Health", *Behavior Genetics*, Vol. 46, No. 1, 2016, pp. 43-58.

Schneider, T. R. , Salovey, P. , Apanovitch, A. M. , Pizarro, J. , Mccarthy, D. , Zullo, J. , and Rothman, A. J. , "The effects of message framing and ethnic targeting on mammography use among low-income women", *Health Psychology: Official Journal of the Division of Health Psychology, American Psychological Association*, Vol. 20, No. 4, 2001, pp. 256-266.

Schultz, T. W. , "Investment in human capital", *The American economic review*, Vol. 51, No. 1, 1961, pp. 1-17.

Schultz, W. , "Potential Vulnerabilities of Neuronal Reward, Risk, and Decision Mechanisms to Addictive Drugs", *Neuron*, Vol. 69, No. 4, 2011, pp. 603-617.

Schwartz, R. M. , Gillezeau, C. N. , Liu, B. , Lieberman-Cribbin, W. , & Taioli, E. , "Longitudinal impact of Hurricane Sandy exposure on mental health symptoms", *International journal of environmental research and public health*, Vol. 14, No. 9, 2017, p. 957.

Sebastian, I. M. , Ross, J. W. , Beath, C. , Mocker, M. , Moloney, K. G. , and Fonstad, N. O. , "How big old companies navigate digital transformation", in Robert D. Galliers, Dorothy E. Leidner, and Boyka Simeonova, eds. *Strategic information Management*, Routledge, 2020, pp. 133-150.

Shang, Y., Li, H., & Zhang, R., "Effects of Pandemic Outbreak on Economies: Evidence From Business History Context", *Frontiers in Public Health*, Vol. 9, 2021.

Sharma, K. V., Sarvalingam, B. K., & Marigoudar, S. R., "A review of mesocosm experiments on heavy metals in marine environment and related issues of emerging concerns", *Environmental Science and Pollution Research*, Vol. 28, 2021, pp. 1304-1316.

Shi, W., Zhao, X., Han, Y., Che, Z., Chai, X., and Liu, G., "Ocean Acidification Increases Cadmium Accumulation in Marine Bivalves: A Potential Threat to Seafood Safety", *Scientific Reports*, Vol. 6, No. 1, 2016, p. 20197.

Shih, H. H., & Lin, M. J., "Long-Term Impacts of Early-Life Exposure to Malaria: Evidence from Taiwan's Eradication Campaign in the 1950s", *Health Economics*, Vol. 27, No. 10, 2018, pp. 1484-1512.

Shoemaker, T. R., Balinandi, S., Tumusiime, A., Nyakarahuka, L., Lutwama, J., Mbidde, E., ... Nichol, S. T., "Impact of Enhanced Viral Haemorrhagic Fever Surveillance on Outbreak Detection and Response in Uganda", *The Lancet Infectious Diseases*, Vol. 18, No. 4, 2018, pp. 373-375.

Shrestha, S. S., Swerdlow, D. L., Borse, R. H., Prabhu, V. S., Finelli, L., Atkins, C. Y., ... Meltzer, M. I., "Estimating the Burden of 2009 Pandemic Influenza A (H1N1) in the United States (April 2009-April 2010)", *Clinical Infectious Diseases*, Vol. 52, No. Supplement 1, 2011, pp. S75-82.

Singer, M. K., Dressler, W., George, S., Baquet, C. R., Bell, R. A., Burhansstipanov, L., Burke, N. J., Dibble, S., Elwood, W. and Garro, L., "Culture: The Missing Link in Health Research", *Social Science & Medicine*, Vol. 170, 2016, pp. 237-246.

Smith, R. D., Keogh-Brown, M. R., Barnett, T., & Tait, J., "The Economy-Wide Impact of Pandemic Influenza on the UK: A Computable General Equilibrium Modelling Experiment", *BMJ*, Vol. 339, 2009.

Smits, J. and Monden, C., "Length of life inequality around the globe", *Social Science & Medicine*, Vol. 68, No. 6, 2009, pp. 1114-1123.

Soares, R. R., "On the Determinants of Mortality Reductions in the Developing World", *Population and Development Review*, Vol. 33, No. 2, 2007, pp. 247-287.

Sommers, B. D., & Oellerich, D., "The poverty-reducing effect of Medicaid", *Journal of health economics*, Vol. 32, No. 5, 2013, pp. 816-832.

Spadea, T., Bellini, S., Kunst, A., Stirbu, I., & Costa, G., "The impact of interventions to improve attendance in female cancer screening among lower socioeconomic groups: a review", *Preventive medicine*, Vol. 50, No. 4, 2010, pp. 159-164.

Spreeuwenberg, P., Kroneman, M., & Paget, J., "Reassessing the Global Mortality Burden of the 1918 Influenza Pandemic", *American Journal of Epidemiology*, Vol. 187, No. 12, 2018, pp. 2561-2567.

Stern, S., "Measuring the effect of disability on labor force participation", *Journal of Human Resources*, 1989, pp. 361-395.

Stockley, L., & Lund, V., "Use of folic acid supplements, particularly by low-income and young women: a series of systematic reviews to inform public health policy in the UK", *Public health nutrition*, Vol. 11, No. 8, 2008, pp. 807-821.

StudyFinds, "Is 40 the new 60? Survey reveals most adults' bodies start to break down in their 40s", (2019-12-10), https://studyfinds.org/is-40-the-new-60-survey-reveals-most-adults-bodies-start-to-break-down-in-their-40s/.

Summan, A., Stacey, N., Birckmayer, J., Blecher, E., Chaloupka, F. J., & Laxminarayan, R., "The potential global gains in health and revenue from increased taxation of tobacco, alcohol and sugar-sweetened beverages: a modelling analysis", *BMJ Global Health*, Vol. 5, No. 3, 2020, p. e002143.

Sun, Q., and Lu, N., "Social Capital and Mental Health among Older Adults Living in Urban China in the Context of COVID-19 Pandemic", *International Journal of Environmental Research and Public Health*, Vol. 17, No. 21, 2020, Article 21.

Sutapa, I. W., Darman, S., Nurdin, D., & Fathurrahman, "Impact of climate change on water sector in Gumbasa Watershed, Central Sulawesi, Indonesia", *International Journal of Hydrology Science and Technology*, Vol. 11, No. 2, 2021.

Suzuki, M., Wilcox, B. J. and Wilcox, C. D., "Implications from and for Food Cultures for Cardiovascular Disease: Longevity", *Asia Pacific Journal of Clinical Nutrition*, Vol. 10, No. 2, 2001, pp. 165–171.

Swanson, J. W., Swartz, M. S., Van Dorn, R. A., Elbogen, E. B., Wagner, H. R., Rosenheck, R. A., Stroup, T. S., Mcevoy, J. P. & Lieberman, J. A., "A national study of violent behavior in persons with schizophrenia", *Archives of General Psychiatry*, Vol. 63, No. 5, 2006, pp. 490–499.

Sylvia, B., Ariel, O., & John, H., "Heat exposure and child nutrition: Evidence from West Africa", *Journal of Environmental Economics and Management*, Vol. 115, 2022, p. 102698.

Tamma, C., Amir, J., Michael, D., Michael, G., Trevor, H., Solomon, H., Andrew, H., Kopp, R. E., McCusker, K. E., Ishan, N., James, R., Ashwin, R., Seo, H. K., Arvid, V., Yuan, J. C., & Zhang, A. T., "Valuing the Global Mortality Consequences of Climate Change Accounting for Adaptation Costs and Benefits", *The Quarterly Journal of Economics*, Vol. 137, No. 4, 2022, pp. 2037–2105.

Tapscott, D., *The digital economy: Promise and peril in the age of networked intelligence*, New York: McGraw-Hill, 1996.

Taubenberger, J. K., & Morens, D. M., "1918 Influenza: The Mother of All Pandemics", *Emerging Infectious Diseases*, Vol. 12, No. 1, 2006, pp. 15–22.

Taylor, A., Chaloupka, F. J., Guindon, E., Corbett, M., *The impact of trade liberalization on tobacco consumption*, In: Jha, P., Chaloupka, F. C., eds., Tobacco control policies in developing countries, Oxford, Oxford University Press, 2000, pp. 343–364.

Thaler, R. H., and Sunstein, C. R., *Nudge: improving decisions about health, wealth and happiness*, Yale University Press, 2008.

The Intergovernmental Panel on Climate Change, *IPCC Special Report on the Ocean and Cryosphere in a Changing Climate*, 2019.

Thistlethwaite, D. L., & Campbell, D. T., "Regression-discontinuity analysis: An alternative to the ex post facto experiment", *Journal of Educational psychology*, Vol. 51, No. 6, 1960, p. 309.

Thomas, S., Fayter, D., Misso, K., Ogilvie, D., Petticrew, M., Sowden, A., Whitehead, M., & Worthy, G., "Population tobacco control interventions and their effects on social inequalities in smoking: systematic review", *Tobacco control*, Vol. 17, No. 4, 2008, pp. 230-237.

Thomson, K., Hillier-Brown, F., Todd, A., McNamara, C., Huijts, T., & Bambra, C., "The effects of public health policies on health inequalities in high-income countries: an umbrella review", *BMC public health*, Vol. 18, 2018, pp. 1-21.

Thornicroft, G., Sunkel, C., Aliev, A. A., Baker, S., Brohan, E., El Chammay, R., Davies, K., Demissie, M., Duncan, J. and Fekadu, W., "The Lancet Commission on Ending Stigma and Discrimination in Mental Health", *The Lancet*, Vol. 400, No. 10361, 2022, pp. 1438-1480.

Thouin, M. F., Hoffman, J. J., & Ford, E. W., "The effect of information technology investment on firm-level performance in the health care industry". *Health Care Management Review*, Vol. 33, No. 1, 2008, pp. 60-68.

Toomey, T. L., Erickson, D. J., Carlin, B. P., Lenk, K. M., Quick, H. S., Jones, A. M. & Harwood, E. M., "The association between density of alcohol establishments and violent crime within urban neighborhoods", *Alcoholism: Clinical and Experimental Research*, Vol. 36, No. 8, 2012, pp. 1468-1473.

Tversky, A., and Kahneman, D., "Judgment under Uncertainty: Heuristics and Biases", *Science*, Vol. 185, No. 4157, 1974, pp. 1124-1131.

Twenge, J. M., "More time on technology, less happiness? Associations between digital-media use and psychological well-being", *Current Directions in Psychological Science*, Vol. 28, No. 4, 2019, pp. 372-379.

Tylor, E. B., *Primitive Culture: Researches into the Development of Mythology, Philosophy, Religion, Art and Custom*, London: John Murray, 1871.

United Nations, *Transforming Our World, the 2030 Agenda for Sustainable Development*, General Assembly Resolution A/RES/70/1, September 25,

2015, https: //sustainabledevelopment. un. org/content/documents/94632030 %20Agenda_ Revised%20Chinese%20translation. pdf.

United Nations Department of Economic and Social Affairs, Population Division, *World Population Prospects* 2022: *Summary of Results*, UN DESA/POP/2022/TR/NO. 3, No. 15, 2022.

United Nations Population Fund, *State of World Population* 2007: *Unleashing the Potential of Urban Growth*, 2007.

Van Zon, A. & Muysken, J., "Health and endogenous growth", *Journal of Health Economics*, Vol. 20, No. 2, 2001, pp. 169–185.

Vaughn, L., *Psychology and Culture: Thinking, Feeling and Behaving in a Global Context*, Routledge, 2019.

Ventriglio, A., Ayonrinde, O. and Bhugra, D., "Relevance of Culture-Bound Syndromes in the 21st Century", *Psychiatry and Clinical Neurosciences*, Vol. 70, No. 1, 2016, pp. 3–6.

Vera-Hernandez, M., "Structural estimation of a principal-agent model: moral hazard in medical insurance", *RAND Journal of Economics*, No., 2003, pp. 670–693.

Vimont, A., Leleu, H., & Durand-Zaleski, I., "Machine learning versus regression modelling in predicting individual healthcare costs from a representative sample of the nationwide claims database in France", *The European Journal of Health Economics*, Vol. 23, No. 2, 2022, pp. 211–223.

Virgo-Milton, M., Boak, R., Hoare, A., Gold, L., Waters, E., Gussy, M., Calache, H., O'callaghan, E., & de Silva, A., "An exploration of the views of Australian mothers on promoting child oral health", *Australian dental journal*, Vol. 61, No. 1, 2016, pp. 84–92.

Vitaliano, D. F., & Toren, M., "Cost and efficiency in nursing homes: a stochastic frontier approach", *Journal of health economics*, Vol. 13, No. 3, 1994, pp. 281–300.

Von Bonsdorff, M. E., Shultz, K. S., Leskinen, E. & Tansky, J., "The choice between retirement and bridge employment: A continuity theory and life course perspective", *The International Journal of Aging and Human Development*, Vol. 69, No. 2, 2009, pp. 79–100.

Wabitsch, M., Farooqi, S., Flück, C. E., Bratina, N., Mallya, U. G., Stewart, M., Garrison, J., van den Akker, E., and Kühnen, P., "Natural History of Obesity Due to POMC, PCSK1, and LEPR Deficiency and the Impact of Setmelanotide", *Journal of the Endocrine Society*, Vol. 6, No. 6, 2022, p. bvac057.

Wagstaff, A., Doorslaer, E. V., and Watanabe, N., "On decomposing the causes of health sector inequalities with an application to malnutrition inequalities in Vietnam", *Journal of Econometrics*, Vol. 112, No. 1, 2003, pp. 207-223.

Wagstaff, A., Lindelow, M., Jun, G., Ling, X., & Juncheng, Q., "Extending health insurance to the rural population: an impact evaluation of China's new cooperative medical scheme", *Journal of health economics*, Vol. 28, No. 1, 2009, pp. 1-19.

Walt, G., & Gilson, L., "Reforming the health sector in developing countries: the central role of policy analysis", *Health policy and planning*, Vol. 9, No. 4, 1994, pp. 353-370.

Wang, J., & Wu, H., "Health Shocks and Unbalanced Growth of Medical Resources: Evidence From the SARS Epidemic in China", *International Journal of Health Services*, Vol. 52, No. 1, 2022, pp. 47-60.

Wang, Z. B., Wei, L. J., Zhang, X. P., and Qi, G. Z., "Impact of demographic age structure on energy consumption structure: Evidence from population aging in mainland China", *Energy*, Vol. 273, 2023.

Webbink, D., Vuji?, S., Koning, P. & Martin, N. G., "The effect of childhood conduct disorder on human capital", *Health Economics*, Vol. 21, No. 8, 2012, pp. 928-945.

Whitehead, M., "The concepts and principles of equity and health", *International Journal of Health Services*, Vol. 22, No. 3?, 1992, pp. 429-445.

WHO, "The World Health Organization on Health Inequality, Inequity, and Social Determinants of Health", *Population & Development Review*, Vol. 33, No. 4, 2007, pp. 839-843.

WHO, *Constitution of the World Health Organization*, First World Health Assembly Basic Documents, July 22, 1948.

WHO, *Global Strategy for Infant and Young Child Feeding*, 2003.

WHO, *Global strategy on digital health 2020-2025*, 2021, https: //www. who. int/docs/default - source/documents/gs4dhdaa2a9f352b0445bafbc79ca799dce 4d. pdf.

WHO, *Health Policy*, March 22, 2011.

WHO, *HIV and AIDS*, July 13, 2023a, https: //www. who. int/news-room/fact-sheets/detail/hiv-aids.

WHO, *International Health Regulations* (2005), 2nd ed, January 1, 2008.

WHO, *Malaria*, March 29, 2023b, https: //www. who. int/news-room/fact-sheets/detail/malaria.

WHO, *National health inequality monitoring: a step-by-step manual*, WHO Licence:, CC BY-NC-SA 3. 0 IGO, 2017.

WHO, *Ottawa Charter for Health Promotion*, WHO/EURO 1986-4044-43803-61677, No. 21, 1986.

WHO, *Pandemic (H1N1) 2009*, August 6, 2010, https: //web. archive. org/web/20110327194118/http: //www. who. int/csr/don/2010_ 08_ 06/en/.

WHO, *Summary of probable SARS cases with onset of illness from 1 November 2002 to 31 July 2003*, April 21, 2004, https: //www. who. int/publications/m/item/summary-of-probable-sars-cases-with-onset-of-illness-from-1-november-2002-to-31-july-2003.

WHO, *The world health report 2000: health systems: improving performance*, June 14, 2000.

WHO, *UN senior leaders outline needs for global Ebola response*, September 15, 2014, http: //www. who. int/mediacentre/news/releases/2014/ebola-response-needs/en/.

WHO, *Vaccines and immunization*, 2019, https: //www. who. int/health-topics/vaccines-and-immunization#tab=tab_ 1.

WHO, *Weekly epidemiological update on COVID-19 - 11 May 2023*, May 11, 2023c, https: //www. who. int/publications/m/item/weekly-epidemiological-update-on-covid-19---11-may-2023.

WHO, *WHO Director-General addresses the Executive Board*, January 25, 2016, https://web.archive.org/web/20160126084948/http://www.who.int/dg/speeches/2016/executive-board-138/en/.

WHO, *WHO Global Air Quality Guidelines: Particulate Matter (PM2.5 and PM10), Ozone, Nitrogen Dioxide, Sulfur Dioxide and Carbon Monoxide*, 2021.

WHO, *World health statistics 2022: Monitoring Health for the SDGs, Sustainable Development Goals*, WHO Licence: CC BY-NC-SA 3.0 IGO, May 19, 2022a.

WHO, *WHO remains firmly committed to the principles set out in the preamble to the Constitution*, 1946, https://www.who.int/zh/about/governance/constitution.

WHO, *World Health Statistics 2023: Monitoring Health for the SDGs, Sustainable Development Goals*, WHO Licence: CC BY-NC-SA 3.0 IGO, May 19, 2023d.

WHO, *World Mental Health Report: Transforming Mental Health for All*, WHO Licence: CC BY-NC-SA 3.0 IGO, June 16, 2022b.

WHO, *2022-23 Mpox (Monkeypox) Outbreak: Global Trends*, July 24, 2023e, https://worldhealthorg.shinyapps.io/mpx_global/#2_Global_situation_update.

Winkelman, M., *Culture and Health: Applying Medical Anthropology*, John Wiley & Sons, 2008.

WMO, *2021 State of Climate Services: Water*, WMO-No. 1278, 2021.

World Bank, *Poverty and Shared Prosperity 2020: Reversals of Fortune*, 2020.

Wu, Q., Yang, H., Li, P., Liu, Y., and Lian, J., "CDKAL1, KCNQ1, and IGF2BP2 are Identified as Type 2 Diabetes Susceptibility Genes in a Regional Chinese Population", *Journal of Advances in Medicine and Medical Research*, Vol. 9, No. 6, 2015, pp. 1-8.

Wynaden, D., Chapman, R., Orb, A., McGowan, S., Zeeman, Z. and Yeak, S., "Factors That Influence Asian Communities' Access to Mental Health Care", *International Journal of Mental Health Nursing*, Vol. 14, No. 2, 2005, pp. 88-95.

Xue, Y., Wang, L., Zhang, Y., Zhao, Y., & Liu, Y., "Air pollution: A culprit of lung cancer", *Journal of Hazardous Materials*, Vol. 434, 2022, pp. 128937.

Xuei, X., Dick, D., Flury-Wetherill, L., Tian, H. J., Agrawal, A., Bierut, L., Goate, A., Bucholz, K., Schuckit, M., Nurnberger, J. Jr., Tischfield, J., Kuperman, S., Porjesz, B., Begleiter, H., Foroud, T., and Edenberg, H. J., "Association of the kappa-opioid system with alcohol dependence", *Molecular Psychiatry*, Vol. 11, No. 11, 2006, pp. 1016-1024.

Yang, H., He, F., Wang, T., Liu, Y., Shen, Y., Gong, J., Dai, W., Zhou, J., Gu, J., and Tu, Y., "Health-related lifestyle behaviors among male and female rural-to-urban migrant workers in Shanghai, China", *PLoS One*, Vol. 10, No. 2, 2015, e0117946.

Yang, M., Bento, P., & Akbar, A., "Does CSR influence firm performance indicators? Evidence from Chinese pharmaceutical enterprises", *Sustainability*, Vol. 11, No. 20, 2019, p. 5656.

Yang, X., Zhang, P., Zhao, J., Zhao, J., Wang, J., Chen, Y., Ding, S. and Zhang, X., "Confucian Culture Still Matters: The Benefits of Zhongyong Thinking (Doctrine of the Mean) for Mental Health", *Journal of Cross-Cultural Psychology*, Vol. 47, No. 8, 2016, pp. 1097-1113.

Yin, Z., Chen, X., Wang, Z., & Xiang, L., "Government Epidemic Prevention and Economic Growth Path Under Public Health Emergency: Theoretical Model and Simulation Analysis", *Frontiers in Public Health*, Vol. 9, 2021.

Yoo, Y., "Computing in everyday life: A call for research on experiential computing", *MIS Quarterly*, Vol. 34, No. 2, 2010, pp. 213-231.

Yu, X. M., Lei, X. Y., & Wang, M., "Temperature effects on mortality and household adaptation: Evidence from China", *Journal of Environmental Economics and Management*, Vol. 96, 2019, pp. 195-212.

Yuliastuti, N., Okta, E. V., Haryanti, V. G., & Afif, F., "Dimension of community capability and its effect on the social vulnerability at Semarang coastal area", *Journal of Financial Management of Property and Construction*, Vol. 28, No. 2, 2023, pp. 164-177.

Zhang, X., Zhao, X., & Harris, A., "Chronic diseases and labour force participation in Australia", *Journal of Health Economics*, Vol. 28, No. 1, 2009, pp. 91-108.

Zhang, Y., Zhou, L., and Gellad, W. F., "Potential Savings From Greater Use of MYM4 Generic Drugs", *Archives of Internal Medicine*, Vol. 171, No. 5, 2011, pp. 468-469.

Zheng, X., Fang, Z., Wang, Y., and Fang, X., "When left-behind children become adults and parents: The long-term human capital consequences of parental absence in China", *China Economic Review*, Vol. 74, 2022, p. 101821.

Zhong, H., "The Effect of Sibling Size on Children's Health and Education: Is there a Quantity-Quality Trade-off?", *The Journal of Development Studies*, Vol. 53, No. 8, 2017, pp. 1194-1206.

Zhu, J., Yan, W., zhu, L., & Liu, J., "COVID-19 Pandemic in BRICS Countries and Its Association with Socio-Economic and Demographic Characteristics, Health Vulnerability, Resources, and Policy Response", *Infectious Diseases of Poverty*, Vol. 10, No. 1, 2021, p. 97.

Zimmer, Z., Jagger, C., Chiu, C.-T., Ofstedal, M. B., Rojo, F. and Saito, Y., "Spirituality, Religiosity, Aging and Health in Global Perspective: A Review", *SSM-Population Health*, Vol. 2, 2016, pp. 373-381.